문동균 한국사
최신 기출 총정리

contents
목차

contents
목차

PART **1**

선사 시대의 문화와 국가의 형성

선사 시대의 전개

01 001 [2025. 국회직 9급]   회독 ○○○

밑줄 친 '시대'의 생활 모습으로 옳은 것은?

> 남한에서 발굴된 이 시대의 첫 유적은 공주시 장기면 석장 마을 아래편 금강가에 자리 잡고 있다. 이 유적에서는 찍개, 자르개 등이 발굴되었다. 또한 드러난 석기 제작터를 통해서 석기 제작 수법의 발달을 엿볼 수 있다.

① 곡식을 재배하였다.
② 고인돌 무덤을 만들었다.
③ 진흙을 불에 구워 그릇을 만들었다.
④ 가락바퀴를 이용해 옷감을 만들었다.
⑤ 흑요석을 운반해 석기를 만들었다.

SOLUTION   난이도 상 중 하

자료분석 자료의 밑줄 친 '시대'는 **구석기** 시대이다. 공주 석장리 유적은 대표적인 구석기 시대 유적지이다.

정답해설 ⑤ 구석기 시대에는 흑요석으로 뚜르개, 슴베찌르개 등의 석기를 제작하였다. 구석기 시대 유적지인 강원 양구 상무룡리 유적에서는 백두산계 흑요석으로 만든 석기가 발견되었다.

오답피하기 ① 곡식을 재배하는 농경은 신석기 시대 들어서 처음 시작되었다.
② 고인돌은 청동기 시대의 대표적 무덤 양식이다. 무게가 수십 톤 이상인 덮개돌을 채석하여 운반하고 무덤에 설치하기까지에는 많은 인력이 필요하였는데, 이는 청동기 시대 지배층이 가진 정치권력과 경제력을 잘 반영해 주고 있다.
③ 진흙을 불에 구워 그릇(토기)을 만들기 시작한 것은 신석기 시대이다. 신석기 시대의 대표적인 토기인 빗살무늬 토기는 도토리나 달걀 모양의 뾰족한 밑 또는 둥근 밑 모양을 하고 있으며, 크기도 다양하다.
④ 신석기 시대에 가락바퀴와 뼈바늘로 옷과 그물을 만들었다.

핵심개념 구석기 시대

시기	약 70만 년 전 ~ 1만 년 전
도구 (뗀석기)	사냥용 : 찍개, 팔매돌, 슴베찌르개, 주먹도끼 조리용 : 긁개, 밀개, 자르개
경제	수렵(사냥), 채집, 어로
사회	평등한 공동체적 생활
주거	이동 생활(동굴, 막집, 바위그늘)

정답 ⑤ 한정판 005p, 기본서 022p

01 002 [2025. 지방직 9급]   회독 ○○○

신석기시대에 대한 설명으로 옳은 것만을 모두 고르면?

> ㄱ. 갈돌과 갈판을 사용하여 곡물이나 열매를 갈았다.
> ㄴ. 반달돌칼을 사용하여 농작물을 수확하였다.
> ㄷ. 뼈바늘을 사용하여 옷이나 그물을 만들었다.
> ㄹ. 벼농사를 널리 짓게 되었다.

① ㄱ, ㄷ   ② ㄱ, ㄹ
③ ㄴ, ㄷ   ④ ㄴ, ㄹ

SOLUTION   난이도 상 중 하

정답해설 ㄱ. 신석기 시대에는 갈돌과 갈판을 사용하여 곡물이나 열매를 갈았다. 갈돌과 갈판은 한 조를 이루며, 돌로 만들어진 갈판 위에 갈돌을 놓고, 상하 또는 좌우로 움직여 사용한다. 맷돌과 비슷한 원리로, 도토리 등의 나무 열매나 곡물 껍질을 벗기거나 갈아서 가루를 만드는 도구이다.
ㄷ. 신석기 시대에는 원시적인 수공업 생산도 이루어졌는데, 가락바퀴나 뼈바늘이 출토되는 것으로 보아 옷이나 그물을 만들었음을 알 수 있다.

오답피하기 ㄴ. 반달돌칼을 사용하여 농작물을 수확한 시기는 청동기 시대이다.
ㄹ. 벼농사는 청동기 시대에 시작되어 점차 확산되어 갔고, 철기 시대에 널리 짓게 되었다.

핵심개념 신석기 시대

시기	B.C. 8천 년 전 or 1만 년 전
도구	• 간석기 : 돌괭이, 돌삽, 돌보습, 돌낫, 돌도끼, 농경굴지구, 갈돌·갈판 • 토기 : 이른 민무늬 토기, 덧무늬 토기, 눌러찍기무늬(압인문) 토기, 빗살무늬 토기
경제	• 농경과 목축 시작, 수렵·채집·어로 • 원시 수공업 : 가락바퀴(방추차), 뼈바늘 출토 → 옷, 그물 제작·사용
사회	• 여전히 평등 사회 • 족외혼 : 씨족사회 → 부족사회로 확대 • 원시 신앙 발생(애니미즘, 샤머니즘, 토테미즘 등)
주거	• 정착 생활 시작(강가, 바닷가) • 움집 : 원형·모서리가 둥근 방형, 가운데 화덕 위치, 반지하식 가옥

정답 ① 한정판 005p, 기본서 026p

주제 003　청동기의 수용과 보급

01 003 [2024. 국회직]　회독 ○○○

밑줄 친 '이 시대'의 생활 모습으로 옳은 것은?

> 이 시대의 문화 유적으로는 고인돌을 비롯하여 돌널무덤, 돌무지 무덤, 집자리 등이 있다. 또한 이 시대를 대표하는 민무늬토기는 빛깔이 적갈색을 띠고 있으며 형태가 매우 다양한 점이 특징이다.

① 주로 동굴이나 바위 그늘에서 생활하였다.
② 방추를 이용하여 베나 옷감을 짜기 시작하였다.
③ 가까운 사람을 함께 매장하는 순장 풍습이 있었다.
④ 곡식의 이삭을 자르기 위한 반달형 돌칼이 사용되었다.
⑤ 곡식을 저장하기 위해 주로 빗살무늬 토기를 이용하였다.

---

02 004 [2025. 국가직 9급]　회독 ○○○

다음 설명에 해당하는 문화유산은?

> 고래 잡는 사람, 호랑이, 사슴, 물을 뿜고 있는 고래, 작살이 꽂혀 있는 고래 등이 바위에 묘사되어 있다. 당시 이 지역 사람들의 생활 모습과 신앙, 예술 세계를 이해하는 데 중요한 자료이며 국보로 지정되어 있다.

① 고령 장기리 암각화
② 황해 안악 3호분 행렬도
③ 경주 천마총 장니 천마도
④ 울주 대곡리 반구대 암각화

SOLUTION　난이도 상 중 **하**

자료분석　자료의 밑줄 친 '이 시대'는 청동기 시대이다. 청동기 시대에는 비파형 동검, 민무늬토기, 붉은 간토기, 미송리식 토기, 반달 돌칼 등의 도구를 사용했다. 고인돌은 청동기 시대 계급 사회의 발생을 보여 주는 대표적인 무덤으로, 무게가 수십 톤 이상인 덮개돌을 채석하여 운반하고 무덤에 설치하기까지에는 많은 인력이 필요해 당시 지배층이 가진 정치권력과 경제력을 잘 반영해 주고 있다.

정답해설　④ 반달 돌칼은 곡식을 수확할 때 사용한 청동기 시대의 대표적 농기구이다. 청동은 재료가 귀했기 때문에 청동기 시대에도 농기구는 여전히 간석기를 사용했다.

오답피하기　① 구석기인들은 식물 열매나 뿌리 등을 채집하거나 짐승을 사냥하며 살았다. 또 무리를 이루어 사냥감을 찾아 이동 생활을 하였으며, 동굴이나 바위 그늘에 거주하거나 막집을 짓고 살았다.
② 신석기 시대 사람들은 가락바퀴(방추차)와 뼈바늘을 이용해 옷이나 그물을 만들기 시작했다.
③ 가까운 사람을 함께 매장하는 순장 풍습은 철기 시대 부여에서 주로 행해졌다.
⑤ 빗살무늬 토기는 신석기 시대의 대표적 토기이다. 청동기 시대에는 민무늬 토기, 붉은 간 토기, 미송리식 토기 등을 사용하였다.

핵심개념　청동기 시대의 토기

▲ 미송리식 토기　▲ 민무늬 토기　▲ 붉은 간 토기　▲ 송국리형 토기

정답 ④ 한정판 007p, 기본서 030p

SOLUTION　난이도 상 중 하

자료분석　자료에 해당하는 문화유산은 울주 대곡리 반구대 암각화(바위 그림)이다.

정답해설　④ 울주 대곡리 반구대 암각화에는 거북, 사슴, 호랑이, 새 등의 동물과 작살이 꽂힌 고래를 비롯한 여러 종류의 고래, 그물에 걸린 동물, 우리 안의 동물 등이 새겨져 있다. 이것은 사냥과 고기잡이의 성공과 풍성한 수확을 비는 것으로 보인다.

오답피하기　① 고령 양전동(장기리) 알터 바위그림(고령 장기리 암각화)은 동심원, 십자형, 삼각형 등의 기하학 무늬가 새겨져 있다. 동심원은 태양을 상징하는 것으로, 이 바위그림 유적은 다른 지역의 청동기 시대 농업 사회에서 보이는 태양 숭배와 같이 풍요로운 생산을 비는 제사 터와 같은 의미를 지니고 있다.
② 안악 3호분의 행렬도는 북한 황해도 안악군에 위치한 고구려 시기의 고분 벽화이다.
③ 신라의 돌무지덧널무덤인 천마총에서 발견된 천마도는 자작나무 껍질을 겹쳐서 만든 말의 배 가리개에 천마를 그린 것이다(천마도는 벽화가 아님).

핵심개념　반구천의 암각화

> 국보 「울주 대곡리 반구대 암각화」와 「울주 천전리 명문과 암각화」를 포함하는 단일 유산으로, 2025년 유네스코 세계 문화유산에 등재되었다.

정답 ④ 한정판 007p, 기본서 037p

01   005   [2025. 서울시 9급 1차]   회독 ○○○

〈보기 1〉을 통해 알 수 있는 당시의 사회상을 〈보기 2〉에서 모두 고른 것은?

─ 보기 1 ─────────────────────

　창원 다호리 고분군은 기원전 1세기 무렵에 조성된 것으로 추정된다. 1호 목관묘의 널 아래에서는 한(漢)나라의 청동거울, 오수전, 붓, 청동검 등과 함께 쇠도끼, 철검, 쇠투겁창, 쇠꺾창, 따비, 쇠낫 등이 출토되었다.

─ 보기 2 ─────────────────────

ㄱ. 문자가 전래되어 사용되고 있었다.
ㄴ. 독자적으로 화폐를 주조하여 사용하였다.
ㄷ. 철제 농기구를 사용하여 농사를 지었다.
ㄹ. 지배층의 무덤으로 고인돌이 축조되었다.

① ㄱ, ㄴ   ② ㄱ, ㄷ
③ ㄴ, ㄷ   ④ ㄴ, ㄹ

SOLUTION

난이도 상 **중** 하

자료분석   창원 다호리는 철기 시대 유적지로, 붓, 오수전 등의 유물이 발견되었다.

정답해설   ㄱ. 경남 창원 다호리 유적에서 나온 붓은 당시에 이미 한자(문자)를 쓰고 있었음을 말해 준다.

ㄷ. 창원 다호리 유적에서 발견된 따비, 쇠낫 등은 철제 농기구이다. 철기 시대에는 단단한 철제 농기구(최초 금속제 농기구)가 보급되어 개간과 깊이갈이가 가능해져 농업 생산량을 늘릴 수 있었다.

오답피하기   ㄴ. 창원 다호리 유적에서 발견된 오수전은 우리나라의 독자적인 화폐가 아닌 중국 한나라에서 사용한 화폐이다. 이를 통해 중국과 활발하게 교류한 것을 알 수 있다.

ㄹ. 고인돌은 청동기 시대의 대표적 무덤 양식이다. 창원 다호리 유적이 조성된 철기 시대에는 널무덤, 독무덤이 유행하였다.

핵심개념   **철기 시대**

시기	B.C. 5C 경
도구, 경제	• 철기 - 중국의 전국시대 유이민으로부터 전래 - 철제 무기 사용 → 정복전쟁 심화 → 연맹왕국 등장 - 철제 농기구 사용 → 농업 생산력↑ • 청동기(의기화 및 독자화) - 세형동검(한국식 동검) - 잔무늬 거울(세문경) • 토기 : 민무늬 토기, 덧띠 토기, 검은 간 토기 등
사회	• 중국과의 교류 - 한자 사용 : 붓 출토(창원 다호리 유적) - 중국 화폐 출토 : 명도전, 오수전, 반량전, 왕망전
주거	• 지상식 주거, 부뚜막(온돌 사용) 등장 • 반움집, 귀틀집
무덤	널무덤, 독무덤 등

정답 ② 한정판 007p, 기본서 033p

주제 005 단군과 고조선

01 006 [2025. 국회직 9급]   회독 ○○○

밑줄 친 '국가'에 대한 설명으로 옳지 않은 것은?

> • 중국 문헌 중 관자(管子)에 이 <u>국가</u>가 처음으로 등장한다.
> • 전국책(戰國策)과 사기(史記)에 이 <u>국가</u>에 대해 상세한 설명이 기록되어 있다.
> • 이 국가는 B.C. 3세기 초에 중국 연(燕)의 침공을 받아 서쪽 영토를 크게 상실하였다.

① 위만이 무리 천여 명을 이끌고 망명해왔다.
② 무늬 있는 짐승의 가죽이 특산품으로 유명하였다.
③ 삼국사기와 제왕운기에 건국 신화가 수록되어 있다.
④ 도둑질한 자가 용서를 받으려면 50만 전을 내야 했다.
⑤ 왕이 연과 전쟁을 벌이려다가 대부(大夫)인 예(禮)의 만류로 그만두었다.

02 007 [2024. 지역인재 9급]   회독 ○○○

밑줄 친 '이 나라'에 대한 설명으로 옳은 것은?

> <u>이 나라</u>는 우리 역사상 최초의 국가이다. 철기 문화를 수용하면서 중국의 전국 7웅 중 하나인 연과 대적할 만큼 성장하였다. 또한 상, 대부, 장군 등의 관직도 두었다.

① 고구려의 침략으로 멸망하였다.
② 민며느리제라는 혼인 풍습이 있었다.
③ 8개의 법 조항 중 3개가 전해지고 있다.
④ 천군이라는 제사장이 소도에서 제사 의식을 주관하였다.

SOLUTION   난이도 상 **중** 하

자료분석 자료의 밑줄 친 '국가'는 고조선이다. 중국 춘추 전국 시대에 편찬된 『관자(管子)』는 현존하는 기록 중 고조선이 언급된 최초의 서적이다. 고조선은 위만 망명 이전인 기원전 3세기 초에 연나라 장수 진개의 침략을 받아 서쪽 땅을 상실하였다.

정답해설 ① 진·한 교체기에 유이민 집단이 이주해 왔는데 그중에서 위만은 1,000여 명의 무리를 이끌고 고조선으로 들어왔다. 위만은 준왕의 신임을 얻어 서쪽 변경 수비 임무를 맡았다. 그는 그곳에 거주하는 이주민 세력을 통솔하면서 자신의 세력을 확대해 나갔다. 그 후, 위만은 수도인 왕검성에 쳐들어가 준왕을 몰아내고 스스로 왕이 되었다(기원전 194).
② 『관자』에는 고조선이 중국의 제(齊)나라와 교역하였다는 사실과 고조선의 특산물로 문피(무늬가 있는 호랑이나 표범의 가죽)가 유명하였다는 기록이 있다.
④ 한서 지리지에 남아 있는 고조선의 법률(8조법)에는 '도둑질을 한 자는 노비로 삼되, 용서받고자 하는 자는 50만 전을 내야 한다.'는 내용이 있다.
⑤ 중국 사서(삼국지 위서 동이전)의 기록에 따르면 '연나라가 스스로 높여 왕이라 칭하고 동쪽으로 침략하려는 것을 보고, 조선후도 역시 스스로 왕호를 칭하고 군사를 일으켜 연나라를 역격(逆擊)하여 주 왕실을 받들려 하였는데, 그의 대부 예가 간하므로 중지하였다.'는 기록이 등장한다.

오답피하기 ③ 『삼국사기』에는 단군의 고조선 건국 신화가 수록되어 있지 않다 (『제왕운기』에는 단군 신화 수록). 단군 신화가 수록되어 있는 대표적인 역사서는 일연이 저술한 『삼국유사』이다.

정답 ③ 한정판 008p, 기본서 041p

SOLUTION   난이도 상 중 **하**

자료분석 자료의 밑줄 친 '이 나라'는 고조선이다. 청동기 문화를 바탕으로 성립한 고조선은 랴오닝 지방을 중심으로 성장하여 점차 주변 지역을 통합하면서 세력을 넓혔다. 한때 중국의 연과 대립할 정도로 성장하였으나, 연의 침략을 받아 세력이 위축되었다. 왕 밑에는 상, 경, 대부, 장군, 박사라는 관직을 두었는데, 그중 상은 자신이 직접 다스리는 영역과 주민이 있었다.

정답해설 ③ 중국 역사서 『한서』에는 고조선의 사회 모습을 보여 주는 8조법 가운데 3개 조목이 전해진다. 이를 통해 고조선 사회에 권력과 경제력 차이가 생겨나고 노비가 있었으며, 가부장적 사회 질서가 자리 잡기 시작하였음을 알 수 있다. 또한, 지배 계급이 새로운 사회 질서를 유지하고 노동력과 사유 재산을 보호하기 위해 애썼음도 엿볼 수 있다.

오답피하기 ① 고조선은 한나라의 침략으로 멸망하였다. 고조선은 경제적·군사적 발전을 기반으로 흉노와 연결하여 한을 위협하였고, 고조선의 중계 무역으로 한의 손실이 컸다. 이에 한 무제는 고조선을 침략하였고 고조선은 1년 넘게 완강하게 저항하였지만, 지배층이 분열하면서 왕검성이 함락되어 멸망하였다(기원전 108).
② 민며느리제는 옥저의 혼인 풍습으로, 여자가 어렸을 때 남자 집에서 성장 후 남자가 예물을 치르고 혼인하는 풍습이다.
④ 삼한에 대한 설명이다. 삼한의 여러 소국은 세력 크기에 따라 신지, 읍차라고 불리는 군장들이 다스렸으며, 이들과 별도로 천군이라는 제사장이 있었다. 천군은 제천 행사 등 종교 의례를 주관하였는데, 제사를 거행하던 소도는 군장의 세력이 미치지 못하여 죄인이 그곳으로 도망가도 잡지 못하였다. 이를 통해 삼한이 정치와 제사가 분리된 사회였음을 알 수 있다.

정답 ③ 한정판 008p, 기본서 041p

01 008 [2025. 법원직]　　회독 ○○○

다음 자료와 관련 있는 나라에 대한 설명으로 가장 옳은 것은?

> 다른 사람을 죽인 자는 즉시 죽이고, 남에게 상처를 입힌 자는 곡물로 배상하게 한다. 도둑질한 자는 재산을 몰수하고 노비로 삼으며, 용서를 받고자 하는 자는 1인당 50만 전을 내게 한다. …… 부인은 정숙하고 신의가 있어서 음란하지 않았다.
>
> - 『한서』 지리지 -

① 국가의 중대사는 제가회의에서 논의되었다.
② 가축 이름을 딴 제가가 별도로 사출도를 다스렸다.
③ 읍락을 함부로 침범하면 노비와 소, 말로 배상하게 하였다.
④ 중국과 한반도 남부 사이에서 중계 무역으로 이익을 얻었다.

SOLUTION　　난이도 상 중 **하**

자료분석　자료는 고조선의 8조법의 내용이다. 현재는 한서 지리지에 세 조항만이 전해지고 있다. 이를 통해 생명과 노동력 중시, 사유재산 보호, 계급 사회 등 당시의 사회 모습을 유추할 수 있다.

정답해설　④ 고조선은 위만 집권 이후 지리적인 이점을 이용하여 한반도 남부 진과 중국 한 사이의 중계 무역을 통해 부를 축적했다. 이는 중국 왕조(한)와의 대립을 불러왔으며, 결국 한의 침입을 받게 되었다.

오답피하기　① 제가 회의는 고구려의 귀족 회의이다. 고구려에서는 중대한 범죄자가 있으면 제가 회의를 통하여 사형에 처하고, 그 가족을 노비로 삼았다.
② 부여에는 왕 아래에 가축의 이름을 딴 마가, 우가, 저가, 구가가 있었으며, 이들 가(加)는 저마다 따로 행정 구획인 사출도를 다스리고 있어서, 왕이 직접 통치하는 중앙과 합쳐 5부를 이루었다.
③ 동예에서는 각 부족의 영역을 함부로 침범하지 못하게 하였으며, 만약 다른 부족의 생활권을 침범하였을 경우에는 책화라 하여 노비와 소, 말로 변상하게 하였다.

핵심개념　8조법 요약

조항	의미
사람을 죽인 자는 즉시 죽인다.	생명 · 노동력 중시
남에게 상처를 입힌 자는 곡식으로 갚는다.	농경 사회
도둑질을 한 자는 노비로 삼되, 용서받고자 하는 자는 50만 전을 내야 한다.	사유 재산 중시, 계급 사회, 노비제 발생, 화폐 사용

정답 ④ 한정판 008p, 기본서 044p

---

01 009 [2025. 지방직 9급]　　회독 ○○○

(가) 나라에 대한 설명으로 옳은 것은?

> 옛 　(가)　의 풍속에는 비가 오는 것이 고르지 않아 곡식이 익지 않으면, 문득 왕에게 그 잘못을 돌려 "마땅히 바꾸어야 한다." 또는 "마땅히 죽여야 한다."라고 말하였다.
>
> - 『삼국지』 위서 동이전 -

① 읍락의 우두머리들이 스스로 '삼로(三老)'라고 불렀다.
② 마가(馬加)와 우가(牛加) 등 가축의 이름을 딴 관리가 있었다.
③ 사람이 질병으로 죽으면 살던 집을 버리고 다시 새집을 지었다.
④ 다른 읍락의 산천을 침범하면 노비와 소, 말 등으로 배상하게 하였다.

SOLUTION　　난이도 상 중 **하**

자료분석　자료는 부여에 대한 기록이다. 부여의 가(加)들은 왕을 추대하기도 하고, 수해나 한해를 입어 오곡이 잘 익지 않으면 그 책임을 왕에게 묻기도 하였다. 그러나 왕이 나온 대표 부족의 세력은 매우 강해서 궁궐, 감옥, 성책, 창고 등의 시설을 갖추고 있었다.

정답해설　② 부여에는 왕 아래에 가축의 이름을 딴 마가, 우가, 저가, 구가와 대사자, 사자 등의 관리가 있었다.

오답피하기　① 옥저와 동예의 읍락에는 읍군이나 삼로라는 군장이 있어서 자기 부족을 다스렸으나, 이들은 큰 정치 세력을 형성하지는 못하였다.
③ 동예에서는 병을 앓거나 사람이 죽으면 옛집을 버리고 새 집을 지어 살았다.
④ 동예에서는 각 부족의 영역을 함부로 침범하지 못하게 하였으며, 만약 다른 부족의 생활권을 침범하였을 경우에는 책화라 하여 노비와 소, 말로 변상하게 하였다.

핵심개념　부여

위치	만주 송화강 유역 평야 지대
정치	• 5부족 연맹체 : 중앙(왕) + 마가 · 우가 · 저가 · 구가 → 사출도 • 1세기 초에 이미 왕호 사용　　• 흉년, 재해 발생시 왕에게 책임을 물음
경제	• 농경 · 목축 발달(반농반목)　　• 특산물 : 말, 주옥(적옥), 모피
사회·문화	• 형사취수제, 우제점법(복)　　• 흰 옷 숭상, 은력 사용 • 장례 풍습 : 순장, 후장, 여름에 사람이 죽으면 얼음을 넣어 장사, 국왕의 장례에 옥갑(玉匣) 사용 • 4조목(법률)
제천행사	영고(12월)
쇠퇴 및 멸망	• 3세기 말 선비족의 침략으로 쇠퇴 • 5세기 말 고구려에 편입(494, 문자왕)

정답 ② 한정판 009p, 기본서 045p

〈보기〉의 나라에 대한 설명으로 가장 옳지 않은 것은?

―보기―

그 나라 사람들은 정주 생활을 하며, 궁실과 창고 및 감옥이 있다. 산릉(山陵)과 넓은 연못이 많아서 동이 지역에서는 가장 넓고 평탄하다. 토질은 5곡(穀)이 자라기에는 적당하지만 5과(果)는 나지 않는다. …… 그 나라의 옛 풍속에는 가뭄이나 장마가 계속되어 5곡이 영글지 않으면 그 허물을 왕에게 돌려 '왕을 마땅히 바꾸어야 한다'라고 하거나 '죽여야 한다'라고 하였다.

① 12월에 영고라는 제천 행사를 열었다.
② 집마다 부경이라는 작은 창고가 있었다.
③ 도둑질한 자에게 12배로 배상하게 하였다.
④ 여러 가(加)들이 별도로 사출도를 주관하였다.

다음 법이 있었던 나라에 대한 설명으로 옳은 것은?

살인한 자는 죽이고, 그 가족은 노비로 삼는다. 도둑질한 자는 열두 배로 갚으며, 남녀가 음탕하거나 부인이 투기하면 모두 죽인다. 특히 투기를 미워하여 죽이고 나서 시체를 수도의 남쪽 산 위에 두고 썩힌다. 여자 집에서 그 시신을 가져가려면 소나 말을 바쳐야 내준다.

- 『삼국지』 위서 동이전 -

① 천군이 나라의 제사를 주관하였다.
② 한 무제의 침략을 받아 멸망하였다.
③ 호랑이를 신으로 섬기고 제사를 지냈다.
④ 왕과 지배층이 국동대혈에 모여 제사를 지냈다.
⑤ 호민이라는 지배층과 하호라는 피지배층이 있었다.

SOLUTION　　　　　난이도 상 **중** 하

자료분석　자료는 **부여**에 대한 사료이다. 부여의 부족장인 가(加)들은 왕을 추대하였으며, 수해·한해로 농사 피해 시 왕에게 책임을 묻기도 하였다.

정답해설　① 부여에서는 **영고라는 제천 행사가 12월에** 열렸다. 이것은 **수렵 사회의 전통**을 보여주는 것으로, 이때에는 하늘에 제사를 지내고 노래와 춤을 즐겼으며, 죄수를 풀어주기도 하였다.
③ 부여에서는 남의 물건을 훔쳤을 때에는 물건 값의 12배를 배상하게 하였다(1책 12법).
④ 부여에는 왕 아래에 가축의 이름을 딴 **마가, 우가, 저가, 구가**가 있었으며, 이들 가(加)는 저마다 따로 행정 구획인 **사출도**를 다스렸다.

오답피하기　② **고구려**는 농토가 부족하였기 때문에 정복 활동을 통해 지배층은 집집마다 부경이라는 창고를 가지고 피정복민에게서 획득한 곡식을 저장하였다.

심화개념　사출도

부여의 지방 자치 조직으로, '가(加)'라고 부른 부여의 최고 지배 세력은 본래부터 지배해오던 읍락과는 별도로 사방으로 뻗은 교통로를 각기 장악하고 그 주변 읍락의 수백에서 수천에 이르는 민호를 지배하였다.

나라에는 임금이 있었다. 모두 여섯 가지 가축 이름으로 관직명을 정하였는데, 마가(馬加)·우가(牛加)·저가(豬加)·구가(狗加)·대사(大使)·대사자(大使者)·사자(使者)였다. …… 이 여러 가는 별도로 사출도(四出道)를 다스렸는데, 큰 곳은 수천 집, 작은 곳은 수백 집이었다.
- 『삼국지』 위서 동이전 -

정답 ② 한정판 009p, 기본서 045p

SOLUTION　　　　　난이도 **상** 중 하

자료분석　자료는 **부여의 법률(4조목)** 내용이다. 부여의 법은 매우 엄격하여 살인자는 사형에 처하고 그 가족은 노비로 삼았으며, **도둑질한 자는 12배로 배상하게 하였다(1책 12법).**

정답해설　⑤ 부여에는 **귀족인 가(加)**가 있고, 그 밑에 **호민이라고 불리는 부유층**이 있었으며, 그 아래에는 **하호(피지배층)와 노비**가 있었다. 전쟁이 일어나면 가와 호민은 무장하여 싸웠고, 하호는 식량 공급을 담당하였다.

오답피하기　① **삼한**에 대한 설명이다. 천군은 신성한 지역인 소도에서 농경과 종교에 대한 의례를 주관하였다. 천군이 다스리는 소도는 군장의 세력이 미치지 못하는 곳이어서 죄인이라도 도망쳐 이곳에 숨으면 잡아가지 못하였다. 이를 통해 **삼한이 정치와 종교가 분리된** 사회였음을 알 수 있다.
② **고조선**에 대한 설명이다. 고조선의 군사 및 경제적 발전에 위협을 느낀 한 무제는 수륙 양면으로 대규모 침략을 감행하였다. 위만의 손자인 우거왕은 한의 군대에 맞서 약 1년 동안 대항하였지만, 결국 지배층의 내분으로 왕검성이 함락되면서 고조선은 멸망하고 말았다(기원전 108).
③ **동예**에 대한 설명이다. 동예는 호랑이를 숭배하는 범 토템이 있었으며, **병을 앓거나 사람이 죽으면 옛 집을 버리고 새 집을 지어 살았다.**
④ **고구려**에 대한 설명이다. 고구려에서는 **10월에 추수 감사제인 동맹이라는 제천 행사**를 성대하게 치르고, 아울러 왕과 신하들이 국동대혈에 모여 함께 제사를 지냈다.

정답 ⑤ 한정판 009p, 기본서 045p

〈보기〉의 사료에 해당하는 국가에 대한 설명으로 가장 옳은 것은?

─ 보기 ─

12월에 지내는 제천행사는 국중 대회로 날마다 마시고 먹고 노래하고 춤춘다. 이름을 '영고'라 하였다. 이때는 형옥을 중단하고 죄수를 풀어주었다. 형이 죽으면 형수를 아내로 삼는다. 여름에 사람이 죽으면 모두 얼음을 넣어 장사 지낸다. 사람을 죽여서 순장하는데 많을 때는 백 명가량이나 된다.

– 『삼국지』 「위서」 동이전 –

① 국읍에 천군을 두어 천신에 대한 제사를 주관하였다.
② 국왕을 중심으로 가장 유력한 대가인 우가, 마가, 저가, 구가 등이 주요 국가 정책을 논의하였다.
③ 혼인 풍속으로 민며느리제가 있었다.
④ 왕 아래 상가, 대로, 패자, 고추가 등의 관료 조직이 있었다.

SOLUTION 난이도 상 중 하

자료분석 자료는 부여에 대한 사료이다. 부여에서는 영고라는 제천 행사가 12월에 열렸다. 이것은 수렵 사회의 전통을 보여 주는 것으로, 이때에는 하늘에 제사를 지내고 노래와 춤을 즐겼으며, 죄수를 풀어주기도 하였다.

정답해설 ② 부여에는 왕 아래에 가축의 이름을 딴 마가, 우가, 저가, 구가가 있었으며, 이들 가(加)는 저마다 따로 행정 구획인 사출도를 다스렸다.

오답피하기 ① 삼한에는 정치적 지배자 외에 제사장인 천군이 있었다. 또한 신성 지역으로 소도가 있었는데, 이곳에서 천군은 농경과 종교에 대한 의례를 주관하였다. 천군이 주관하는 소도는 군장의 세력이 미치지 못하는 곳으로, 죄인이 도망을 하여 이곳에 숨으면 잡아가지 못하였다.
③ 민며느리제는 여자가 어렸을 때 남자 집에 가서 성장한 후에 남자가 예물을 치르고 혼인하는 풍습으로, 옥저에서 볼 수 있었다. 부여는 형이 죽으면 아우가 형수와 결혼하는 형사취수혼이 나타났다.
④ 고구려는 왕 아래에 상가, 고추가 등의 대가들이 있었고, 이들은 각각 사자, 조의, 선인 등의 관리를 거느렸다.

정답 ② 한정판 009p, 기본서 045p

PART **2**

고대 사회의 발전

주제 008　가야 연맹

01 013 [2025. 법원직]　회독 ○○○

다음 (가) 나라가 남긴 문화유산으로 가장 옳은 것은?

> 고령군은 원래 __(가)__ 이다. 시조 이진아시왕(伊珍阿鼓王) 부터 도설지왕(道設智王)까지 16대 520년간 유지되었다. 진흥 대왕이 이를 공격해 없애고 그 지역을 군으로 삼았는데, 경덕왕 이 고령군으로 개칭하였다.

① 　②
산수문전　임신서기석

③ 　④
지산동 고분군　금동 연가 7년명 여래 입상

SOLUTION　난이도 상 중 하

자료분석 자료의 (가)에 해당하는 나라는 대가야이다. 고령의 대가야는 후기 가야 연맹을 주도하였다.

정답해설 ③ 고령 지산동 고분군은 대가야의 대형 고분들이 밀집된 지역이다 (금관가야의 고분은 김해 대성동 고분군에 밀집).

오답피하기 ① 산수문전은 백제의 문화유산이다. 도교에서 이야기하는 이상향 인 신선들이 사는 세상을 표현하였고, 자연과 더불어 살고자 하는 사람들의 생각 을 담고 있었다.
② 임신서기석은 신라의 문화유산이다. 두 화랑이 나라에 충성할 것을 다짐하며 3년 내에 『시경』, 『서경』, 『예기』, 『춘추』 등을 공부할 것을 맹세한 내용을 새긴 것으 로, 유교 경전 학습과 충성심을 알 수 있다.
④ 금동 연가 7년명 여래 입상은 고구려 불상으로서 두꺼운 의상과 긴 얼굴 모습 에서 북조 양식을 따르고 있으나, 강인한 인상과 은은한 미소에서 고구려의 독창 성이 보인다.

정답 ③ 한정판 011p, 기본서 064p

주제 009　고구려의 발전과 전성기

01 014 [2025. 지방직 9급]　회독 ○○○

(가) 시기에 일어난 고구려 관련 사건은?

| 태학 설립 | ➡ | (가) | ➡ | 평양 천도 |

① 동옥저를 정벌하였다.
② 전연의 침입으로 도성이 함락되었다.
③ 후연을 격파하고 요동지역을 차지하였다.
④ 백제의 수도 한성을 함락하고 개로왕을 살해하였다.

SOLUTION　난이도 상 중 하

자료분석 자료의 태학 설립은 4세기 소수림왕 때인 372년, 고구려의 평양 천도 는 5세기 장수왕 때인 427년의 일이다.

정답해설 ③ 고구려는 (가) 시기 광개토 대왕(재위 391~413) 때 후연을 격파하 고 요동 지역을 차지하였다.

오답피하기 ① 동옥저를 정벌한 것은 1세기 태조왕 때의 사실이다.
② 고구려는 고국원왕 때인 342년 기습 공격을 감행해 온 전연 모용황의 침략을 받았다. 당시 고구려는 수도가 함락·파괴되고 선왕의 시신 및 왕모 주씨가 인질로 잡혀가는 등 일대 국난을 당하였다.
④ 고구려는 평양 천도 이후인 475년 장수왕 때 백제의 수도 한성을 함락하고 개 로왕을 살해하였다.

정답 ③ 한정판 012p, 기본서 070p

02 015 [2025. 서울시 9급 1차] 회독 ○○○

〈보기 1〉의 사건이 발생한 시기를 〈보기 2〉의 연표에서 옳게 고른 것은?

─ 보기 1 ─
375년 2월에 처음으로 초문사를 창건하여 순도를 머무르게 하였다. 또 이불란사를 창건하여 아도를 머무르게 하였다. 이것이 해동 불교의 시작이다.

─ 보기 2 ─

㉠	㉡	㉢	㉣	
진대법 실시	낙랑군 축출	고국원왕 전사	영락 연호 사용	평양 천도

① ㉠　　　　　　　　② ㉡

③ ㉢　　　　　　　　④ ㉣

03 016 [2023. 지역인재 9급] 회독 ○○○

다음 정책을 시행한 국왕의 재위 기간에 있었던 사실로 옳은 것은?

· 불교를 수용하였다.
· 태학을 설립하였다.

① 율령을 반포하였다.
② 이사부가 우산국을 복속시켰다.
③ 관산성 전투에서 성왕이 전사하였다.
④ 국내성에서 평양으로 도읍을 옮겼다.

SOLUTION　　　　난이도 상 중 **하**

자료분석 연표의 진대법 실시는 고국천왕, 낙랑군 축출은 미천왕, 고국원왕 전사는 371년, 영락 연호 사용은 광개토 대왕, 평양 천도(427)는 장수왕 시기의 일이다.

정답해설 ③ 고구려는 ㉢ 시기인 소수림왕 때(372) 전진의 순도를 통해 불교를 수용하였다. 소수림왕은 이를 통해 다양한 신앙을 통합하고 국민의 정신 통일과 왕실 권위를 향상시킬 것을 도모하였다.

핵심개념 고구려의 발전

태조왕 (53~146)	· 계루부 고씨 왕위 독점 세습 · 왕위 형제 상속 · (동)옥저 복속, 동예 공격
고국천왕 (179~197)	· 5부 개편(부족적 → 행정적), 왕위 부자상속 · 진대법 실시(춘대추납, 194)
동천왕 (227~248)	· 서안평 공격 → 위 관구검의 침입 → 환도성 함락 · 중국 오와 수교(위 견제)
미천왕 (300~331)	· 서안평 점령(311) · 낙랑·대방군 축출(313·314)
고국원왕 (331~371)	· 선비족 전연(모용황) 침입 → 수도(환도성) 함락(342) · 백제 근초고왕의 침입 → 평양성에서 전사(371)
소수림왕 (371~384)	· 중국 전진과 수교 · 불교 공인(372), 태학 설립(372), 율령 반포(373)
광개토대왕 (담덕, 391~413)	· '영락' 연호 사용 · 후연(요동)·비려·숙신 정벌 · 백제(아신왕) 공격(396) → 한강 이북 진출 · 신라(내물왕)를 지원해 왜구 격퇴(400)

정답 ③ 한정판 012p, 기본서 069p

SOLUTION　　　　난이도 상 중 **하**

자료분석 자료는 고구려 소수림왕의 업적을 나타낸 것이다. 고구려는 백제 근초고왕의 공격으로 고국원왕이 전사하는 등 위기를 맞았다. 4세기 후반 이러한 상황에서 즉위한 소수림왕은 전진과 수교하여 대외 관계를 안정시키는 한편, 태학 설립, 율령 반포, 불교 수용 등을 통해 국가 통치 조직을 정비하였다. 소수림왕의 재위 기간은 371~384년이었다.

정답해설 ① 고구려 소수림왕은 373년 율령을 반포하여 통치 조직을 정비하였다.

오답피하기 ② 신라는 지증왕 때인 512년 이사부로 하여금 우산국을 복속케 하였다. 이사부는 나무로 사자(獅子)를 많이 만들어 전선에 가득 싣고 우산국 해안을 내왕하면서 항복하지 않으면 맹수를 풀어 밟아 죽이겠다고 위협해 그들을 항복시켰다.

③ 백제 성왕이 관산성 전투에서 전사한 것은 554년의 일이다. 551년 백제군을 주축으로 신라군(진흥왕)과 가야군으로 이루어진 연합군이 구성되어 고구려지역으로 북진하였다. 백제군이 먼저 고구려의 남평양(지금의 서울)을 공격, 격파함으로써 기선을 제압했고 결국 고구려군을 패주시켰다. 그 결과 백제는 한강 하류의 6군을 회복했고 신라는 한강 상류의 10군을 차지하게 되었다. 그러나 신라 진흥왕의 배신으로 553년에 한강 하류 유역을 신라에 빼앗기게 되었으며, 이에 대한 보복에 나선 성왕은 신라를 공격하다 관산성(옥천) 전투에서 전사하였다(554).

④ 고구려 장수왕은 427년 수도를 평양성으로 옮기고, 남진 정책을 추진하였다.

정답 ① 한정판 012p, 기본서 069p

주제 010 백제의 위기와 중흥

01 017 [2025. 서울시 9급 1차] 회독 ○○○

백제에 대한 설명으로 가장 옳지 않은 것은?

① 고이왕 때 관등제를 정비하고 백관의 공복을 제정했다.
② 근초고왕 때 고구려의 평양성을 함락하고 고국원왕을 전사시켰다.
③ 무령왕 때 신라와 혼인동맹을 맺어 고구려에 대항하였다.
④ 성왕 때 사비로 천도하고 국호를 남부여라 하였다.

---

02 018 [2025. 국회직 9급] 회독 ○○○

밑줄 친 '왕'의 재위 기간 중에 있었던 사실로 옳은 것은?

> 왕은 본격적인 중흥의 기반을 마련하였다. 우선 수로 교통이 편리하고 넓은 벌판을 끼고 있는 사비(부여)로 수도를 옮겼으며, 국호를 '남부여'로 고쳤다.

① 익산에 미륵사를 세웠다.
② 신라와 혼인 동맹을 맺었다.
③ 22담로에 왕족을 파견하였다.
④ 중앙 관청을 22부로 정비하였다.
⑤ 관리의 등급을 17등급으로 나누었다.

SOLUTION
난이도 상 중 **하**

정답해설 ① 백제는 3세기 고이왕 때 6좌평과 16관등제를 시행하였고, 관등에 따라 관복의 색을 달리하는 등 지배 체제를 정비하였다.
② 백제 근초고왕은 남으로는 마한을 통합하고, 북으로는 고구려 평양을 공격하여 고국원왕을 전사시켰다(371).
④ 백제 성왕은 대외 진출이 쉬운 사비(부여)로 천도하고(538), 국호를 남부여로 고치면서 중흥을 꾀하였다.

오답피하기 ③ 백제 동성왕이 신라와의 동맹 관계를 강화하기 위해 혼인 동맹을 맺었다(493). 무령왕은 22담로에 왕족을 파견해 지방 통제를 강화하였으며, 중국 남조의 양과 활발하게 교류했다.

핵심개념 백제 무령왕(501~523, 사마왕)

- 중국 남조의 양나라와 수교
- 무령왕릉(벽돌무덤) : 남조의 영향
- 고구려·말갈 연합군 격퇴(507)
- 영산강 유역 정비
- 섬진강 유역 차지 : 대가야 억압
- 22담로 설치 및 왕족 파견 : 지방에 대한 통제력 강화
- 단양이·고안무 일본 파견 : 유학 전파

정답 ③ 한정판 013p, 기본서 074p

SOLUTION
난이도 상 **중** 하

자료분석 자료의 밑줄 친 '왕'은 백제 성왕이다. 성왕은 사비 천도(538) 직후 국호를 일시적으로 '남부여'로 개칭하였다.

정답해설 ④ 백제 성왕은 중앙 관청을 22부로 확대 정비하고, 수도를 5부로 지방을 5방으로 정비하였다.

오답피하기 ① 익산에 미륵사를 창건한 것은 백제 무왕이다.
② 백제 동성왕은 신라와의 동맹 관계를 강화하기 위해 혼인 동맹을 맺었다(493).
③ 무령왕은 22담로에 왕족을 파견해 지방 통제를 강화했다.
⑤ 백제는 16등급의 관등 조직을 갖추고 있었으며, 고이왕 때 관등제가 정비되었다. 17등급의 관등 조직을 갖추고 있었던 나라는 신라이다.

핵심개념 백제 성왕(523~554, 명농)

- 사비 천도(538), 국호 남부여
- 22부 설치 : 중앙 관청 확대 정비
- 수도 5부, 지방 5방 정비
- 불교 진흥 : 전륜성왕, 미륵 자처, 겸익 등용, 일본에 불교 전파(노리사치계)
- 한강 하류 수복(551)
- 나제 동맹 결렬(553) : 진흥왕의 배신으로 한강 하류를 신라에게 빼앗김
- 관산성(옥천) 전투(554) : 백제·대가야·왜의 연합군 vs 신라 → 신라 승 → 성왕 전사

정답 ④ 한정판 013p, 기본서 074p

---

01 019 [2025. 지방직 9급] 회독 ○○○

밑줄 친 '국왕'의 업적으로 옳지 않은 것은?

> 이차돈이 국왕에게 아뢰기를 "신이 거짓으로 왕명을 전하였다고 문책하여 신의 머리를 베시면 만민이 모두 굴복하고 감히 왕명을 어기지 못할 것입니다."라고 하였다. … (중략) … 옥리(獄吏)가 이차돈의 머리를 베니 하얀 젖이 한 길이나 솟았다.

① 율령을 반포하고 상대등을 설치하였다.
② 병부를 설치하고 금관가야를 병합하였다.
③ '건원'이라는 독자적인 연호를 사용하였다.
④ 국호를 '신라'로 정하고 우산국을 정벌하였다.

SOLUTION
난이도 상 중 **하**

자료분석 자료의 밑줄 친 '국왕'은 신라 법흥왕이다. 법흥왕 때에는 이차돈의 순교로 불교가 공인되었다.

정답해설 ① 신라의 법흥왕은 율령을 반포하고 17관등제와 공복제를 마련하여 중앙 집권적인 통치 조직을 갖추어 나갔다. 또한 상대등을 설치하여 국정을 총괄하는 재상의 역할을 부여하였다.
② 법흥왕은 병부를 설치하여 군권을 장악하였고, 532년에는 금관가야를 병합하였다.
③ 법흥왕 때에는 건원이라는 독자적인 연호를 사용하여 자주 국가로서의 위상을 높였다.

오답피하기 ④ 국호를 신라로 정하고 우산국을 정벌(512)한 왕은 신라의 지증왕이다.

핵심개념 신라의 발전 과정

내물마립간	· 김씨의 왕위 세습 확립, 왕호 변경(이사금 → 마립간) · 고구려 광개토 대왕의 도움을 받아 신라를 침입한 백제·가야·왜 연합 세력 격퇴
눌지마립간	백제 비유왕과 나·제 동맹 체결(고구려 장수왕의 남진 정책에 대항)
지증왕	· 순장 금지 및 우경 실시(502) · 국호 변경 : 사로국 → 신라(503), 왕호 변경 : 마립간 → 왕(중국식) · 상복법(喪服法) 제정(504), 주군제 실시[주에 군주(軍主) 파견(505)] · 동시전(시장 감독 관청) 설치(509) · 이사부의 우산국(울릉도) 복속(512)
법흥왕	· 율령 반포, 17 관등제, 관리의 공복 제정 · 골품제 정비, 병부와 상대등 설치 · 대가야(이뇌왕)와 결혼동맹(522), 불교 공인(527) · 금관가야 병합(532), 독자적 연호(건원) 사용(536)
진흥왕	· 화랑도를 국가적 조직으로 개편 · 황룡사·흥륜사 건립 · 고구려 승려 혜량을 국통(승통)으로 임명 · 거칠부『국사』편찬(545) · 백제 성왕과 연합 → 한강 상류 확보(551), 단양 적성비 건립(551) · 백제가 회복한 한강 하류 확보(553) → 북한산비 건립(555 or 568년 이후 추정) · 창녕비 건립(561) → 대가야 정복(562) · 고구려 공격(함경도 진출) → 황초령비·마운령비(568) · 연호 사용 : 개국, 대창, 홍제 · 품주 설치(재정 담당 관청)
선덕여왕	분황사와 영묘사 창건, 첨성대 축조, 황룡사 9층 목탑 건립

정답 ④ 한정판 014p, 기본서 077p

02 020 [2024. 서울시 9급 1차] 회독 ○○○

〈보기〉의 (가) 왕의 재위 기간에 발생한 일로 가장 옳은 것은?

> ┌─ 보기 ─
> 기록에 의하면 지금으로부터 1,800여 년 전 [(가)] 13년에 이 섬을 정벌하여 조선의 영토로 삼은 것이 오늘 우리 땅이 되게 된 시초인 것만은 틀림없다. 그 당시 이 섬은 우산국이라는 별개의 독립한 나라였는데, 육지로 가장 가까운 곳이 수로(水路) 400리 가량 떨어진 강원도 울진뿐인데 충무공같은 해상의 전략가나 군함도 없이 이 우산국을 쳐서 무찌른 당시 이야기가 흥미롭다.
> ─ 『별건곤』 ─

① 불교를 공인하였다.
② 마한을 복속시켰다.
③ 왕호를 중국식 호칭인 '왕'으로 정하였다.
④ 남진 정책을 펼쳐 국내성에서 평양으로 천도하였다.

SOLUTION
난이도 상 중 **하**

자료분석 자료의 (가)에 해당하는 국왕은 신라 지증왕이다. 신라는 지증왕 때인 512년에 우산국(지금의 울릉도)을 점령하였다. 원래 우산국은 지리적인 이유로 신라에 항복하지 않고 있었으며, 주민들이 사나워서 정복하기 어려웠다. 이에 이사부는 지략으로 항복 받을 수 있다고 생각하여 나무로 사자(獅子)를 많이 만들어 전선에 가득 싣고 그 나라 해안을 내왕하면서 항복하지 않으면 맹수를 풀어 밟아 죽이겠다고 위협해 그들을 항복시켰다.

정답해설 ③ 6세기 초 지증왕은 국호를 '신라'로 정하고, 왕의 칭호를 '마립간'에서 중국식인 '왕'으로 바꾸었다.

오답피하기 ① 신라는 법흥왕 대인 527년 이차돈의 순교를 계기로 불교를 공인하였다.
② 백제 근초고왕은 남으로는 마한을 통합하고, 북으로는 고구려 평양을 공격하여 고국원왕을 전사시켰다(371).
④ 고구려 장수왕은 427년에 도읍을 국내성에서 평양으로 옮기고, 적극적으로 남진 정책을 추진하였다.

정답 ③ 한정판 014p, 기본서 076p

03 021 [2024. 지역인재 9급]   회독○○○

밑줄 친 '왕'에 대한 설명으로 옳은 것은?

> <u>왕</u>은 이차돈을 불러 문책하고 … (중략) … 분노하여 그를 죽이라고 명했다. … (중략) … 옥리가 그의 목을 베니 하얀 피가 한 길이나 솟았다. 하늘은 사방이 컴컴해지며 볕은 기울어 밝음을 감추고 땅은 진동하고 꽃비가 내렸다.
>
> – 『삼국유사』 –

① 금관가야를 병합하였다.
② 영토를 확장하고 순수비를 세웠다.
③ 지방의 22담로에 왕족을 파견하였다.
④ 군사 조직을 9서당 10정으로 재정비하였다.

주제 **012**   **삼국간의 항쟁**

01 022 [2025. 국가직 9급]   회독○○○

(가), (나) 사이 시기에 있었던 사실로 옳은 것은?

> (가) 왕이 보병과 기병 5만 명을 보내 신라를 구원하게 하였고, 이에 왜군이 퇴각하였다.
> (나) 백제 왕이 가야와 함께 관산성을 공격하였다. 신주군주 김무력이 나아가 교전을 벌였고, 비장인 도도가 백제 왕을 죽였다.

① 고구려가 낙랑군을 몰아냈다.
② 신라가 금관가야를 병합하였다.
③ 고구려가 안시성에서 당군을 물리쳤다.
④ 백제가 평양성에서 고국원왕을 전사시켰다.

SOLUTION   난이도 상 중 **하**

자료분석 자료의 밑줄 친 '왕'은 신라 법흥왕이다. 신라에서는 법흥왕 대인 527년 이차돈의 순교를 계기로 불교를 공인하였다. 통일신라 헌덕왕 때는 이를 기리기 위해 이차돈 순교비(백률사 석당)를 제작하기도 했다.

정답해설 ① 법흥왕 때는 김해 지역의 금관가야를 정복하고(532) 낙동강까지 영토를 확장하였다. 법흥왕은 그 외에도 상대등과 병부의 설치, 율령 반포, 17관등제 완비, 공복의 제정 등을 통하여 통치 질서를 확립하였다.

오답피하기 ② 진흥왕에 대한 설명이다. 진흥왕은 화랑도를 국가적인 조직으로 개편하여 인재를 양성하는 한편, 영토를 크게 확장하였다. 백제와 연합하여 고구려를 쳐 한강 상류 지역을 차지하였고, 다시 백제를 공격하여 한강 하류 지역마저 차지하였다. 이후 대가야를 정복하여 가야 연맹의 모든 지역을 편입하였으며, 동해안을 따라 함흥평야까지 진출하였다. 진흥왕의 영토 확장은 단양 신라 적성비와 4개의 진흥왕 순수비(북한산비 · 창녕비 · 황초령비 · 마운령비)를 통해 확인할 수 있다.
③ 백제는 무령왕 때 22담로에 왕족을 파견하여 지방에 대한 통제를 강화하였다.
④ 통일신라 신문왕 때 중앙군을 9서당으로, 지방군을 10정으로 편제해 군사 조직을 정비하였다.

심화개념 법흥왕 때의 주요 사건 순서 정리

병부 설치(517) → 율령 반포 및 백관의 공복 제정(520) → 대가야와 결혼 동맹(522) → 불교 공인(527) → 상대등 설치(531) → 금관가야 정복(532) → 연호 건원 사용(536)

정답 ① 한정판 014p, 기본서 077p

SOLUTION   난이도 상 중 **하**

자료분석 (가)는 광개토대왕이 군대를 보내 신라에 침입한 왜를 격퇴한 400년의 사건이다.
(나)는 554년 관산성 전투에서 백제 성왕이 신라에게 패하고 전사한 사실을 보여준다.

정답해설 ② 신라는 532년 법흥왕 때 금관가야를 병합하였다.

오답피하기 ① 고구려가 낙랑군을 한반도에서 몰아낸 것은 4세기 고구려 미천왕 때(313)의 일이다.
③ 고구려가 안시성에서 당군을 물리친 안시성 전투는 645년의 일이다.
④ 고구려는 평양성 전투에서 백제 근초고왕에게 패하였으며, 고국원왕은 전사하고 말았다(371).

핵심개념 전기 가야 연맹과 후기 가야 연맹 비교

전기 가야 연맹(김해의 금관가야 중심)	후기 가야 연맹(고령의 대가야 중심)
• 풍부한 철을 바탕으로 성장	• 철 생산과 농업을 바탕으로 성장
• 해상 활동에 유리한 입지 조건 → 낙랑, 왜와 교류	• 소백산맥 서쪽까지 세력 확장
• 고구려군의 침략으로 쇠퇴	• 신라 진흥왕에 의해 대가야 멸망(562)
• 신라 법흥왕에 의해 금관가야 멸망(532)	• 고령 지산동 유적지
• 김해 대성동 유적지	

정답 ② 한정판 014p, 기본서 077p

〈보기〉의 사건을 시간 순으로 바르게 나열한 것은?

┌─ 보기 ─────────────────────────────────┐
ㄱ. 장수왕은 백제의 수도 한성을 점령한 후 한강 유역을 차지하였다.

ㄴ. 진흥왕은 고구려와 백제를 모두 공격하여 한강 유역을 차지하였다.

ㄷ. 근초고왕은 마한의 여러 소국을 복속시키고 고구려의 평양성을 공격하였다.

ㄹ. 가야 연맹은 중앙 집권 국가로 발전하지 못하였고, 마지막으로 대가야가 신라에 병합됨으로써 해체되었다.
└──────────────────────────────────────┘

① ㄱ - ㄴ - ㄷ - ㄹ
② ㄴ - ㄷ - ㄹ - ㄱ
③ ㄷ - ㄱ - ㄴ - ㄹ
④ ㄹ - ㄷ - ㄱ - ㄴ

주제 013 **6세기 말~7세기의 정세**

다음 문화유산이 건립된 왕의 재위 기간 중에 있었던 사실로 옳은 것은?

① 신라가 대가야를 통합하였다.
② 백제가 신라 대야성을 함락시켰다.
③ 고구려가 수의 대군을 살수에서 물리쳤다.
④ 백제가 겸익을 등용하여 불교를 진흥하였다.
⑤ 신라가 문무 관료에게 관료전을 지급하였다.

SOLUTION 난이도 상 중 하

[정답해설] ㄷ. 4세기 후반 백제 근초고왕은 마한의 소국들을 정복하여 남해안까지 진출하였고, 고구려를 공격하여 황해도 일대를 차지하기도 하였다. 한편, 가야와 외교 관계를 맺어 왜로 가는 교통로를 확보하였고, 이를 토대로 중국의 동진, 왜의 규슈 지방과 교류하면서 중국–백제–왜를 잇는 해상 교역망을 확보하였다.
ㄱ. 고구려는 5세기 장수왕 때 수도를 평양으로 옮기고(427) 남진 정책을 추진하였다. 이에 백제와 신라가 나·제 동맹(433)을 맺어 맞섰지만, 고구려는 백제의 수도 한성을 함락하고(475) 한강 유역을 차지하였다.
ㄴ. 6세기에 진흥왕은 백제와 연합하여 고구려를 쳐 한강 상류 지역을 차지하였고(551), 다시 백제를 공격하여 한강 하류 지역마저 차지하였다(553).
ㄹ. 대가야는 섬진강 하류와 소백산맥 서쪽까지 세력권을 확대하기도 하였으나, 결국 562년 신라(진흥왕)에 병합되었다.

[심화개념] **진흥왕의 한강 하류 지역 확보**

┌──────────────────────────────────────┐
551년에 백제군을 주축으로 해 신라군(진흥왕)과 가야군으로 이루어진 연합군이 구성되어 고구려 지역으로 북진하였다. 백제군이 먼저 고구려의 남평양(지금의 서울)을 공격, 격파함으로써 기선을 제압했고 결국 고구려군을 패주시켰다. 그 결과 백제는 한강 하류의 6군을 회복했고 신라는 한강 상류의 10군을 차지하게 되었다. 그러나 신라의 진흥왕의 배신으로 553년에 한강 하류 유역을 신라에 빼앗기게 되었으며, 이에 대한 보복으로 백제 성왕은 신라를 공격하다 관산성(옥천) 전투에서 전사하였다(554).
└──────────────────────────────────────┘

[정답] ③ 한정판 014p, 기본서 078p

SOLUTION 난이도 상 중 하

[자료분석] 사진의 문화유산은 첨성대이다. 『삼국유사』에는 첨성대가 세워진 것을 선덕여왕 때의 일로 기록하고 있다. 첨성대는 현존하는 동양 최고(最古)의 천체 관측기구이다. 선덕여왕의 재위 기간은 632년에서 647년이다.

[정답해설] ② 신라는 선덕여왕 때인 642년에 백제 의자왕의 공격으로 대야성(경남 합천)을 비롯한 서쪽 40여 개의 성을 잃었다. 이에 신라는 김춘추를 고구려로 보내 백제 공격을 위한 군사 지원을 요청하였다(실패).

[오답피하기] ① 대가야는 562년 신라 진흥왕에게 정복당했다.
③ 살수대첩은 612년의 사건이다. 수 양제는 113만이 넘는 대군을 이끌고 고구려를 공격했으나 요동성에서 고구려군의 저항에 막혔다. 이에 우중문 등에게 30만 명의 별동대를 이끌고 고구려의 수도 평양을 공격하게 하였다. 이때 고구려의 을지문덕은 평양으로 가는 길목의 식량을 없애고, 평양 근처까지 왔다가 퇴각하는 수의 군대를 살수(지금의 청천강)에서 크게 물리쳤다.
④ 겸익은 백제의 승려로, 6세기 전반 성왕 때 활동한 인물이다. 그는 인도에서 율장을 가지고 돌아와 이를 번역하기도 했으며, 백제 율종을 개창하였다.
⑤ 신문왕은 문무 관리에게 관료전을 지급(687)하고 녹읍을 폐지(689)하였다. 이는 귀족들의 경제적 기반을 약화시키기 위한 조치였다.

[정답] ② 한정판 016p, 기본서 083p

㉠ 나라에 대한 설명으로 옳은 것은?

> 왕이 ㉠ 이/가 자주 강역을 침략하는 것을 근심하여 수나라에 군사를 요청하여 ㉠ 을/를 정벌하고자 원광(圓光)에게 명하여 걸사표(乞師表)를 짓게 하였다. 원광이 아뢰기를, "자기가 살고자 남을 죽이는 것은 승려가 할 행동이 아닙니다만, 저는 대왕의 영토에서 살며 대왕의 물과 풀을 먹고 있으므로 감히 명을 따르지 않을 수 없습니다."라고 하고, 곧 걸사표를 지어 올렸다.
>
> – 『삼국사기』 –

① 단양에 적성비를 세웠다.
② 『신집』이라는 역사서가 있었다.
③ 황초령, 북한산 등에 순수비를 세웠다.
④ 평양성을 공격해 고국원왕을 전사시켰다.
⑤ 사비로 천도하고 국호를 남부여로 바꾸었다.

(가)와 (나) 사이의 시기에 있었던 사실로 옳은 것은?

> (가) 온달이 왕에게 아뢰었다. "신라가 우리 한강 북쪽 땅을 빼앗아 군과 현으로 만들었으므로, 백성들이 원통하여 언제나 부모의 나라를 잊지 않고 있습니다. 대왕께서 불초한 신을 어리석게 여기지 마시고 군사를 주신다면, 한번 나가 싸워서 반드시 우리의 땅을 회복하겠습니다." 왕은 이를 허락했다.
>
> – 『삼국사기』 –
>
> (나) 역적의 우두머리 흠돌, 흥원, 진공 등은 지위가 재능으로 오른 것이 아니고 관직이 실로 은혜로써 오른 것임에도 불구하고, 처음부터 끝까지 근신하여 부귀를 보전하지 못하였다. …… 지금 이미 요망한 무리들이 말끔하게 제거되어 먼 곳이나 가까운 곳 모두에 걱정거리가 없게 되었으니, 불러 모은 군사와 말들을 마땅히 신속하게 돌려보내라.
>
> – 『삼국사기』 –

① 진흥왕이 북한산 순수비를 세웠다.
② 장문휴가 군사를 이끌고 등주를 공격하였다.
③ 장수왕이 평양으로 수도를 옮겼다.
④ 성왕이 관산성 전투에서 신라군에게 목숨을 잃었다.
⑤ 을지문덕이 수의 군대를 살수에서 크게 무찔렀다.

SOLUTION   난이도 상 중 하

자료분석 자료의 ㉠에 해당하는 나라는 고구려이다. 「걸사표」는 신라 진평왕의 명에 따라 고승 원광이 고구려를 치는 데 수나라의 군사를 청한 글이다. 원문은 전하지 않지만 『삼국사기』에 의하면, 611년에 신라에서는 수나라에 사신을 파견하여 이 걸사표로 군사를 청했고, 이에 수나라 양제가 100만의 대군을 이끌고 612년에 고구려를 침략하였다고 한다.

정답해설 ② 고구려에서는 일찍부터 『유기』가 편찬되었으며, 영양왕 때 이문진이 이를 간추려 『신집』 5권을 편찬하였다(600).

오답피하기 ① 단양 적성비는 신라 진흥왕 때 신라가 소백산맥 이북으로 진출하여 남한강 상류의 단양을 확보한 후 적성에 세운 비석이다.
③ 황초령, 북한산 등에 순수비를 세운 것은 신라 진흥왕의 업적이다. 신라 진흥왕은 한강 하류 지역을 확보하고 북한산 순수비를 건립했으며, 고구려를 공격해 함경도(함흥 평야)에 진출하여 황초령비·마운령비를 세웠다.
④ 백제 근초고왕은 371년 고구려 평양성을 공격하여 고구려의 고국원왕을 전사시켰다.
⑤ 6세기에 백제 성왕은 대외 진출이 쉬운 사비(부여)로 천도하고(538), 국호를 남부여로 고치면서 중흥을 꾀하였다.

정답 ② 한정판 016p, 기본서 081p

SOLUTION   난이도 상 중 하

자료분석 (가) 온달은 신라에 빼앗긴 죽령 이북의 땅을 회복하기 위해 군사를 이끌고 남하하였으나 아단성에서 전사하였다(590).
(나) 신문왕은 681년 장인 김흠돌과 파진찬 흥원, 대아찬 진공 등을 모반 혐의로 처형했다.

정답해설 ⑤ 살수대첩은 고구려 영양왕 때인 612년에 일어났다. 수가 고구려를 침략하려는 야욕을 보이자, 고구려는 전략적 요충지인 요서 지방을 선제공격하여 이를 견제하였다. 이에 수 문제는 고구려를 침공했으나 성과 없이 물러났고, 이어 양제가 약 113만 명의 대군을 이끌고 다시 침략하였다. 이때 을지문덕이 평양으로 직접 쳐들어오는 수의 30만 군대를 청천강 부근에서 궤멸시키면서 대승을 거두었다(살수 대첩).

오답피하기 ① (가) 이전의 사건이다. 신라 진흥왕은 553년 성왕을 배신하고 백제가 회복한 한강 하류를 공격하여 점령하였다. 한강 유역을 완전히 장악한 신라는 '새로운 주'라는 의미의 신주(新州, 553)를 설치하고, 김무력(김유신의 조부)을 담당관인 군주로 임명하였으며, 555년에는 북한산비를 건립하였다.
② (나) 이후의 사건이다. 발해 무왕은 732년 장문휴로 하여금 수군을 거느리고 산둥반도를 공격하게 하였으며, 요서 지역에서 당군과 격돌하였다.
③ (가) 이전의 사건이다. 고구려 장수왕은 427년 수도를 평양성으로 옮기고, 남진 정책을 추진하였다.
④ (가) 이전의 사건이다. 백제 성왕은 고구려의 내정이 불안한 틈을 타서 신라 진흥왕과 연합하여 일시적으로 한강 유역을 부분적으로 수복하였다. 그러나 진흥왕의 배신으로 신라에게 빼앗기고(553) 자신도 신라를 공격하다가 관산성에서 전사하였다(554).

정답 ⑤ 한정판 p, 기본서 079p

04 027 [2024. 지역인재 9급]   회독 ○○○

(가) 시기에 있었던 사실로 옳은 것은?

을지문덕이 수의 군대를 격파하였다.

↓

(가)

↓

검모잠이 안승을 왕으로 추대하였다.

① 김헌창의 난이 일어났다.

② 원종·애노의 난이 일어났다.

③ 관산성 전투에서 성왕이 전사하였다.

④ 안시성 전투에서 당의 공격을 물리쳤다.

주제 014　　**신라 중대의 정치**

01 028 [2025. 국가직 9급]   회독 ○○○

다음 사실이 있었던 왕대의 설명으로 옳은 것은?

> • 김흠돌의 난을 계기로 진골 귀족 세력 등을 숙청하였다.
> • 녹읍을 폐지하여 귀족의 경제적 기반을 약화하고자 하였다.

① 국학을 설립하였다.

② 불교를 공인하였다.

③ 독서삼품과를 시행하였다.

④ 이사부를 보내 우산국을 정벌하였다.

SOLUTION　　　　난이도 상 중 **하**

자료분석　(가)는 612년과 670년 사이 시기에 해당한다. 수양제는 30만의 별동대로 평양성을 공격하였으나, 을지문덕이 이끄는 고구려군이 살수에서 이들을 크게 물리쳤다(살수 대첩, 612). 안승은 670년 고구려 부흥 운동을 일으킨 검모잠에 의하여 추대되어 한성(漢城 : 지금의 황해도 재령 부근)에서 왕으로 즉위하였다.

정답해설　④ 안시성 전투는 (가) 시기인 645년에 일어났다. 수에 이어 등장한 당은 초기에는 고구려에 우호적이었으나, 태종이 즉위하면서 고구려를 압박하였다. 고구려는 요동에 천리장성을 쌓아 당의 침략에 대비하였다. 당의 침략 위협이 높아지는 가운데, 연개소문이 정변을 일으켜 권력을 장악하고 당에 강경하게 맞섰다. 이에 당 태종은 연개소문의 정변을 빌미로 수십만 대군을 이끌고 고구려를 침략하였다. 고구려는 요동성, 백암성 등을 빼앗겼지만, 안시성에서 당군을 물리쳤다(645).

오답피하기　① 822년 헌덕왕 때 무열계 김씨인 김헌창이 아버지 김주원이 왕위를 계승하지 못한 데 불만을 품고 국호를 장안, 연호를 경운이라 하고 난을 일으켰으나 실패하였다.

② 889년에 일어난 원종과 애노의 난에 대한 내용이다. 9세기 말 진성 여왕 때에는 사회 전반에 걸쳐 모순이 증폭되었다. 중앙 정부의 기강이 극도로 문란해졌으며, 지방의 조세 납부 거부로 국가 재정도 바닥이 드러났다. 그리하여 한층 더 강압적으로 조세를 징수하자, 마침내 각지에서 농민들이 봉기하였다. 상주에서 일어난 원종과 애노의 난을 시작으로 농민의 항쟁이 전국적으로 확산되자, 중앙 정부는 지방에 대한 통제력을 거의 잃어 갔다.

③ 관산성 전투는 554년에 일어났다. 백제 성왕은 고구려의 내정이 불안한 틈을 타서 신라 진흥왕과 연합하여 일시적으로 한강 유역을 부분적으로 수복하였으나, 진흥왕의 배신으로 신라에게 다시 빼앗기고(553) 자신도 신라를 공격하다가 관산성에서 전사하였다(554).

정답 ④ 한정판 016p, 기본서 080p

SOLUTION　　　　난이도 상 중 **하**

자료분석　김흠돌의 난을 계기로 진골 귀족 세력을 숙청했다는 사실과 녹읍을 폐지했다는 사실을 통해 통일 신라의 신문왕임을 알 수 있다.

정답해설　① 신문왕은 유학 교육 기관인 국학을 설치하여 왕권을 보좌할 실무 관료를 양성하였다.

오답피하기　② 불교를 공인한 신라 왕은 법흥왕이다. 신라는 토착 신앙의 영향을 강하게 받은 귀족들의 반대로 불교를 수용하는 데 어려움을 겪다가, 6세기 법흥왕 때 이차돈의 순교를 계기로 불교를 공인하였다.

③ 신라 하대 원성왕 때(788) 독서삼품과를 시행하였다. 독서삼품과는 유교 경전의 이해 수준을 시험하여 관리를 채용하는 제도로, 폐쇄적인 골품제를 옹호하는 진골 귀족들의 반발로 그 기능을 제대로 발휘하지는 못하였다.

④ 이사부를 보내 우산국을 정벌한 것은 지증왕 때의 일이다.

핵심개념　**신문왕(681~692)**

> • 김흠돌의 난(681) → 귀족 세력 숙청
> • 관료전 지급, 녹읍 폐지
> • 지방 정비 : 9주 5소경
> • 군사 정비 : 9서당(중앙군), 10정(지방군)
> • 국학 설치(682)
> • 공장부, 예작부 설치 → 14부 완성
> • 감은사 창건(682)
> • 만파식적(대나무 피리) 제작
> • 달구벌(대구) 천도 시도(실패)

정답 ① 한정판 018p, 기본서 090p

다음 제도를 시행한 왕에 대한 설명으로 가장 옳은 것은?

> • 5월에 교서를 내려 문무 관료들에게 토지를 차등 있게 하사하였다.
> • 봄 정월에 중앙과 지방 관리들의 녹읍을 폐지하고 해마다 조를 차등 있게 주고 이를 일정한 법으로 삼았다.

① 삼국 통일을 완성하였다.
② 김흠돌의 난을 진압하였다.
③ 단양 신라 적성비를 세웠다.
④ 국정을 총괄하는 상대등을 두었다.

밑줄 친 '중대(中代)'에 있었던 사실로 옳지 않은 것은?

> 나라 사람들이 시조로부터 이에 이르기까지 3대(代)로 나누었다. …… 무열왕부터 혜공왕까지의 여덟 왕을 중대(中代)라 하며, ……
>
> – 『삼국사기』 –

① 사정부를 설치하였다.
② 독서삼품과를 실시하였다.
③ 관료전과 정전을 지급하였다.
④ 발해가 당의 등주를 공격하였다.
⑤ 성덕대왕신종을 주조하였다.

SOLUTION　　　　　　　　　　　　　　난이도 상 중 **하**

자료분석　자료의 제도를 시행한 국왕은 통일 신라 **신문왕**이다. 신문왕은 귀족들의 경제적 기반을 약화하기 위해 문무 관리에게 관료전을 지급(687)하고 녹읍을 폐지(689)하였다.

정답해설　② 신문왕은 **681년 장인 김흠돌**과 파진찬 흥원, 대아찬 진공 등을 **모반 혐의로 처형**했다.

오답피하기　① **문무왕**은 나·당 전쟁을 승리로 이끌고 676년 삼국 통일을 완성하였다.
③ 단양 적성비는 **진흥왕** 때 신라가 소백산맥 이북으로 진출하여 남한강 상류의 단양을 확보한 후 적성에 세운 비석이다.
④ **법흥왕** 18년(531) 이찬 철부를 상대등으로 삼아 나라의 일을 총괄하게 하였다.

정답 ② 한정판 018p, 기본서 090p

SOLUTION　　　　　　　　　　　　　　난이도 상 **중** 하

자료분석　신라 중대는 **654년에서 780년**까지가 해당한다. 김부식이 편찬한 『삼국사기』는 무열왕계 진골이 왕위를 계승하는 **무열왕(654~661)**에서 **혜공왕(765~780)**까지의 시기를 신라 중대로 분류한다.

정답해설　① **사정부**는 659년(태종 **무열왕** 6년)에 설치되었다. 관리들의 비리와 부정 방지하기 위한 **감찰 기구**로, 백관을 감찰하는 업무를 관장하였다.
③ 문무 관리에게 **관료전을 지급**한 것은 통일 신라 **신문왕(687)**, 백성들에게 **정전을 지급**한 것은 통일 신라의 **성덕왕 때(722)**이다. 성덕왕은 민생을 안정시키고 농민에 대한 토지 지배력을 강화하기 위하여 백성들에게 정전을 지급하였다.
④ **발해 무왕(대무예)**은 732년 장문휴의 수군으로 하여금 산둥 반도의 등주(덩저우)를 공격하게 하여 자사 위준을 죽였다.
⑤ 성덕대왕신종은 현존 최대의 범종으로, 아연이 함유된 청동으로 만들어 맑고 장중한 소리와 천상의 소리를 나타내 보이는 듯한 경쾌하고 아름다운 비천상 무늬로 유명하다. **경덕왕**이 아버지인 성덕왕의 공덕을 기리기 위해 만들기 시작(742)하여 **혜공왕이 771년에 완성**하였다.

오답피하기　② **독서삼품과는 신라 하대 원성왕 대(788)**에 실시된 관리 등용 제도이다. 국학의 학생들을 독서 능력에 따라 상·중·하로 구분하였으며 이를 관리 임용에 참고하였다.

정답 ② 한정판 018p, 기본서 089p

〈보기〉의 밑줄 친 '왕'의 재위 기간에 있었던 일로 가장 옳은 것은?

┌ 보기 ─────────────────────────
왕은 즉위 후 김흠돌의 난을 진압하고, 귀족 세력을 억제하며 왕권을 강화하였다. 또한, 9주 5소경을 설치하여 지방 행정을 개편하고, 국학을 설립하여 유학 교육을 진흥시켰다.
└──────────────────────────────

① 관리들의 녹읍을 폐지하고 관료전을 지급하였다.
② 마한의 남은 세력을 정복하고 고구려 평양성을 공격하였다.
③ 대가야를 정복하고 낙동강 서쪽 지역까지 영토를 확장하였다.
④ 왕위 계승을 둘러싼 혼란을 막기 위해 부자 상속제를 확립하였다.

〈보기〉의 밑줄 친 '대왕'의 재위 시기에 있었던 사실로 가장 옳은 것은?

┌ 보기 ─────────────────────────
대왕이 나라를 다스린 지 21년 만인 영륭(永隆) 2년 신사에 세상을 떠나니, 유언에 따라 동해 가운데 큰 바위 위에 장사 지냈다. 대왕이 평소에 항상 지의법사에게 이르기를, "짐은 죽은 뒤에 호국대룡이 되어 불법을 받들고 나라를 수호하고자 한다."라고 하였다.

– 『삼국유사』 –
└──────────────────────────────

① 원광에게 걸사표를 짓게 하였다.
② 첨성대를 세워 천문 현상을 관측하였다.
③ 매소성과 기벌포에서 당군을 격파하였다.
④ 김춘추를 고구려에 파견하여 군사를 청하였다.

SOLUTION 난이도 상 중 **하**

자료분석 자료의 밑줄 친 '왕'은 통일 신라 **신문왕**이다. 신문왕은 김흠돌의 반란 사건을 계기로 귀족 세력을 숙청하고 국왕 중심의 정치 운영을 확립하였다. 또한 유교 정치 이념을 내세우며 유학 교육을 위한 국학을 설립하였고, 중앙과 지방 행정 조직 및 군사 조직을 재정비하였다.

정답해설 ① 신문왕은 귀족들의 경제적 기반을 약화하기 위해 문무 관리에게 **관료전을 지급(687)하고 녹읍을 폐지(689)**하였다.

오답피하기 ② 백제는 4세기 후반 **근초고왕** 때 마한의 소국들을 정복하여 남해안까지 진출하였고, 고구려를 공격하여 황해도 일대를 차지하기도 하였다.
③ 신라 **진흥왕**은 백제와 연합하여 고구려를 쳐 한강 상류 지역을 차지하였고, 다시 백제를 공격하여 한강 하류 지역마저 차지하였다. 이후 대가야를 정복하여 가야 연맹의 모든 지역을 편입하였으며, 동해안을 따라 함흥평야까지 진출하였다.
④ 신라는 **눌지 마립간** 때 왕위의 부자 상속제가 확립되었다.

정답 ① 한정판 018p, 기본서 090p

SOLUTION 난이도 상 중 하

자료분석 자료의 밑줄 친 '대왕'은 **문무왕**이다. 쳐들어오는 왜구를 막겠다는 문무왕의 유언에 따라 동해의 큰 바위에 장사를 지냈는데, 그 바위를 가리켜 **대왕암**이라 한다. 문무왕의 재위 시기는 661~681년이다.

정답해설 ③ 문무왕은 당이 한반도 전체를 지배하려는 야욕을 보이자 당과의 전쟁에 나섰고 남침해 오던 당의 20만 대군을 **매소성**에서 격파하여 나·당 전쟁의 주도권을 장악했으며 ~~675~~ 676년(문무왕 16)에는 금강 하구의 **기벌포**에서 당의 수군을 섬멸하였다.

오답피하기 ① 원광은 608년(**진평왕** 30) **수나라에 군사를 청하기 위해** 걸사표를 작성하였다. 원문은 전하지 않지만 『삼국사기』에 의하면, 611년에 신라에서는 수나라에 사신을 파견하여 이 걸사표로 군사를 청했고, 이에 수나라 양제가 100만의 대군을 이끌고 612년에 고구려를 침략하였다고 한다.
② 첨성대는 신라에서 천문을 관측하던 건물로, **선덕여왕** 대에 건립되었다.
④ 신라는 **선덕여왕** 때인 642년에 백제 의자왕의 공격으로 대야성(경남 합천)을 비롯한 서쪽 40여 개의 성을 잃었다. 이에 신라는 김춘추를 고구려로 보내 백제 공격을 위한 군사 지원을 요청하였다. 그러나 김춘추를 만난 고구려 보장왕은 진흥왕 때 신라가 점령한 한강 상류 지역(죽령 이북)을 반환하면 신라를 도와주겠다고 답했고, 이를 거절한 김춘추는 감옥에 갇혔다가 지략을 발휘하여 탈출하였다.

정답 ③ 한정판 018p, 기본서 090p

01 033 [2025. 법원직] 회독 ○○○

다음 (가)~(다) 사건을 일어난 순서대로 바르게 나열한 것은?

> (가) 진성 여왕 3년 나라 안의 여러 주·군에서 조세와 공물을 보내지 않아 나라의 창고가 텅 비고 씀씀이가 궁핍하게 되었으므로 왕이 사자를 보내어 독촉하였다. 이 때문에 곳곳에서 도적들이 벌떼처럼 일어났다. 이에 원종과 애노 등이 사벌주(상주)를 근거지로 반란을 일으켰다.
>
> (나) 3월 웅천주 도독 헌창이 그의 아버지 주원이 왕이 되지 못한 것을 이유로 반란을 일으켜 나라 이름을 장안이라 하고 …… 여러 군사가 성을 에워싸고 열흘 동안 공격하여 성이 장차 함락되려 하자 헌창은 화를 면할 수 없음을 알고 스스로 죽었다.
>
> (다) 이찬 김지정이 난을 일으켜 무리를 모아 궁궐을 에워싸고 침범했다. 여름 4월에 상대등 김양상이 이찬 경신과 함께 군사를 일으켜 김지정 등을 죽였으나, 왕(혜공왕)과 왕비는 반란군에게 살해되었다.

① (가) - (나) - (다)
② (나) - (가) - (다)
③ (다) - (가) - (나)
④ (다) - (나) - (가)

SOLUTION 난이도 상 중 하

정답해설 (다) 김지정의 난은 780년에 일어났다. 이를 진압하는 과정에서 혜공왕이 피살되면서 무열왕 직계의 왕위 계승이 단절되고 내물왕계가 다시 왕위를 차지하는 결과를 가져왔다.

(나) 822년 헌덕왕 때 무열계 김씨인 김헌창이 아버지 김주원이 왕위를 계승하지 못한 데 불만을 품고 국호를 장안, 연호를 경운이라 하고 난을 일으켰으나 실패하였다.

(가) 원종과 애노는 889년(진성여왕 3)에 신라의 사벌주(지금의 경상북도 상주)에서 봉기를 일으켰다.

핵심개념 신라 하대의 상황

- 왕권 약화 → 귀족 연합 정치 운영
- 상대등 강화, 시중 세력과 6두품 세력 약화
- 왕위 쟁탈전과 농민 반란 등으로 인한 사회 혼란
- 중앙 정부의 지방 통제력 약화 및 국가 재정 악화
- 호족이라 불리는 새로운 세력의 성장
- 당에서 유학한 6두품 출신 및 선종 승려들의 골품제 사회 비판

정답 ④ 한정판 019p, 기본서 097p

---

02 034 [2024. 서울시 9급 2차] 회독 ○○○

〈보기〉 이후 발생한 사건으로 가장 옳은 것은?

> ─ 보기 ─
> 나라 안의 모든 주군(州郡)에서 공물과 부세를 보내지 않아, 창고가 텅텅 비어 나라 재정이 궁핍하였다. 왕이 사신을 보내 독촉하니 곳곳에서 도적이 벌떼처럼 일어났다. 이때 원종(元宗)과 애노(哀奴) 등이 사벌주를 근거지로 하여 반란을 일으켰다.

① 견훤이 경주를 침략하고 경순왕을 옹립하였다.
② 당나라가 문무왕의 동생 김인문을 신라왕으로 임명하고 군대를 동원하였다.
③ 백제 의자왕이 신라의 서쪽 지역을 공격하여 대야성 등 40여 성을 함락시켰다.
④ 혜공왕을 마지막으로 무열왕계가 단절되었다.

SOLUTION 난이도 상 중 하

자료분석 자료는 원종·애노의 난에 대한 사료이다. 원종과 애노는 889년(진성여왕 3)에 신라의 사벌주(지금의 경상북도 상주)에서 봉기를 일으켰다.

정답해설 ① 견훤은 927년 상주를 공격하고 영천을 습격했다. 이어 경주로 진격해 포석정에서 경애왕을 살해하고, 왕의 족제인 김부(경순왕)를 왕으로 삼았다. 당시 이 소식을 듣고 온 왕건은 공산 전투에서 크게 패했다.

오답피하기 ② 674년의 사건이다. 신라는 당이 한반도 전체를 장악하려는 야심을 보이자 나·당 전쟁에 나섰다. 670년에는 고구려의 유민인 고연무와 신라 장군 설오유가 이끄는 연합군이 압록강을 건너 당나라군을 공격했으며, 671년에는 신라가 사비를 공략해 소부리주를 설치함으로써 백제 땅에 대한 지배권을 확보하였다. 이에 당은 674년 문무왕의 관작을 삭제하고 문무왕의 아우인 김인문을 신라왕에 책봉하였다.

③ 642년 백제 의자왕은 선덕여왕의 신라를 침공하여 미후 등 40여 성을 함락하였고 이어서 장군 윤충을 보내 신라의 대야성을 함락시켰다.

④ 780년 일어난 김지정의 난을 진압하는 과정에서 혜공왕이 피살되었다. 이로써 무열왕 직계가 단절되고 내물왕계가 다시 왕위를 차지하는 결과를 가져왔다.

핵심개념 진성여왕 대(887~897)의 역사

- 삼대목 편찬(888)
- 원종·애노의 난(889, 사벌주 = 상주), 적고적의 난(896)
- 견훤의 봉기(892, 무진주 점령)
- 궁예가 양길의 부하가 됨(892)
- 최치원 시무 10여 조 건의(894)
- 합천 해인사 길상탑 건립(895)

정답 ① 한정판 019p, 기본서 095p

01 035 [2025. 국가직 9급]

회독 ○○○

밑줄 친 '이 나라'에 대한 설명으로 옳은 것은?

> 이 나라는 고구려의 옛 땅이다. … (중략) … 곳곳에 촌락이 있는데 모두 말갈의 부락이다. 그 백성은 말갈이 많고 토인(土人)이 적은데, 모두 토인을 촌장으로 삼는다.
>
> – 『유취국사』 –

① 골품제를 실시하였다.
② 군사조직으로 9서당 10정을 두었다.
③ 영락이라는 독자적인 연호를 사용하였다.
④ 지방 행정 구역을 5경 15부 62주로 나누었다.

02 036 [2025. 지방직 9급]]

회독 ○○○

다음 외교문서를 작성한 나라에 대한 설명으로 옳지 않은 것은?

> 무예가 알립니다. "고(구)려의 옛 터전을 회복하고, 부여의 유속(遺俗)을 가지게 되었습니다."

① 당의 등주를 공격하였다.
② 행정구역을 5경 15부 62주로 나누었다.
③ 집사부 장관인 시중이 왕명을 받들어 행정을 총괄하였다.
④ '인안' 등의 연호를 사용하고 국왕을 '황상'이라고 부르기도 하였다.

SOLUTION

난이도 상 중 **하**

자료분석 밑줄 친 '이 나라'는 발해이다. 고구려의 옛 땅이라는 내용과 그 백성은 말갈이 많고 토인(고구려계 사람)은 적다는 내용 등을 통해 알 수 있다.

정답해설 ④ 발해는 9세기 선왕 때 5경 15부 62주의 지방 제도를 완비하였다.

오답피하기 ① 골품제는 신라의 신분 제도이다. 골품은 개인의 사회 활동과 정치 활동의 범위까지 엄격히 제한한 제도로 관등 승진의 상한선은 골품에 따라 정해져 있었다.
② 9서당(중앙군) 10정(지방군)의 군사 조직을 갖춘 나라는 통일신라이다. 발해는 중앙군으로 10위를 두었다.
③ 고구려 광개토 대왕이 영락이라는 독자적 연호를 사용하였다. 발해는 인안(무왕), 대흥(문왕), 건흥(선왕) 등의 연호를 사용했다.

핵심개념 남북국 시대의 정치 조직

구분		통일 신라	발해
지방 행정	수도	6부	
	지방	9주(총관 → 도독)	15부(도독) 62주(자사)
	특수 조직	5소경	5경
중앙 관제		집사부 이하 13부	3성 6부
수상		시중 → 상대등	대내상

정답 ④ 한정판 020p, 기본서 100p

SOLUTION

난이도 상 **중** 하

자료분석 자료는 발해의 무왕이 일본에 보낸 국서의 내용이다. '고려(고구려)의 옛 땅을 회복하고 부여의 습속(習俗)을 가지고 있습니다.'라는 내용을 통해 알 수 있다.

정답해설 ① 발해 무왕은 장문휴의 수군으로 하여금 산둥 반도의 등주(덩저우)를 공격하게 하여 자사 위준을 죽였다.
② 발해는 9세기 선왕 때 대부분의 말갈족을 복속시키고 요동 지역으로 진출하였으며, 5경 15부 62주의 지방 제도를 완비하였다.
④ 발해는 무왕 때 '인안'이라는 독자적인 연호를 사용하였다. 또한 국왕을 '황상' 또는 '대왕'이라 표현하기도 했는데, 이는 문왕의 넷째 딸인 정효공주 묘지의 내용을 통해 알 수 있다.

오답피하기 ③ 651년 신라 진덕여왕 때에는 진흥왕 때 설치된 품주(재정 업무 담당)를 개편해 집사부를 설치하였다. 집사부는 왕명을 받들고 기밀 사무를 관장하였다.

핵심개념 발해 무왕(대무예, 719~737)

- 연호 : 인안
- 당과 대립
- 장문휴의 등주(덩저우) 공격(732)
- 요서 지역에서 당군과 격돌
- 통일 신라(성덕왕)의 발해 공격(733)
- 돌궐, 일본 등과 연결하면서 당과 신라 견제
- 일본에 국서 전달(고구려 계승 표방) : '고구려 옛 땅을 수복하고 부여의 유속을 이어받았다.'

정답 ③ 한정판 020p, 기본서 099p

03 037 [2024. 서울시 9급 2차] 회독 ○○○

〈보기〉의 사건을 시간 순으로 바르게 나열한 것은?

┌─ 보기 ─────────────────────────────┐
ㄱ. 장문휴의 수군으로 당의 산둥지방을 공격하였다.
ㄴ. 정혜공주묘, 정효공주묘를 만들었다.
ㄷ. 전성기를 맞이하여 중국인들이 해동성국이라 불렀다.
└───────────────────────────────┘

① ㄱ - ㄴ - ㄷ   ② ㄱ - ㄷ - ㄴ

③ ㄴ - ㄱ - ㄷ   ④ ㄷ - ㄱ - ㄴ

04 038 [2023. 지역인재 9급] 회독 ○○○

(가) 국가에 대한 설명으로 옳은 것은?

┌────────────────────────────────┐
__(가)__ 의 사신 고제덕 등이 일본에 와서 왕이 보낸 국서를 전하였다. 그 국서에 이르기를 "나(대무예)는 큰 나라를 맡아 여러 주변국을 다스렸으며, 고구려의 옛 땅을 회복하였고 부여의 풍속을 이었다."라고 하였다.
└────────────────────────────────┘

① 나당연합군의 공격으로 멸망하였다.

② 9주 5소경의 지방 행정 구역을 두었다.

③ 중앙 행정 기구로 3성 6부를 설치하였다.

④ 고구려의 수도였던 평양을 서경으로 삼았다.

SOLUTION   난이도 상 중 **하**

정답해설 ㄱ. 발해의 장문휴는 무왕 대인 732년 당의 산둥 반도를 공격하였다. 무왕은 장문휴의 수군으로 하여금 산둥 반도의 등주(덩저우)를 공격하게 하여 자사 위준을 죽였다.

ㄴ. 정혜공주와 정효공주는 발해 문왕의 딸로, 문왕 대에 사망하였다. 정혜공주묘는 중국 지린성 돈화시 육정산고분군에 있는 발해 제3대 문왕의 둘째 딸 무덤이다. 정혜공주는 777년에 40세의 나이로 사망하였고, 3년이 지난 780년인 보력(寶曆) 7년에 묻혔다. 정효공주묘는 중국 길림성 화룡현 서쪽의 용두산고분군에 있는 무덤이다. 정효공주는 문왕의 넷째 딸로서, 757년에 태어나 792년 6월에 36세를 일기로 사망해 같은 해 11월에 배장되었다.

ㄷ. 발해는 9세기 전반 선왕 때 전성기를 맞이하였다. 선왕은 말갈족을 대부분 복속 시키고 영토를 확장하여 고구려 옛 땅의 대부분을 차지하였다. 이 무렵 당은 발해를 가리켜 '동쪽의 융성한 나라'라는 의미로 해동성국이라고 불렀다.

핵심개념 정혜공주묘와 정효공주묘

구분	정혜공주묘	정효공주묘
무덤양식	굴식 돌방무덤 (모줄임천장구조)	벽돌무덤 (평행고임구조)
위치	돈화현 육정산 고분군	화룡현 용두산 고분군
특징	• 묘지(4·6 변려체) • 돌사자상	• 묘지(4·6 변려체) • 벽화 ○

정답 ① 한정판 020p, 기본서 099p

SOLUTION   난이도 상 중 **하**

자료분석 자료의 (가)에 해당하는 국가는 발해이다. 발해 무왕은 일본에 보낸 국서에서 "고려(고구려)의 옛땅을 회복하고 부여의 유풍(습속)을 가지고 있다."고 표현하며 발해가 고구려를 계승하였음을 밝히고 있다.

정답해설 ③ 발해는 당의 제도를 모방해 3성 6부의 중앙 정치 조직을 두었으나 그 운영(정당성 중심)이나 명칭(6부의 명칭이 유교 덕목을 따름)에서는 독자적인 면이 나타났다.

오답피하기 ① 나·당 연합군의 공격으로 멸망한 것은 백제와 고구려이다. 발해는 거란의 침략으로 멸망하였다. 10세기 초에 이르러 부족을 통일한 거란이 동쪽으로 세력을 확대해 오고, 발해 내부에서도 귀족들의 권력 투쟁이 격화되어 국력이 크게 쇠퇴한 발해는 결국 15대 애왕 대인선 대에 거란 야율아보기의 침략을 받아 홀한성(상경용천부)이 포위되어 멸망하였다(926).

② 9주 5소경은 신문왕 때 완비된 통일 신라의 지방 행정 조직이다. 발해는 5경 15부 62주의 지방 행정 조직을 갖추고 있었다.

④ 고구려의 수도였던 평양을 서경으로 삼은 것은 고려이다. 고려 태조는 고구려의 옛 땅을 되찾고자 하는 의욕으로 강력한 북진 정책을 추진하여 평양을 서경으로 삼았다. 발해의 서경 압록부의 위치는 여러 설이 있는데 그중에서도 임강으로 보는 설이 가장 유력하다.

정답 ③ 한정판 020p, 기본서 101p

01 039 [2023. 지역인재 9급] 회독 ○○○

다음과 같은 제도를 가진 국가에 대한 설명으로 옳은 것은?

> 나라에서 재상을 선정할 때 뽑을 만한 사람 서너 명의 이름을 써서 상자에 넣고 봉해서 정사암 위에 둔다. 얼마 뒤에 열어보아 이름 위에 도장이 찍혀 있는 사람을 재상으로 삼았다.

① 청소년의 조직인 화랑도를 두었다.
② 선종이 융성하여 9산 선문이 성립하였다.
③ 『삼국사기』에 의하면 온조가 건국하였다고 한다.
④ 낙동강 하류 지역에 위치하여 해상 활동에 유리하였다.

SOLUTION

난이도 상 중 **하**

자료분석 자료는 백제의 정사암 회의에 대한 내용이다. 백제에서는 정사암이라는 바위에 귀족들이 모여 각종 중요한 회의를 했다고 한다. 특히 귀족의 대표인 재상(오늘날의 국무총리)을 뽑을 때, 후보자 3, 4명의 이름을 돌에 적은 후 이 바위에 올려놓으면, 얼마 후 재상이 될 사람의 이름이 새겨진 돌에 도장이 찍혀졌다고 한다.

정답해설 ③ 백제는 기원전 18년 고구려 주몽의 아들로 알려진 온조가 남하하여 한강 유역의 하남 위례성에 정착한 후 마한 소국의 하나로 발전하였다. 백제는 한강 유역의 토착 세력과 고구려 계통의 유이민 세력의 결합으로 성립되었는데, 우수한 철기 문화를 보유한 유이민 집단이 지배층을 형성하였다.

오답피하기 ① 화랑도는 신라의 청소년 조직으로, 6세기 후반 진흥왕은 이를 국가적인 조직으로 개편하여 인재를 양성하였다.
② 선종이 융성하여 9산 선문이 성립한 것은 신라 하대의 일이다. 대표적인 9개의 선종 사원이 9산 선문인데, 최초의 본산은 도의가 개창한 가지산파이다. 그 후 이엄의 수미산파까지 각지에 9산 선문이 성립되었다.
④ 금관가야는 낙동강 하류에 있어 해상 활동에 유리했을 뿐만 아니라 질이 좋은 철도 생산되었다.

정답 ③ 한정판 021p, 기본서 107p

주제 018 통일 신라의 민정문서

01 040 [2024. 지역인재 9급]   회독 ○○○

다음 내용의 문서를 작성한 국가에 대한 설명으로 옳은 것은?

> 호수는 모두 11호이다. … (중략) … 이 중 3년 전부터 살아온 사람과 지난 3년 사이에 태어난 사람을 합하면 145명이다. … (중략) … 말은 모두 25마리 … (중략) … 소는 모두 22마리 … (중략) … 뽕나무는 모두 1,004그루인데 지난 3년 사이에 더 심은 것이 90그루이고, 이전부터 있던 것이 914그루이다.

① 낙랑, 대방군을 축출하였다.
② 골품제라는 신분 제도가 있었다.
③ 전성기에 당으로부터 해동성국이라 불렸다.
④ 수도를 5부로, 지방을 5방으로 편성하였다.

SOLUTION   난이도 상 중 하

자료분석 자료는 통일신라 시대에 작성된 민정 문서(촌락 문서)의 일부이다. 민정 문서는 통일 신라 시대 서원경(지금의 충북 청주시) 부근 4개 촌의 경제 상황을 기록한 문서이다.

정답해설 ② 골품제는 신라의 신분 제도로, 골품에 따라 가옥의 규모와 장식물은 물론, 복색이나 수레 등 신라인의 일상생활까지 규제하는 기준으로서 오랫동안 유지되었다.

오답피하기 ① 고구려는 4세기 초반 미천왕 때 낙랑군과 대방군을 축출하여 압록강 중류 지역을 벗어나 대동강 유역을 확보함으로써 남쪽으로 진출할 수 있는 발판을 마련하였다.
③ 9세기 전반 선왕 때에 이르러 발해는 말갈족 대부분을 복속시켰으며, 영토를 확장하여 요동 지역까지 이르렀다. 이 무렵 당은 전성기를 맞은 발해를 바다 건너 동쪽의 융성한 나라라는 의미로 해동성국이라 불렀다.
④ 백제는 중앙을 5부, 지방을 5방으로 나누어 다스렸으며, 5방에는 방령을 파견하였다.

핵심개념 통일 신라의 민정문서

발견 장소	1933년 일본 동대사(도다이사) 정창원(쇼소인)에서 발견
조사 지역	서원경(청주) 주변의 4개 촌락
작성 목적	조세 수취 및 노동력 징발의 자료
작성 방식	토착 세력인 촌주가 매년 변동 사항을 조사하여 두었다가 3년마다 다시 작성

조사 대상	호구	호(戶)는 인정(人丁)의 다과(사람의 많고 적음)에 따라 9등급으로 나누어 조사
	인구	연령별 · 성별에 따라 6등급으로 분류하여 조사
	토지	• 내시령답(일종의 관료전) • 관모답(관청 경비 충당) • 촌주위답(촌주에게 지급) • 마전[마(麻)] 공동 경작] • 연수유답(정전으로 추정, 민전)
	기타	소 · 말 · 뽕나무 · 잣나무 · 호두나무의 수 기록

정답 ② 한정판 025p, 기본서 133p

주제 019 고대의 건축·탑·불상·공예 등

01 041 [2024. 국회직]   회독 ○○○

다음 ㄱ~ㄹ을 제작한 시기 순으로 옳게 나열한 것은?

> ㄱ. 첨성대
> ㄴ. 광개토왕릉비
> ㄷ. 관촉사 석조 미륵보살 입상
> ㄹ. 정혜공주묘

① ㄱ → ㄴ → ㄷ → ㄹ
② ㄱ → ㄴ → ㄹ → ㄷ
③ ㄴ → ㄱ → ㄷ → ㄹ
④ ㄴ → ㄱ → ㄹ → ㄷ
⑤ ㄷ → ㄴ → ㄱ → ㄹ

SOLUTION   난이도 상 중 하

정답해설 ㄴ. 광개토 대왕릉비는 장수왕이 광개토 대왕의 업적을 기리기 위해 414년(장수왕 2) 건립하였다. 광개토 대왕릉비(호태왕비)에는 고구려 특유의 웅장한 필체로 총 44행 1,775자의 문자가 새겨져 있다. 여기에는 추모왕(주몽)의 건국 신화와 함께 광개토 대왕이 북으로는 요동, 남으로는 백제 및 신라와 가야 지역까지 진출하여 백제와 신라로부터 조공을 받았다는 내용이 있다. 이를 통해 고구려의 팽창 정책과 천하관을 파악할 수 있다.
ㄱ. 첨성대는 7세기 선덕여왕 때 건립된 현존 동양 최고(最古)의 천체 관측 기구이다.
ㄹ. 정혜공주묘는 육정산고분군에 있는 발해 제3대 문왕의 둘째 딸 무덤이다. 정혜공주는 777년에 40세의 나이로 사망하였고, 3년이 지난 780년인 보력(寶曆) 7년에 묻혔다.
ㄷ. 관촉사 석조 미륵보살 입상은 논산 관촉사에 있는 고려 시대 불상이다. 우리나라 석조불상 중에서 가장 큰 불상으로서 크기가 17.8m이다. 일명 '은진미륵(恩津彌勒)'이라고도 하는데 기록을 통해 968년에 조성된 것으로 추정한다.

핵심개념 논산 관촉사 석조 미륵보살 입상

충청남도 논산시 은진면 관촉리 관촉사에 위치한 고려 시대 석불 입상이다. '은진미륵'이라고도 불린다. 석불 이마에서 발견된 묵서명을 통해 968년(광종 19)에 건립되었을 것으로 추정된다. 높이가 18.2m에 달하여 국내에서 가장 큰 불상에 해당한다. 불균형한 신체 비례, 둔탁한 신체, 원통형의 짧은 목, 토속적인 얼굴 표현이 특징이다. 부여 대조사 석조미륵보살입상(보물 제217호) 등 충청도 지역에서 조성된 석불의 모델이 되었다. 2018년 국보 제323호로 지정되었다.

정답 ④ 한정판 030p, 기본서 168p

PART **3**

중세 사회의 발전

01 042 [2025. 지방직 9급]   회독 ○○○

(가) 국왕의 업적으로 옳지 않은 것은?

> __(가)__ 은/는 김부(金傅)를 경주의 사심관으로 임명하여 부호장(副戶長) 이하의 관직 등에 관한 일을 맡게 하였다. 이에 여러 공신들 역시 이를 본받아 자기 주(州)의 사심이 되었으니, 사심관이 이로부터 비롯되었다.

① 기인제도를 시행하였다.
② 발해 유민을 받아들였다.
③ 개경을 '황도'라고 불렀다.
④ 훈요 10조를 남겼다.

SOLUTION   난이도 상 중 ⓗ

자료분석 자료의 (가)에 해당하는 국왕은 고려 태조로, 김부(경순왕)를 경주의 사심관으로 임명한 사실을 보여준다. 고려 태조는 935년(태조 18) 신라의 마지막 왕인 김부(경순왕)가 항복해 오자 그를 경주의 사심관으로 삼았다.

정답해설 ① 기인 제도는 지방 호족(향리)의 자제를 인질로 삼아 수도에 두고 출신지의 일에 대한 고문 역할을 하게 한 제도로 태조는 지방 호족을 견제하고 지방 통치를 보완하기 위하여 사심관 제도와 기인 제도를 활용하였다.
② 발해 멸망 후 발해의 유민들(왕자 대광현 등)이 대거 고려에 망명하였고, 고려 태조는 이들을 우대하여 동족 의식을 분명히 하였다.
④ 고려 태조는 후대 왕들이 지켜야 할 정책 방향을 제시한 훈요 10조를 남기기도 하였다.

오답피하기 ③ 개경을 '황도', 서경을 '서도'라 칭한 것은 고려 광종이다.

핵심개념 **고려 태조(왕건, 918~943)**

- 고려 건국(918), 연호 '천수'
- 철원에서 송악으로 천도(919)
- 중국 5대 여러나라와 외교 관계 수립
- 수취체제 개편(취민유도, 세율을 1/10로 낮춤)
- 흑창 설치(성종 때 의창으로 개편)
- 호족 통합 및 견제책 : 정략 결혼, 사성정책, 사심관 제도, 기인 제도
- 훈요 10조, 『정계』, 『계백료서』
- 본관제(토성제) 실시
- 북진 정책 : 평양을 서경으로 삼음, 분사제도 실시
- 거란에 대한 강경책 : 만부교 사건(942)
- 영토확장(청천강~영흥), 역분전 지급

정답 ③ 한정판 035p, 기본서 196p

---

02 043 [2025. 서울시 9급 1차]   회독 ○○○

〈보기〉의 (가)에 대한 설명으로 가장 옳은 것은?

> 삼가 살펴보니 우리 __(가)__ 께서 왕위에 오르신 그 시기는 난세에 해당하였고 운수는 천년에 합치하였습니다. 처음에 내란을 평정하고 흉악한 무리를 정벌할 때, 하늘이 임시로 그 일을 맡을 군주를 내어 그의 손을 빌렸고, 그 뒤에 도참비기의 예언에 따라 천명을 받고서 왕의 자리에 오르니 사람들이 __(가)__ 의 덕망을 알고서 따르고 복종하였습니다. 곧 신라가 스스로 멸망하였고 고려가 다시 일어나는 운을 타서 고향을 떠나지 않고 곧 대궐을 지었습니다. 그리고 요하(遼河)와 패수(浿水)의 놀란 파도를 진정시키고 진한(秦漢)의 옛 땅을 얻어 열아홉 해 만에 천하를 통일하였으니, 공적은 더없이 높고 덕망은 한없이 크다고 할 수 있습니다.

① 광군사를 설치하고 광군 30만 명을 조직하여 거란의 침입에 대비하였다.
② 쌍기의 건의에 따라 과거 제도를 실시하여 신진 관리를 채용하였다.
③ 불법으로 노비가 된 자를 조사하는 노비안검법을 실시하였다.
④ 『정계』와 『계백료서』를 지어 관리가 지켜야 할 규범을 제시하였다.

SOLUTION   난이도 상 중 ⓗ

자료분석 자료의 (가)에 해당하는 인물은 고려 태조이다. '신라가 스스로 멸망', '천하를 통일하였으니' 등의 내용을 통해 후삼국 시대를 통일한 고려 태조와 관련된 사료임을 알 수 있다.

정답해설 ④ 태조는 임금에 대한 신하들의 도리를 강조하기 위하여 『정계』와 『계백료서』를 지어 관리가 지켜야 할 규범을 제시하였다.

오답피하기 ① 고려 정종은 거란의 침입에 대비해 30만 병력의 광군을 조직했으며, 광군사를 두어 이를 통할하게 하였다.
② 고려 광종은 후주에서 귀화한 쌍기의 건의로 시험을 통해 관리를 선발하는 과거 제도를 시행하였다.
③ 고려 광종은 노비안검법(956)을 실시해 호족의 경제적·군사적 기반을 약화시켰고, 양인의 수를 늘려 국가의 재정 기반을 확충했다. 노비안검법은 후삼국 시대의 혼란기에 불법으로 노비가 된 자를 조사하여 양인으로 해방해 주기 위한 법이다.

정답 ④ 한정판 035p, 기본서 196p

03 044 [2025. 국회직 9급] 회독○○○

다음 유훈을 남긴 인물에 대한 설명으로 옳은 것은?

> 서경의 수덕(水德)은 순조로워 우리나라 지맥의 근본을 이루고 있어 길이 대업을 누릴 만한 곳이니, 사중(四仲: 子·午·卯·酉가 있는 해)마다 순수(巡狩)하여 100일을 머물러 안녕을 이루게 하라.
>
> – 『고려사』 –

① 후고구려를 세우고 미륵부처를 자처하였다.
② 완산주를 도읍으로 정하고 신라를 침략하였다.
③ 처음으로 과거제도를 실시해 인재를 등용하였다.
④ 2성 6부와 중추원 등 중앙정치기구를 정비하였다.
⑤ 『계백료서』를 지어 신하의 도리와 규범을 제시하였다.

SOLUTION 난이도 상 중 하

자료분석 자료는 태조가 박술희를 불러 자신의 정치적 경험을 바탕으로 후대 왕들이 경계해야 할 내용을 정리하여 준 『훈요 10조』의 일부 내용이다. 태조는 훈요 5조에서 서경이 풍수지리상의 길지라는 이유를 들어 해마다 순수하여 100일을 머무르도록 당부했다.

정답해설 ⑤ 태조는 임금에 대한 신하들의 도리를 강조하기 위하여 『정계』와 『계백료서』를 지어 관리가 지켜야 할 규범을 제시하였다.

오답피하기 ① 궁예는 송악(개성)에 도읍을 정하고 901년에 후고구려를 세웠다. 그는 말년에 스스로 미륵불을 자칭하고 전제정치를 강화했다. 뿐만 아니라 큰 아들을 신광보살, 막내 아들을 청광보살이라고 하여 자신은 물론 두 아들까지 신격화하였다.
② 견훤은 전라도 지방군의 군사력과 호족 세력을 바탕으로 완산주(전주)에 도읍하여 후백제를 건국하였다(900). 그는 927년 경주로 진격해 포석정에서 경애왕을 살해하고, 왕의 족제인 김부(경순왕)를 왕으로 삼았다. 당시 이 소식을 듣고 온 왕건은 공산 전투에서 크게 패했다.
③ 광종은 후주에서 귀화한 쌍기의 건의로 시험을 통해 관리를 선발하는 과거 제도를 시행하였다.
④ 성종은 최승로의 시무 28조를 받아들여 유교 정치 이념을 바탕으로 중앙과 지방의 통치 체제를 정비하였다. 중앙 통치 기구는 기존의 제도를 바탕으로 중국의 제도를 참조하여 2성 6부로 정비하였으며, 지방에는 12목을 설치하고 지방관을 파견하였다.

핵심개념 훈요 10조

> ① 불교를 장려할 것
> ② 사원 건립 시 도선의 풍수사상에 맞게 지을 것
> ③ 왕위계승은 적자적손을 원칙으로 하되 장자가 불초(不肖)할 때에는 인망 있는 자가 대통을 이을 것
> ④ 거란과 같은 야만국의 풍속을 배격할 것
> ⑤ 서경(西京)을 중시할 것
> ⑥ 연등회·팔관회 행사를 소홀히 하지 말 것
> ⑦ 왕은 공평하게 일을 처리하여 민심을 얻을 것
> ⑧ 차현(車峴) 이남의 사람을 등용하지 말 것
> ⑨ 백관의 기록을 공평히 정해 줄 것
> ⑩ 경사(經史)를 보아 지금을 경계할 것

정답 ⑤ 한정판 035p, 기본서 196p

주제 021 광종의 개혁정치

01 045 [2023. 지역인재 9급] 회독○○○

밑줄 친 '왕'의 재위 기간에 있었던 사실로 옳은 것은?

> 왕께서 노비안검법을 실시하여 공신들이 불법으로 소유한 노비를 가려내라고 하자, 공신들이 탄식하고 원망하였습니다. 왕후께서 중지할 것을 간청하였지만 왕께서는 받아들이지 않고 시행하였습니다.

① 전시과 제도를 실시하였다.
② 최승로가 시무 28조를 건의하였다.
③ 쌍기의 건의에 따라 과거제를 시행하였다.
④ 강감찬이 귀주에서 거란군을 크게 격파하였다.

SOLUTION 난이도 상 중 하

자료분석 자료의 밑줄 친 '왕'은 고려 광종이다. 노비안검법은 후삼국 시대의 혼란기에 불법으로 노비가 된 자를 조사하여 양인으로 해방시켜 주기 위한 법으로 광종은 노비안검법을 실시하여 호족의 세력을 약화시키고 국가의 수입 기반을 확대하였다. 이로써 공신이나 호족의 경제적, 군사적 기반이 약화되었다.

정답해설 ③ 광종은 후주에서 온 쌍기의 건의로 과거제(958)를 시행하여 종래 공신의 자제를 우선적으로 관리로 등용하던 제도를 억제하고 유학을 익힌 신진 인사를 등용하여 신구 세력의 교체를 도모하였다.

오답피하기 ① 고려 경종 때 전시과를 처음으로 제정하였다(976, 시정전시과).
② 최승로는 고려 성종에게 시무 28조를 건의하였다. 성종은 최승로의 건의를 수용하여 국가 재정을 낭비하는 불교 행사를 억제하고, 유교 사상을 정치의 근본이념으로 삼아 통치 체제를 정비하였다.
④ 고려 현종 때의 사건이다. 거란은 1018년(현종 9) 강동 6주 반환을 요구하며 3차 침입을 단행했다. 당시 강감찬은 귀주에서 거란을 상대로 큰 승리를 거두었는데(귀주대첩, 1019) 이로 인해 큰 피해를 입은 거란은 강동 6주의 반환을 요구할 수 없게 되었다.

핵심개념 광종(왕소, 949~975, 4대)

> · 주현 공부법 실시(949)
> · 노비안검법(956)
> · 과거제 실시(958)
> · 4색 공복제(자색, 단색, 비색, 녹색)
> · 황제를 칭하고, 광덕·준풍 등 독자적 연호 사용
> · 개경을 '황도'로, 서경을 '서도'로 칭함
> · 송과 통교(962): 이후 송의 연호 사용(건덕)
> · 제위보 설치(963)

정답 ③ 한정판 036p, 기본서 199p

01 046 [2025. 국회직 9급]　　　회독 ○○○

밑줄 친 '왕'의 재위 기간 중에 있었던 사실로 옳은 것만을 〈보기〉에서 모두 고르면?

> …… 왕께서 또한 네 조정의 근래 정사에서 본받을 만한 것은 본받고 버릴 것은 버릴 수 있을 것입니다. 즉 혜종께서는 골육을 보전한 공적이 있으시니, 이른바 형제간에 우애의 의리를 가졌다고 할 수 있습니다. 정종께서는 반란의 싹을 미리 아시고 내란을 잘 진정시켜 다시금 왕실과 국가를 편안하게 하고 왕위를 전수하여 오늘에 이르게 하셨으니, 지모가 밝았다고 할 수 있습니다. ……
>
> - 『고려사』 -

보기
ㄱ. 철전 발행　　　　　ㄴ. 삼사 설치
ㄷ. 상평창 설치　　　　ㄹ. 경학박사 파견

① ㄱ, ㄴ, ㄷ　　　　　② ㄱ, ㄴ, ㄹ
③ ㄱ, ㄷ, ㄹ　　　　　④ ㄴ, ㄷ, ㄹ
⑤ ㄱ, ㄴ, ㄷ, ㄹ

SOLUTION　　　난이도 상 중 하

자료분석　자료의 밑줄 친 '왕'은 고려 성종이다. 자료는 최승로가 태조 왕건부터 혜종, 정종, 광종, 경종까지의 성종 이전 다섯 왕의 정치에 대한 평한 '오조정적평'의 일부이다. 오조정적평은 태조·혜종·정종·광종·경종 조에 이르는 5조의 정치에 대하여 본받을 것과 경계할 것을 성종에게 권하기 위해 지었다.

정답해설　ㄱ. 성종 때인 996년에 처음으로 화폐에 대한 중앙집권화와 국가 재정 확보책의 일환으로 철전을 만들어 쓰도록 하였다. 우리나라 최고(最古)의 화폐라 할 수 있는 이 철전은 건원중보를 가리키는 것으로 추정된다. 하지만 철전은 활발하게 유통되지는 못하였다.
ㄴ. 삼사는 고려 시대 곡식의 출납과 회계를 관장하던 기구로, 성종 때 중앙 관제를 정비하면서 재정기관으로 설치되었다.
ㄷ. 성종 때에는 양경(개경과 서경) 및 각 12목에 물가 조절 기관인 상평창을 두어 백성이 안심하고 생업에 종사할 수 있도록 하였다.
ㄹ. 성종은 국자감을 정비하고, 지방(12목)에 경학 박사와 의학 박사를 파견하여 유학 교육 진흥에 노력하였다.

핵심개념　성종(981~997)

정치	• 최승로의 시무 28조 채택 • 2성 6부, 중추원·삼사, 도병마사·식목도감 설치 • 문산계(문·무관)·무산계(향리, 탐라 왕족, 여진 추장 등) 부여
지방	• 12목 설치(목사 파견), 10도제
사회	• 의창과 상평창 설치 • 연등회 및 팔관회 폐지
교육	• 국자감 정비, 과거제 정비 • 지방에 경학박사와 의학박사 파견 • 도서관(비서성 – 개경, 수서원 – 서경) 설치, 문신월과법
대외	거란의 1차 침입 → 서희 강동 6주 확보
경제	건원중보(철전) 발행

정답 ⑤ 한정판 036p, 기본서 201p

---

01 047 [2025. 법원직]　　　회독 ○○○

다음 (가), (나)와 같은 행정 구역에 대한 설명으로 가장 옳은 것은?

> • 명종 6년 망이의 고향인　(가)　을/를 충순현으로 승격시켜 그들을 달래었다.
> • 고종 42년 충주의　(나)　이/가 몽골군을 막는 데 공을 세워 현으로 승격시켰다.

① 군사적인 특수 지역에 설치되었다.
② 일반 군현에 비해 세금 부담이 컸다.
③ 원주, 청주 등 다섯 곳에 설치되었다.
④ 지역 순찰을 위해 안찰사가 파견되었다.

SOLUTION　　　난이도 상 중 하

자료분석　(가), (나)에 해당하는 행정 구역은 고려의 특수 행정 구역이었던 '소'이다. 첫 번째 자료는 고려 무신집권기 공주 명학소에서 일어난 망이·망소이의 난에 대한 내용이고, 두 번째 자료는 몽골의 6차 침입 때 충주 다인철소민의 항전과 관련된 내용이다.

정답해설　② 고려 시대의 특수 행정 구역인, 향, 부곡, 소에 거주한 주민은 양민 신분이었지만 군현민에 비해 더 많은 세금 부담을 지고 있었다.

오답피하기　① 고려는 북방의 국경 지대에는 동계·북계의 양계를 설치하여 병마사를 파견하고, 국방상의 요충지에는 진을 설치하였는데, 이것은 군사적인 특수 지역이었다.
③ 원주, 청주 등 다섯 곳에 설치된 것은 통일신라의 5소경이다.
④ 고려의 5도는 상설 행정 기관이 없는 일반 행정 단위로서, 안찰사가 파견되어 도내의 지방을 순찰하였다.

심화개념　향·부곡·소에 거주하는 주민의 지위

> • 신분상 양민
> • 거주 이전의 자유 無, 세금 多, 과거응시 x
> • 형벌을 받을 때 노비와 동등하게 취급
> • 일반 군현의 양민과 결혼할 수 없었음
> • 승려가 되는 것을 금지
> • 부모 중 한쪽이 특수 지역 주민이면 자녀도 특수 지역에 소속
> • 향·부곡·소 등 특수 지역의 향리는 중앙의 서리나 하급 관리가 될 수 있었지만 과거 응시에 제한을 받거나 과거 승진에 한계가 있었음.

정답 ② 한정판 038p, 기본서 207p

고려의 지방 통치 제도에 대한 설명으로 가장 옳은 것은?

① 태조 대 전국에 걸쳐 지방관을 파견하였다.

② 군사적으로 중요한 북쪽 지역에는 계수관을 두어 병마사를 파견하였다.

③ 전국을 8도로 구획하여 안찰사를 파견하였다.

④ 성종 대에 12목을 설치하였다.

〈보기〉의 글이 작성된 시대의 정책으로 가장 옳지 않은 것은?

┌─ 보기 ─────────────────────────────────┐
7조 왕이 백성을 다스린다고 해서 집집마다 가거나 날마다 그들을 살펴보는 것은 아닙니다. 그러므로 수령을 나누어 보내어 백성의 이익과 손해를 살피게 하는 것입니다. … 요청하건대 외관을 두시옵소서.

－『시무 28조』－
└───┘

① 5도 양계를 기틀로 한 지방 제도를 마련하였다.

② 향촌의 안정을 도모하기 위해 오가작통제와 호패법이 시행되었다.

③ 군현을 지방관이 파견되는 주현과 파견되지 않는 속현으로 구분하였다.

④ 향·부곡·소는 향리가 행정 업무를 담당하였다.

SOLUTION   난이도 상 **종** 하

정답해설 ④ 고려 성종은 983년에 전국 주요 지역에 12목을 설치하고 지방관(목사)을 파견하였다.

오답피하기 ① 지방관 파견은 고려 성종 때부터 이루어졌다. 성종은 전국 주요 지역에 12목을 설치하고 목사를 파견하였다.
② 군사적으로 중요한 북방의 국경 지대에는 동계·북계의 양계를 설치하고(계수관 X), 병마사를 파견하였다. 병마사는 양계 지역에 상주하며 주진군을 지휘하고, 국경을 방어하였다. 계수관은 고려 및 조선 시대에 일정 권역의 가장 격이 높은 군현이나 그곳에 파견된 지방관을 의미하는데 통상 경(京)·목·도호부 등이 해당한다.
③ 고려 시대에는 전국을 5도, 양계, 경기로 구획하고 5도에 안찰사를 파견하였다. 전국을 8도로 구획한 것은 조선 시대(관찰사 파견)이다.

핵심개념 **고려의 지방 제도**

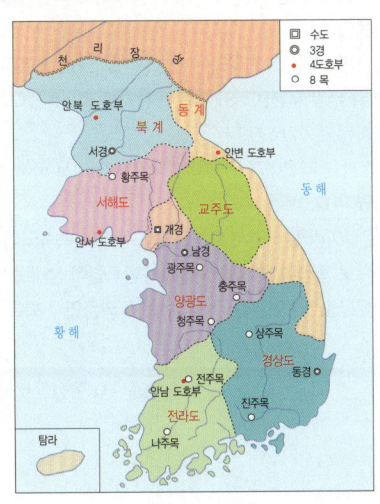

정답 ④ 한정판 038p, 기본서 207p

SOLUTION   난이도 상 **종** 하

자료분석 자료는 최승로가 고려 성종에게 올린 시무 28조의 일부로, 고려 시대의 정책으로 옳지 않은 것을 찾는 문제이다. 성종은 국가의 오랜 폐단을 없애고 국정을 쇄신하기 위하여 중앙의 5품 이상의 관리들로 하여금 그동안의 정치에 대한 비판과 정책을 건의하는 글을 올리게 하였다. 이에 최승로는 시무 28조를 올려 유교의 진흥과 과도한 재정 낭비를 가져오는 불교 행사의 억제를 요구하였다.

정답해설 ① 고려 시대의 지방 제도는 5도 양계를 중심으로 했으며, 현종 때 완성되었다.
③ 고려 시대에 군현에는 지방관이 파견된 주현과 파견되지 않은 속현이 있었으며, 수령이 파견되는 주현보다 파견되지 않은 속현이 더 많았다.
④ 고려 시대 향리는 지방의 속현과 향·소·부곡에서 향직을 세습하며 조세·공물 징수, 노역 징발 등 실제적인 행정 사무를 담당하였다.

오답피하기 ② 조선 시대에 대한 내용이다. 오가작통제는 서로 이웃하고 있는 다섯 집을 하나의 통으로 묶고, 여기에 통수를 두어 통 내를 관장하게 한 것이다. 정부는 17세기 중엽 이후 오가작통제를 강화하여 촌락 주민에 대한 지배를 원활히 하고자 하였다. 오가작통제는 농민들의 도망과 이탈을 방지하고 조세 수취 대상자들을 파악하여 부세와 군역의 안정적인 확보를 위한 목적에서 시행되었다. 호패법은 16세 이상의 남자에게 오늘날의 신분증과 같은 호패를 차고 다니도록 한 제도로 태종 때 마련되었다.

정답 ② 한정판 038p, 기본서 206p

01 050 [2025. 지방직 9급]　회독 ○○○

다음 대화가 오고 간 시기는?

> 소손녕: 그대 나라는 신라 땅에서 일어났고, 고구려 땅은 우리 땅인데 너희들이 쳐들어와 차지하였다.
> 서희: 우리는 고구려를 계승하여 나라 이름을 고려라 하였다. 땅의 경계를 논한다면 그대 나라의 동경도 모두 우리 땅이다.

	(가)		(나)		(다)		(라)	
고려 건국		귀주대첩		무신정변		개경 환도		위화도 회군

① (가)
② (나)
③ (다)
④ (라)

02 051 [2025. 국회직 9급]　회독 ○○○

밑줄 친 '그들'에 대한 설명으로 옳은 것은?

> 그들이 고구려의 옛 땅을 차지하겠다고 주장하고 있으나 실상인즉 우리를 두려워하고 있는 것입니다. 그러므로 지금 그들의 병력이 많은 것만을 보고 갑자기 서경 이북을 떼어 준다면 이것은 올바른 계책이 아닙니다. …… 성상께서는 수도로 돌아가시고 저희들로 하여금 적과 한번 담판을 하게 한 후에 다시 논의하여도 늦지 않을 것입니다.
>
> – 『고려사』 –

① 고려와 송의 교류를 끊기 위하여 침략하였다.
② 금을 건국한 후 고려에 군신 관계를 요구하였다.
③ 철령위를 설치하여 철령 이북의 땅을 차지하려 하였다.
④ 고려에 보낸 사신이 피살되자 이를 구실로 침략하였다.
⑤ 말갈이라 불리면서 오랫동안 고구려에 복속되어 있었다.

SOLUTION　난이도 상 중 **하**

자료분석 자료는 거란의 1차 침입 때 서희의 외교 담판에 대한 내용이다. 연표의 고려 건국은 918년, 귀주대첩은 1019년, 무신정변은 1170년, 개경 환도는 1270년, 위화도 회군은 1388년의 일이다.

정답해설 ① 성종 때인 993년 거란이 침입해 오자(1차 침입) 서희는 적장 소손녕과 담판을 벌였다. 서희는 거란과 교류할 것을 약속하는 대신, 고려가 고구려의 후계자임을 인정받고 압록강 동쪽의 강동 6주를 확보하는 성과를 거두었다.

핵심개념 거란의 침입(10~11c)

1차(993, 성종)	
배경	고려의 친송 정책과 북진 정책
전개	서희와 소손녕의 외교 담판
결과	• 송과 외교 단절 및 거란과 교류 약속 • 압록강 동쪽 강동 6주 확보

2차(1010, 현종)	
배경	강조의 정변(1009)을 구실로 침략
전개	개경 함락, 현종 나주 피난, 강조 포로
결과	• 양규의 흥화진 전투 활약(보급로 차단) • 현종의 친조(입조)를 조건으로 강화

3차(1018, 현종)	
배경	• 현종의 입조 약속 불이행 • 강동 6주 반환 요구 거부
전개	거란 소배압의 10만 대군 침략
결과	강감찬의 흥화진 전투(1018)와 귀주대첩(1019) 승리

영향
• 송·거란·고려의 세력 균형 유지 • 나성 축조(개경, 현종) 　– 1009년 착공 ~ 1029년 완공(현종 20)　– 강감찬 건의, 도성 수비 강화 • 천리장성 축조 : 압록강 어귀~동해 도련포까지 축조[덕종(1033) ~ 정종(1044)]

정답 ① 한정판 039p, 기본서 210p

SOLUTION　난이도 상 중 **하**

자료분석 자료의 밑줄 친 '그들'은 거란이다. 거란의 1차 침입 당시의 상황으로, 정안국을 정복한 거란의 소손녕이 80만 대군을 이끌고 침입해 왔다(993).

정답해설 ① 거란의 소손녕은 고려가 차지하고 있는 고구려의 옛 땅을 내놓을 것과 송과 교류를 끊고 자신들과 교류할 것을 요구하였다. 고려는 청천강에서 거란의 침략을 저지하는 한편, 서희가 거란과 협상에 나섰다. 그 결과 고려는 거란으로부터 고구려의 후계자임을 인정받았으며, 압록강 동쪽의 강동 6주를 확보하는 한편, 거란과 교류할 것을 약속하였다. 이후 강동 6주를 설치하여 고려의 국경이 압록강까지 확장되었다.

오답피하기 ② 여진족은 세력을 키워 만주 일대를 장악하고 금을 건국(1115)하였으며, 거란을 멸망시킨 뒤 고려에 군신 관계를 요구하였다.. 조정에서는 논란이 치열하게 일어났으나 당시 집권자였던 이자겸이 금과의 무력 충돌을 피하기 위해 이들의 요구를 받아들였다.
③ 명나라는 철령 이북의 땅이 원나라에 속했던 것이므로, 요동에 귀속시켜야 한다는 이유를 내세워 우왕 14년(1388) 철령위 설치를 통보해왔다. 이는 최영 등이 요동 정벌을 추진하는 계기가 되었다.
④ 몽골은 1225년 사신 저고여가 귀국길에 국경 지대에서 피살당하자 이를 구실로 고려를 침입하였다(1231).
⑤ 여진은 한때 말갈이라 불리면서 오랫동안 고구려에 복속되어 있었다. 발해가 멸망한 후에 여진으로 불리며 발해의 옛 땅에서 반독립적 상태로 세력을 유지하였으며, 고려는 두만강 연안의 여진을 경제적으로 도와주면서 회유·동화 정책으로 포섭해 나갔다.

정답 ① 한정판 039p, 기본서 210p

03 052 [2024. 국회직] 회독 ○○○

밑줄 친 '화의(和議)'의 결과로 옳은 것은?

> 성종이 서경(西京)으로 가서 안북부(安北府, 안주)까지 나아가 머물렀는데, 거란(契丹)의 소손녕(蕭遜寧)이 봉산군(蓬山郡)을 공격하여 파괴하였다는 소식을 듣자 더 가지 못하고 돌아왔다. 서희(徐熙)를 보내 화의(和議)를 요청하니 ……
>
> – 『고려사』 –

① 북방 지역에 천리장성을 쌓기 시작하였다.
② 압록강 인근까지 영토가 확장되었다.
③ 퇴각하는 거란군을 귀주에서 크게 격파하였다.
④ 거란이 사신과 함께 낙타 50필을 보내왔다.
⑤ 거란은 내원성을 쌓아 고려와 송의 교통로를 차단하였다.

SOLUTION 난이도 상 중 **하**

자료분석 자료는 거란의 1차 침입 당시의 상황을 나타낸 것이다. 거란의 소손녕이 침입하자 서희를 보내 화의를 요청했다는 내용을 통해 이를 알 수 있다.

정답해설 ② 서희는 거란의 1차 침입(993, 성종 12) 당시 소손녕과 회담하여 송과의 관계를 단절하고 거란과 교류하기로 약속하였다. 그 대가로 고려는 압록강 일대의 강동 6주를 획득하여 영토를 확장하였다.

오답피하기 ① 천리장성은 1033년(덕종)부터 1044년(정종)에 걸쳐 축조되었다. 거란과의 전쟁이 끝난 뒤에 고려는 개경에 나성을 쌓아 도성 수비를 강화하였고, 북쪽 국경 일대에는 압록강 어귀에서 동해안의 도련포에 이르는 천리장성을 쌓아 거란과 여진의 침입에 대비하였다.
③ 귀주대첩(1019)은 거란의 3차 침입 때 강감찬이 귀주에서 거란군을 물리친 전투이다.
④ 고려 태조는 거란에서 보내 온 낙타 50필을 만부교 아래에 매어 놓아 굶어 죽게 하는(만부교 사건, 942) 등 거란에 대한 강경책을 취하였다.
⑤ 자료의 화의 교섭 이전의 사건으로, 결과로 적절하지 않은 내용이다. 991년(성종 10)경 거란은 압록강가에 위구성·진화성과 함께 내원성을 쌓아 여진이 송나라와 교통하는 것을 막는 한편, 고려 서북면에 압력을 가하였다. 그 뒤 고려와 거란 사이를 왕래하는 요지가 되었다.

심화개념 강동 6주 확보

송의 건국 이후 광종은 송 황제의 책봉을 통해 왕의 권위를 높이고자 하였으며, 송은 고려와 함께 거란을 협공하여 연운 16주를 회복하고자 여러 차례 고려 국왕의 책봉 호칭을 더하고 특별한 관계를 유지하고자 하였다. 성종 또한 막강한 군사력을 갖춘 거란을 멀리하고 송과의 외교에 전념하며 경제적, 문화적 이익을 추구하였다. 이에 거란은 남진을 통해 압록강까지 국경을 확장하고 송과 고려의 연합을 차단하기 위해 고려를 침입하였다. 이에 서희는 거란의 침입 의도를 파악하고 협상에 나서 강화를 성사시켰다. 이 과정에서 압록강 근처의 여진 때문에 거란과의 교류가 어렵다며, 이들을 몰아내고 강동 6주를 고려가 차지하는 것에 대해 거란의 동의를 얻어내었다. 이로써 고려 왕조는 거란의 간섭 없이 강동 6주를 차지할 수 있는 기회를 얻게 되었다.

정답 ② 한정판 039p, 기본서 210p

---

01 053 [2025. 법원직] 회독 ○○○

다음 (가), (나) 시기의 사이에 일어난 사실로 가장 옳은 것은?

> (가) 7조 국왕이 백성을 다스림은 집집마다 가서 돌보고 날마다 이를 살피는 것이 아닙니다. 그러므로 수령을 나누어 보내어 가서 백성의 이익과 손해를 살피게 하는 것입니다. …… 이제 제가 보건대 향리의 토호들이 늘 공무를 빙자해 백성들을 침해하고 학대하므로 백성들이 명령을 감당하지 못하니, 청컨대 외관을 두소서.
>
> (나) 서경 임원역의 땅은 음양가들이 말하는 대화세(명당)에 해당합니다. 이곳에 궁궐을 짓고 옮기면 천하를 다스릴 수 있습니다. 또한 금이 예물을 가져와 스스로 항복할 것이요, 주변 서른여섯 나라가 모두 머리를 조아릴 것입니다.

① 만적이 신분 해방 운동을 시도하였다.
② 강감찬이 귀주에서 거란군을 물리쳤다.
③ 노비안검법이 실시되어 양민의 수가 늘어났다.
④ 도평의사사는 중앙의 최고 권력 기구로 기능하였다.

SOLUTION 난이도 상 **중** 하

자료분석 (가) 고려 성종(재위 981~997) 때 최승로의 시무 28조의 내용이다. (나) 고려 인종(재위 1122~1146) 때 묘청의 서경 천도 운동에 대한 내용이다.

정답해설 ② 거란의 3차 침입 때 강감찬이 귀주에서 거란군을 물리쳤다(귀주대첩·1019, 현종 10).

오답피하기 ① 1198년(신종 1년) 최충헌의 사노비였던 만적은 노비들을 모아 사람이면 누구나 공경대부가 될 수 있다고 주장하며, 신분 해방을 외치고 정권 탈취까지 목표로 하였다.
③ 노비안검법은 억울하게 노비가 된 양민들을 해방해 준 것으로, 광종 대(956)에 실시되었다.
④ 고려 충렬왕 때 도병마사가 도평의사사로 개편되었고 국정 전반에 걸친 중요 사항을 담당하는 최고 정무 기구로 발전하였다.

정답 ② 한정판 040p, 기본서 218p

01 054 [2025. 법원직]   회독○○○

다음 (가) 인물이 집권한 시기에 있었던 사실로 가장 옳은 것은?

> ___(가)___ 이/가 정방(政房)을 자기 집에 설치하고 학문하는 선비들을 선발하여 여기에 소속시켰다. 그가 벼슬자리에 올릴 사람을 결정하여 의견을 달아 올리면, 왕은 그 명단에 다만 점을 찍어 임명할 뿐이었다.

① 명종이 즉위하였다.
② 교정도감이 처음 설치되었다.
③ 도방이 처음 조직되었다.
④ 이연년 형제가 난을 일으켰다.

---

02 055 [2025. 법원직]   회독○○○

다음 자료의 사건이 일어났을 당시의 무신 집권자에 대한 설명으로 가장 옳지 않은 것은?

> 김윤후는 일찍이 승려가 되어 백현원에 살았는데 몽골병이 오자 처인성으로 난을 피하였다. 몽골의 원수 살리타이가 쳐들어와서 처인성을 공격하자 김윤후가 그를 활로 쏴 죽였다. 왕이 그 공을 가상히 여겨 상장군을 제수하였으나, 김윤후는 공을 다른 사람에게 양보하여 말하기를, "싸울 때를 당하여 나는 활과 화살이 없었는데 어찌 감히 헛되이 무거운 상을 받으리오" 하고 굳이 사양하고 받지 않았다. 이에 (훨씬 낮은 계급인) 섭낭장으로 고쳐 제수하였다.

① 사병 조직인 도방을 확대하였다.
② 정방을 설치하여 인사권을 장악하였다.
③ 수도를 강화도로 옮겨 몽골에 항전하였다.
④ 서방을 두어 능력 있는 문신들에게 자문하였다.

SOLUTION   난이도 상 중 **하**

자료분석 자료의 (가)에 해당하는 인물은 **최우**이다. 최충헌의 뒤를 이은 최우도 교정도감을 통하여 정치권력을 행사하였고, 더 나아가 자신의 집에 **정방을 설치**하여 모든 관직에 대한 인사권을 장악하였다.

정답해설 ④ 최우 집권기였던 1237년에 이연년은 전라도 담양 등지에서 무리를 모아 백제의 부흥을 표방하며 반란을 일으켰다(이연년 형제의 난).

오답피하기 ① 고려 명종은 1170년에 즉위하였고, 최우 집권기는 1219년에서 1249년이다.
② 최충헌이 최고 집정부의 구실을 하는 교정도감을 처음 설치하였다.
③ 도방은 경대승 집권 시기에 처음 조직되었다.

핵심개념 **최우(집권 시기 : 1219~1249)**

> - 정방 설치(모든 관직 인사권 장악)
> - 서방 설치(문신들의 숙위 기구)
> - 마별초 조직(기병대)
> - 야별초 조직(→ 삼별초로 개편)
> - 강화천도(1232)
> - 진양후로 책봉되고 그의 집이 진양부가 됨
> - 팔만(재조)대장경 조판 사업 시행
> - '상정고금예문'을 금속활자로 인쇄(1234)
> - 이연년의 난 발생(1237)

정답 ④ 한정판 041p, 기본서 221p

SOLUTION   난이도 상 **중** 하

자료분석 자료는 **몽골의 2차 침입(1232)** 때의 사건으로, 당시 무신 집권자는 **최우**이다. 최우는 몽골의 지나친 간섭과 조공 요구에 반발하여 장기 항전을 위해 강화도로 도읍을 옮겼다.(1232). 이에 몽골은 다시 침입해 왔다. 그러나 처인성(경기 용인) 전투에서 승려 출신 **김윤후**와 처인 부곡민들이 **몽골의 장수 살리타**를 **사살**해 몽골군을 퇴각시키는 전과를 올렸고, 이후 처인 부곡은 현으로 승격되었다.

정답해설 ② 최우는 자신의 집에 **정방을 설치**하여 모든 관직에 대한 인사권을 장악하였다.
③ 최우는 **1232년 수도를 강화도로 옮겨** 몽골에 항전하였다.
④ 최우는 **문인들의 숙위 기관인 서방을 설치**하고 문학적 소양과 함께 행정 실무 능력을 갖춘 문신들을 등용하여 고문(자문) 역할을 담당하게 하였다.

오답피하기 ① 도방은 1179년(명종 9)에 **경대승이 처음으로 조직**하였으나 1183년(명종 13)에 경대승이 병사하자, 대거 귀양을 가고 죽임을 당하면서 해체되었다. **최충헌이 집권한 후 1200년(신종 3)에 도방은 전보다 큰 규모로 재건**되었다. 최충헌은 도방을 6번(番)으로 나누어 각 번마다 교대로 숙직하게 하였으며, 그의 아들인 최우 대에는 도방을 다시 내도방과 외도방으로 확대·개편하였다.
※ 가장 옳지 않은 것을 묻는 문제라 정답이 ①이 될 수는 있지만 완전히 틀린 내용으로 보기는 어려울 수 있는 지문이다.

심화개념 **무신 집권자의 변천**

> 이의방(이의방·정중부, 1170~1174) ⇨ 정중부(1174~1179) ⇨ 경대승(1179~1183) ⇨ 이의민(1183~1196) ⇨ 최충헌(1196~1219) ⇨ 최우(1219~1249) ⇨ 최항(1249~1257) ⇨ 최의(1257~1258) ⇨ 김준(1258~1268) ⇨ 임연(1268~1270) ⇨ 임유무(1270)

정답 ① 한정판 041p, 기본서 221p

---

03 056 [2024. 지역인재 9급]　회독 ○○○

(가) 인물이 실시한 정책으로 옳지 않은 것은?

> 최충헌에 이어 권력을 잡은 　(가)　은/는 자신의 집에 정방을 설치하여 모든 관리에 대한 인사권을 장악하였다. 이 과정에서 문신이 등용됨으로써 사대부 계층이 형성되기 시작하였다.

① 서방을 설치하여 문신들을 등용하였다.
② 봉사 10조의 개혁안을 올렸다.
③ 삼별초를 설치하여 군사적 기반으로 삼았다.
④ 몽골과의 항전에 대비하여 강화도로 천도하였다.

04 057 [2024. 서울시 9급 2차]　회독 ○○○

〈보기〉에서 무신정변 이후 나타난 사건을 옳게 짝지은 것은?

> ─ 보기 ─
> ㄱ. 최충헌이 교열도감을 설치하여 권력 기관으로 삼았다.
> ㄴ. 일부 무신들은 왕실과 혼인을 시도하였다.
> ㄷ. 서방이 설치되어 행정 실무 능력을 갖춘 문신들이 등용되었다.
> ㄹ. 정변을 축하하기 위해 연산에 개태사를 세웠다.

① ㄱ, ㄴ　　　　② ㄱ, ㄷ
③ ㄴ, ㄷ　　　　④ ㄴ, ㄹ

SOLUTION　난이도 상 중 **하**

자료분석 자료의 (가)에 해당하는 인물은 **최우**이다. 무신 집권기 최우는 자신의 집에 정방을 설치하여 모든 관직에 대한 인사권을 장악하였다.

정답해설 ① 최우는 문인들의 숙위 기관인 서방을 설치하고 문학적 소양과 함께 행정 실무 능력을 갖춘 문신들을 등용해 고문(자문) 역할을 담당하게 하였다.
③ 최우는 야별초를 조직하여 야간 순찰과 도둑을 단속하게 하였다. 야별초는 후에 삼별초로 확대·개편되었다.
④ 최우는 몽골과의 장기 항전을 고려하여 강화도로 천도하였다(1232). 고려 고종은 1233년 최우에게 천도한 공을 인정하여 진양후(晉陽侯)에 봉(封)하였고, 그의 집은 진양부(晉陽府)가 되었다

오답피하기 ② 최충헌은 무신정권 초기의 혼란을 극복하기 위해 사회 개혁책(봉사10조)을 제시했으나, 권력 유지에만 치중해 사회 개혁은 흐지부지되었다.

핵심개념 **최충헌의 봉사 10조**

> 1조 왕은 정전(연경궁)으로 환어할 것.
> 2조 필요 이상의 관원을 도태시킬 것.
> 3조 토지 점유를 시정할 것.
> 4조 조부(租賦)를 공평히 할 것.
> 10조 인물을 가려 관리를 등용할 것.

정답 ② 한정판 041p, 기본서 221p

SOLUTION　난이도 상 **중** 하

정답해설 ㄴ. 무신 정권 시기 일부 무신들은 왕실과 혼인을 시도하기도 했다. 무신 정권 시기 집권자 중 한 사람이었던 정중부의 아들 정균은 명종의 공주와 혼인을 시도하려 하였다. 이는 정중부 일가의 전횡에 불만이 높았던 다른 무신들과 고위관료들의 마음을 돌려놓는 계기가 되어 경대승이 정중부와 그 일가를 제거하게 되었다.
ㄷ. 무신 정권 시기 최우는 문인들의 숙위 기관인 서방을 설치하고 문학적 소양과 함께 행정 실무 능력을 갖춘 문신들을 등용하여 고문(자문) 역할을 담당하게 하였다.

오답피하기 ㄱ. 최충헌은 국정을 총괄하는 최고 정치 기구로 교정도감(교열도감X)을 설치하고, 그 우두머리인 교정별감이 되어 최고의 권력을 행사했다.
ㄹ. 연산(현재의 논산)의 개태사는 고려 태조 왕건이 후백제를 멸망시키고 전승 기념으로 세운 사찰로, 후백제 신검의 항복을 받아낸 상징적 장소인 왕건의 숙영지에 건립되었다.

핵심개념 **최충헌(집권 시기 : 1196~1219)**

> · 봉사 10조 건의(명종에게)
> · 교정도감 설치 → 중방 약화
> · 농장 확대
> · 도방 부활
> · 조계종 후원
> · 이규보 등 문신 등용
> · 진주 지방을 식읍으로 받음 → 진강후 책봉 및 흥녕부(진강부) 설치
> · 전라·경상 일대 농장과 노비 소유

정답 ③ 한정판 041p, 기본서 220p

01 058 [2025. 국가직 9급] 회독○○○

다음 사건 발생 이후에 있었던 사실로 옳은 것은?

> 노비 만적 등 6인이 개경의 북산에서 나무하다가 공노비와 사노비들을 불러 모의하기를, "정중부의 반란과 김보당의 반란 이후로 고관이 천민과 노비에서 많이 나왔다. 장상(將相)의 씨가 따로 있으랴!"라고 하였다.

① 정방 설치
② 동북 9성 축조
③ 노비안검법 실시
④ 상수리 제도 시행

SOLUTION 난이도 상 중 **하**

자료분석 자료는 최충헌 집권기에 일어난 만적의 난(1198)에 대한 내용이다. 1198년(고려 신종 1) 최충헌의 사노비였던 만적은 노비들을 모아 사람이면 누구나 공경대부가 될 수 있다고 주장하며, 신분 해방을 외치고 정권 탈취까지 목표로 하였다.

정답해설 ① 최충헌에 이어 집권한 최우는 자신의 집에 정방을 설치하여 모든 관직에 대한 인사권을 장악하였다.

오답피하기 ② 윤관은 별무반을 이끌고 천리장성을 넘어 여진족을 북방으로 밀어내고 동북 지방 일대에 9개의 성을 쌓았다(1107, 예종 2).
③ 노비안검법 실시(956)는 고려 광종 때의 일이다.
④ 지방 세력을 일정 기간 수도에 와서 거주하게 하는 상수리 제도 시행은 통일신라 때의 일이다.

핵심개념 고려 무신 집권 시기의 반란

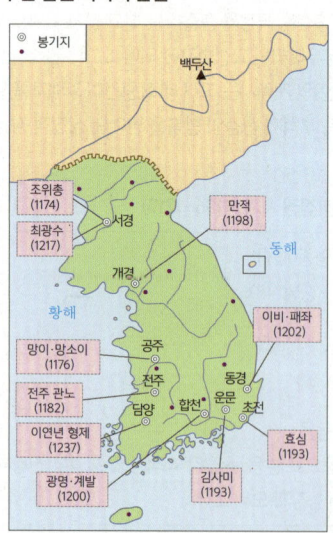

정답 ① 한정판 041p, 기본서 223p

---

02 059 [2025. 서울시 9급 1차] 회독○○○

다음 중 시기상 가장 늦게 일어난 일은?

① 만적의 난
② 이자겸의 난
③ 망이 · 망소이의 난
④ 묘청의 서경 천도 운동

SOLUTION 난이도 상 **중** 하

자료분석 보기의 사건들은 ② → ④ → ③ → ① 순으로 발생해 가장 늦게 일어난 사건은 ①이다.

정답해설 ② 이자겸의 난은 1126년 일어난 사건이다. 이자겸은 대내적으로는 문벌 귀족 사회를 유지하면서 대외적으로 금과 타협하는 정치적 성향을 보였다. 이러한 이자겸의 권력 독점에 반대한 왕의 측근 세력은 왕을 중심으로 결집하였다. 이에 이자겸은 반대파를 제거하고 척준경과 함께 난을 일으켜 권력을 장악하였다.
④ 묘청의 난은 1135년 일어난 사건이다. 묘청 세력은 서경에 대화궁이라는 궁궐을 짓고, 칭제건원과 금을 정벌하자고 주장하였다. 그러나 서경 천도를 통한 정권 장악이 어렵게 되자 국호를 대위국(大爲國)이라 하고 연호를 천개(天開), 군대를 천견충의군이라 하여 서경에서 난을 일으켰다.
③ 망이 · 망소이의 난은 1176년 일어난 사건이다. 이는 공주 명학소에서 망이 · 망소이가 신분 해방을 외치며 봉기한 사건으로, 이후 명학소를 충순현으로 승격시켰고, 향 · 소 · 부곡이 점차 소멸하는 계기가 되었다.
① 만적의 난은 1198년 일어난 사건이다. 이는 최충헌의 사노비 만적이 신분 해방을 주장하며 봉기를 계획한 사건이다.

정답 ① 한정판 041p, 기본서 222p

03 060 [2023. 지역인재 9급]　　　　　　　　회독 ○○○

다음 사건이 일어나기 이전에 있었던 사실로 옳은 것은?

> 사노 만적 등 6명이 북산에서 땔나무를 하다가 공사(公私)의 노비들을 불러 모아 모의하기를 "… (중략) … 각기 자신의 주인을 죽이고 노비 문서를 불태워 우리나라에서 천민을 없애면 공경장상도 모두 우리가 할 수 있을 것이다."라고 하였다.

① 이성계가 압록강 하류의 위화도에서 회군하였다.
② 삼별초가 진도와 제주도로 옮겨가며 항쟁을 계속하였다.
③ 정중부 등의 무신들이 문신들을 제거하고 권력을 장악하였다.
④ 외세의 침략을 물리치려는 염원에서 팔만대장경을 조판하였다.

---

01 061 [2024. 서울시 9급 2차]　　　　　　　　회독 ○○○

〈보기 1〉과 〈보기 2〉 사이에 발생한 사건으로 가장 옳지 않은 것은?

> ─ 보기 1 ─
> 몽고군이 이르니 우종주와 유홍익은 양반들과 더불어 모두 성을 버리고 도망치고 말았다. 다만 노비군과 천민들이 힘을 합하여 몽고군을 물리쳤다.
> 　　　　　　　　　　　　　　　　　　 – 『고려사절요』 –

> ─ 보기 2 ─
> 6월 원나라 연호인 지정을 쓰지 않고 교지를 내렸다.
> 　　　　　　　　　　　　　　　　　　 – 『고려사』 –

① 화통도감을 설치하여 각종 화약 무기를 제조했다.
② 일본 원정을 위해 정동행성이 설치되었다.
③ 새로운 지배 세력으로 권문세족이 출현했다.
④ 『삼국유사』, 『제왕운기』 등의 역사서가 편찬되었다.

SOLUTION　　　　　　　　　　　　　난이도 상 중 **하**

자료분석　자료는 개경의 노비 세력을 규합해 봉기를 계획한 만적의 난(1198, 신종 1년)에 대한 사료이다.

정답해설　③ 1170년 일어난 무신 정변에 대한 설명이다. 정중부, 이의방 등의 무신들은 무신 차별에 반발해 정변을 일으켜 다수의 문신을 죽이고 의종을 폐하여 거제도로 귀양 보낸 후, 명종을 세워 정권을 장악하였다.

오답피하기　① 요동 출병에 반대하였던 이성계는 1388년 위화도에서 회군하여 최영을 제거한 뒤, 군사적 실권을 장악하여 본격적인 개혁의 계기를 마련하였다.
② 고려 정부는 몽골과 강화를 체결하고 개경 환도를 결정했으나(1270) 삼별초는 이에 저항하며 강화도에서 반몽 정권을 수립했다. 이후 이들은 진도, 제주도로 근거지를 옮겨가며 저항했으나 결국 여몽 연합군에게 평정되었다(1273).
④ 팔만대장경(재조대장경)은 강화 천도 시기인 고려 고종 때(1236~1251) 만들어졌다. 몽골 침략으로 소실된 초조대장경을 대신하여 고종 때에는 대장경을 다시 만들었다. 강화도에 대장도감을 설치하여 16년 만에 이룩한 재조대장경은 현재 합천 해인사에 보존되어 있다. 8만 장이 넘는 목판이므로 팔만대장경이라고도 부른다.

정답　③ 한정판 041p, 기본서 223p

SOLUTION　　　　　　　　　　　　　난이도 상 **중** 하

자료분석　〈보기 1〉은 몽골의 1차 침입 당시(1231)의 상황을 나타낸 것이다. 당시 몽골의 살리타는 개경을 포위하고 휘하의 별동부대로 하여금 양주·광주·충주·청주 등 여러 성을 공격하게 하였다. 충주에는 부사 우종주가 양반별초를, 판관 유홍익이 노군과 잡류별초를 거느리고 성을 지키고 있었는데, 몽골병이 공격하자 우종주·유홍익과 양반별초는 성을 버리고 달아났고, 노군과 잡류별초만이 남아 몽골군을 물리쳤다.
〈보기 2〉는 공민왕 대(1356)의 상황을 나타낸 것이다. 14세기 중엽 원이 쇠락의 징조를 보이자, 공민왕은 반원 개혁 정치를 추진하여 1356년 원의 연호를 폐지하고 관제를 복구하였다.

정답해설　② 원은 고려와 함께 두 차례에 걸친 일본 원정을 단행하였다. 1274년(충렬왕 즉위년)에 1차 원정을 시도했으나, 일본 막부의 저항과 태풍으로 인해 실패하였고, 이후 원은 다시 일본 원정을 준비하기 위하여 1280년 개경에 정동행성을 설치하고 1281년(충렬왕 7) 2차 원정을 단행하였으나 결국 실패하였다.
③ 〈보기 1〉과 〈보기 2〉 사이 시기 원의 간섭을 받으면서 이전 시기부터 존속하였던 문벌 귀족 가문, 무신 집권기에 새로 등장한 가문, 원과의 관계를 통하여 성장한 가문 등이 이른바 권문세족으로서 새로이 자리 잡았다.
④ 『삼국유사』는 충렬왕 때(1281) 일연이 쓴 역사서로, 불교사를 중심으로 고대의 민간 설화나 전래 기록을 수록하여 우리의 고유문화와 전통을 중시하였다. 『제왕운기』는 충렬왕 때(1287) 이승휴가 쓴 역사서로, 우리나라의 역사를 단군으로부터 서술(고조선~충렬왕)하면서 우리 역사를 중국사와 대등하게 파악하는 자주성을 나타내었다.

오답피하기　① 〈보기 2〉 이후의 사건이다. 화통도감은 화약 및 화기의 제조를 담당하는 임시관청으로, 최무선의 건의로 1377년(우왕 3)에 설치되었다.

정답　① 한정판 043p, 기본서 234p

02 062 [2024. 국회직]

밑줄 친 '왕'이 추진한 일로 옳은 것은?

> 원년 2월에 왕이 명하기를, "옛날에 소금을 전매하던 법은 국가 재정에 대비하려는 것이었다. 본국의 여러 궁원·사사(寺社)와 권세가들이 사사로이 염분(鹽盆)을 설치하여 그 이익을 독점하고 있으니 국가 재정을 무엇으로써 넉넉하게 할 수 있을 것인가? …… 소금을 쓰는 자는 모두 의염창에 가서 사도록 하고, 군현 사람들은 모두 본관의 관사에 나아가 포를 바치고 소금을 받도록 하라. 만약 사사로이 염분을 설치하거나 몰래 서로 무역하는 자가 있으면 엄히 죄로 다스려라."고 하였다. – 『고려사』 –

① 원의 수도에 만권당을 설치하였다.
② 광덕, 준풍 등의 연호를 사용하였다.
③ 급전도감을 설치하고 녹과전을 지급하였다.
④ 신돈을 등용하고 전민변정도감을 설치하였다.
⑤ 전국에 12목을 두고 지방관을 파견하였다.

SOLUTION

자료분석 자료의 밑줄 친 '왕'은 고려 충선왕이다. 충선왕은 소금 전매제(각염법 제정)를 실시하고 의염창을 설치하였다.

정답해설 ① 충선왕은 아들(충숙왕)에게 왕위를 물려주고 북경(연경)으로 건너가 만권당이라는 연구 기관을 설립하여 원의 조맹부, 고려의 이제현 등 당대의 일류 학자들을 모아 서로 교류하게 하였다.

오답피하기 ② 광종은 광덕·준풍 등 독자적인 연호를 사용하였으며 개경을 황도(皇都), 서경을 서도로 칭하였다.
③ 녹과전은 고려 후기에 녹봉을 보충할 목적으로 관리에게 나누어 주었던 토지이다. 고종 대인 1257년 전지(田地)를 분급하여 부족한 녹봉에 대신한다는 분전대록(分田代祿)의 원칙을 마련하고, 급전도감을 설치했으며 원종 대인 1271년 녹과전을 지급하였다.
④ 공민왕은 전민변정도감을 설치하고, 승려 신돈을 등용하여 권문세족이 부당하게 빼앗은 토지와 노비를 본래의 소유주에게 돌려주거나 양민으로 해방시켰다. 이를 통하여 권문세족의 경제 기반을 약화시키고, 국가 재정 수입의 기반을 확대하였다.
⑤ 고려 성종은 중앙 집권 체제를 강화하기 위해 12목을 설치하고 지방관(목사)을 파견하였다.

핵심개념 충선왕(1298, 1308~1313)

- 왕비 : 계국대장공주, 조비(조인규 딸) → 조비무고사건으로 충선왕 퇴위 (1308년 복위)
- 개혁 기구 : 사림원 설치(정방 폐지 : 정방은 후에도 존폐를 거듭함)
- 각염법 제정 → 의염창 설치 → 소금전매제 실시
- 충선왕 복위 교서 : 재상지종(권문세족)

재상지종(권문세족)
철원 최씨, 해주 최씨, 공암 허씨, 평강 채씨, 청주 이씨, 당성 홍씨, 황려 민씨, 횡천 조씨, 파평 윤씨, 평양 조씨

- 만권당 설치 : 충숙왕에게 양위 후 원 북경(연경)으로 가서 설치
- 원의 수시력 채용

정답 ① 한정판 043p, 기본서 235p

주제 029 공민왕의 개혁 정치

01 063 [2025. 국가직 9급]

밑줄 친 '왕'의 재위 기간에 있었던 사실로 옳은 것은?

> 왕이 신돈에게 국정을 맡겼다. 신돈은 힘있는 자들이 나라의 토지와 약한 자들의 토지를 모두 빼앗고 양민을 자신들의 노비로 삼고 있는 현실을 지적하였다. 그리고 관청을 만들어 그 문제를 개혁하려고 했다.

① 사심관 제도를 실시하였다.
② 정동행성 이문소를 폐지하였다.
③ 광덕, 준풍 등의 연호를 사용하였다.
④ 최승로의 시무 28조 건의를 수용하였다.

SOLUTION

자료분석 자료의 밑줄 친 '왕'은 공민왕이다. 공민왕은 승려 신돈을 등용하여 전민변정도감을 설치하고 권문세족이 불법적으로 빼앗은 토지를 본래 주인에게 돌려주고, 강제로 노비가 된 사람을 평민으로 되돌리려 하였다.

정답해설 ② 14세기 중엽 원이 쇠퇴하자, 공민왕은 원의 간섭에서 벗어나고자 하였다. 공민왕은 기철 등 기씨 세력을 제거하고, 고려의 내정을 간섭하던 정동행성 이문소를 철폐하였다.

오답피하기 ① 태조 왕건은 유력한 호족 집안과 혼인을 맺는 등 호족들과의 관계를 돈독히 하는 한편, 기인 제도와 사심관 제도를 통해 호족 세력을 적절히 통제하고자 하였다.
③ 광덕, 준풍 등의 연호를 사용한 왕은 고려 광종이다.
④ 최승로의 시무 28조 건의를 수용한 왕은 고려 성종이다.

핵심개념 공민왕(1351~1374)

제1기(초기 : 반원 자주 정책)
· 몽골풍(변발, 호복) 폐지, 정방 폐지(1352)
· 기철 등 친원파 숙청(1356)
· 정동행성 이문소 폐지(1356)
· 쌍성총관부 공격·수복(1356)
· 원의 연호 폐지, 관제 복구(1356)

제2기(위기 : 외적의 침입과 내부 반란)
· 홍건적의 침입(1359, 1361)
· 나하추의 침입(1362), 흥왕사의 변(1363)

제3기(위기 이후 왕권 강화 정책)
· 신돈 등용, 전민변정도감 설치(1366)
· 성균관 중영(1367), 과거제 정비(1368)
· 요동공략(1369~1370), 자제위 설치(1372)

정답 ② 한정판 043p, 기본서 237p

밑줄 친 '왕'이 실시한 정책으로 옳지 않은 것은?

> 왕이 원나라 연호의 사용을 중지하고, 교서를 내리기를 "근래 나라의 풍속이 일변하여 오직 권세만을 추구하게 되었으니, 기철 등이 군주의 위세를 빙자하여 나라의 법도를 뒤흔드는 일이 벌어졌다. 자신의 기쁨과 분노에 따라 관리의 선발과 승진을 조절하니, 정부의 명령이 이로 인해 늘거나 줄었다. 다른 사람이 토지를 가지고 있으면 이를 멋대로 차지하고, 타인이 노비를 가지고 있으면 빼앗아 차지했다."
>
> – 『고려사』 –

① 쌍성총관부를 공격하였다.
② 전민변정도감을 설치하였다.
③ 정동행성 이문소를 폐지하였다.
④ 북경에 만권당을 설치하였다.

(가) 기구에 대한 설명으로 옳은 것은?

> 신돈이 　(가)　 을/를 설치할 것을 청하고 스스로 판사가 되어 전국에 방을 붙여 알리기를, "근래에 기강이 크게 무너져서 탐욕을 부리는 것이 풍습이 되었다. … (중략) … 개경은 15일을 기한으로 하고, 여러 도는 40일을 기한으로 하여 스스로 잘못을 알고 고치는 자는 죄를 묻지 않을 것이나, 기한을 넘겨 일이 발각되는 자는 죄를 조사하여 다스릴 것이다. 망령되게 소송하는 자도 처벌하겠다."라고 하였다.

① 임진왜란 이후 국정을 총괄하는 국가 최고 기구가 되었다.
② 임술 농민 봉기의 원인이었던 삼정의 문란을 바로잡기 위해 설치하였다.
③ 일본 원정을 위해 설치하였으나 그 이후에도 존속하여 내정에 간섭하였다.
④ 권문세족이 불법적으로 차지한 토지 문제 등을 해결하기 위해 설치하였다.

SOLUTION　　　　　　난이도 상 중 하

자료분석　자료의 밑줄 친 '왕'은 공민왕이다. 14세기 중엽 원이 쇠락의 징조를 보이자, 공민왕은 반원 개혁 정치를 추진하였다. 그는 변발 등 몽골풍을 금지하고 원의 연호 사용도 폐지하였다.

정답해설　① 공민왕은 기철 등의 부원세력을 제거하고 쌍성총관부를 공격해 (1356) 철령 이북 지역을 수복하였다.
② 공민왕은 권문세족이 불법적으로 차지한 농장을 원래의 주인에게 돌려주고, 억울하게 노비가 된 이들을 해방하기 위해 전민변정도감을 설치했다.
③ 공민왕은 기철 등 기씨 세력을 제거하고, 고려의 내정을 간섭하던 정동행성 이문소를 철폐하였다.

오답피하기　④ 충선왕은 아들(충숙왕)에게 왕위를 물려주고 연경(북경)으로 건너가 만권당이라는 연구 기관을 설립하여 원의 조맹부, 고려의 이제현 등 당대의 일류 학자들을 모아 서로 교류하게 하였다.

핵심개념　**공민왕의 영토 수복**

정답 ④ 한정판 043p, 기본서 237p

SOLUTION　　　　　　난이도 상 중 하

자료분석　자료의 (가)에 해당하는 기구는 전민변정도감이다. 신돈은 1366년 (공민왕 15)에 전민변정도감을 설치하게 하고 스스로 판사(判事)가 되어, 부당하게 빼앗긴 토지와 강압에 의해 노비가 된 백성들을 원래의 상태로 되돌려 놓는 과감한 개혁을 단행하였다.

정답해설　④ 고려 후기에는 권력을 잡은 관리들이 불법적으로 대토지를 사유하거나, 토지를 빼앗긴 양인 농민이 세력가의 노비로 전락하여 국가적 문제가 되었다. 전민변정도감은 이렇게 불법적으로 빼앗긴 토지를 원래 주인에게 돌려주고 권세가의 압박에 의해 노비가 된 사람들의 양인 신분을 회복시켜, 국가의 통치 질서를 안정시키기 위해 설치되었다. 고려 원종 때(1269) 처음 설치되었으나 큰 성과를 거두지 못했으며, 충렬왕, 공민왕 대에도 설치된 경우가 있었다.

오답피하기　① 비변사는 임진왜란을 거치면서 구성원이 3정승을 비롯한 고위 관원으로 확대되었고, 그 기능도 군사 문제뿐 아니라 외교, 재정, 사회, 인사 문제 등 거의 모든 정무를 총괄하였다.
② 1862년 전국에서 농민 봉기가 계속되자(임술 농민 봉기) 삼정의 문란을 해결하기 위해 임시로 삼정이정청을 설치하였으나 효과를 거두지는 못하였다.
③ 정동행성에 대한 설명이다. 충렬왕 때 원은 고려와 함께 두 차례에 걸친 일본 원정을 단행하였다. 1274년에 1차 원정을 시도했으나, 일본 막부의 저항과 태풍으로 인해 실패하였고, 이후 원은 다시 일본 원정을 준비하기 위하여 개경에 정동행성을 설치하고 1281년(충렬왕 7) 2차 원정을 단행하였으나 결국 실패하였다.

정답 ④ 한정판 043p, 기본서 238p

중세의 사회·경제

주제 030 │ 고려의 가족 제도 및 여성의 지위

01 066 [2024. 지역인재 9급]   회독 ○○○

다음 자료에 나타난 시기의 사회 모습으로 옳지 않은 것은?

> 지금은 결혼하면 남자가 부인의 집으로 가 모든 것을 처가에 의지하니 장모와 장인의 은혜가 친부모와 같습니다. 아! 장인이시여. 저를 돈독하게 대우하시고 필요한 것을 마련해 주셨는데, 저를 두고 돌아가시니 앞으로 누구에게 의지하겠습니까? 명산 기슭에 무덤을 쓰고 영원히 이별합니다. 혼령이시여! 저의 소박한 제사를 흠향하십시오.
>
> - 『동국이상국집』 -

① 여성이 호주가 되기도 하였다.
② 음서의 혜택이 사위에게도 적용되었다.
③ 여성도 자신의 재산을 소유할 수 있었다.
④ 부모의 재산은 장자 상속을 원칙으로 하였다.

주제 031 │ 고려의 토지 제도

01 067 [2025. 서울시 9급 1차]   회독 ○○○

〈보기〉의 (가)~(다)에 대한 설명으로 가장 옳지 않은 것은?

> ─ 보기 ─
> (가) 경종 1년(976) 11월에 처음으로 직관과 산관 각 품의 전시과를 제정하였다.
> (나) 목종 1년(998) 12월에 문무 양반과 군인들의 전시과를 개정하였다.
> (다) 문종 30년(1076) 12월에 양반전시과를 경정하였다.

① (가)는 인품을 지급 기준으로 고려하였다.
② (나)는 산관이 지급 대상에서 완전히 제외되었다.
③ (다)는 (나)보다 무반에 대한 대우가 상승하였다.
④ (나)와 (다)는 지급 대상을 18과로 구분하였다.

SOLUTION   난이도 상 **중** 하

자료분석 자료는 고려 시대의 사회 모습을 나타낸 것이다. 결혼 후 남자가 처가에 의지한 것과 사료 출처인 『동국이상국집』을 통해 알 수 있다. 『동국이상국집』은 무신 집권기에 활동한 이규보의 시문집이다.

정답해설 ① 고려 시대에는 태어난 차례대로 호적에 기재하여 남녀 차별을 하지 않았으며, 여성도 호주로 등재가 가능했다.
② 고려 시대에는 사위가 처가살이하는 경우가 적지 않았고, 음서의 혜택이 사위와 외손자에게까지 해당되었다.
③ 고려 시대에는 여성도 개인 재산을 소유하고 있었으며, 결혼할 때 여성이 데려온 노비에 대한 소유권은 여성에게 귀속되었다.

오답피하기 ④ 고려 시대에 부모의 재산은 남녀의 차별 없이 균분 상속하였다. 조선 후기에 제사는 반드시 큰아들이 지내야 한다는 의식이 확산되었고, 재산 상속에서도 큰아들이 우대를 받게 되었다.

심화개념 고려 시대 여성의 재산권

> 부부 간에도 여성의 재산에 대한 권리는 보호되었다. 예를 들어 결혼할 때 여성이 데려온 노비에 대한 소유권은 여전히 부인에게 귀속되었다. 부인이 재혼을 하게 되면 그 노비를 데리고 갔으며, 후손이 없는 경우에는 다시 친정으로 귀속되었다.

정답 ④ 한정판 046p, 기본서 254p

SOLUTION   난이도 상 **중** 하

자료분석 자료의 (가)는 시정전시과, (나)는 개정전시과, (다)는 경정전시과에 해당한다.

정답해설 ① 시정전시과에서는 관품의 고하와 함께 인품을 반영하여 토지를 지급하였다.
③ 경정전시과는 무반에 대한 차별 대우를 시정하여 무반에게도 관직에 맞게 토지량을 지급하였다(무반이 같은 품계의 문반보다 토지 분급액이 많았다.).
④ 개정전시과와 경정전시과는 관품을 고려하여 18등급으로 구분해 토지를 지급하였다.

오답피하기 ② 산관(전직 관료)이 지급 대상에서 제외된 것은 경정전시과(다)이다. 개정전시과에서는 직관과 산관 모두 지급 대상이었으며, 산관보다 직관에게 더 많은 토지를 지급하였다.

정답 ② 한정판 047p, 기본서 259p

(가)~(라)는 다음의 토지 제도를 처음 시행한 왕이다. (가)~(라) 왕에 대한 설명으로 가장 옳지 않은 것은?

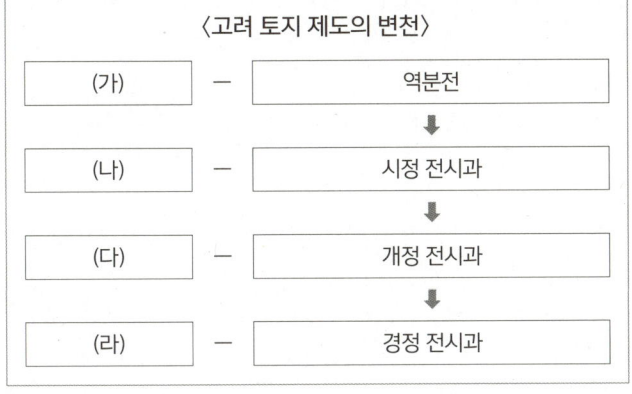

〈고려 토지 제도의 변천〉

(가)	—	역분전
(나)	—	시정 전시과
(다)	—	개정 전시과
(라)	—	경정 전시과

① (가)는 훈요 10조를 남겼다.

② (나)는 사색 공복 제도를 제정하였다.

③ (다)는 강조의 정변으로 폐위되었다.

④ (라)는 이자연의 딸을 왕비로 맞았다.

고려의 전시과 제도에 대한 설명으로 옳지 않은 것은?

① 지급한 토지의 권리는 소유권이 아니라 수조권이었다.

② 개정을 거듭하면서 등급별 지급 액수는 조금씩 늘어났다.

③ 전지(농지)뿐 아니라 땔감을 채취하는 시지도 함께 지급하였다.

④ 5품 이상의 고위 관리에게는 공음전을 따로 주는 경우가 있었다.

⑤ 토지를 받은 사람이 퇴임하면 나라에 반납하는 것이 원칙이었다.

SOLUTION 난이도 상 중 하

자료분석 (가) 역분전의 분급(940)은 고려 태조 때의 일이다. 역분전은 후삼국 통일에 공을 세운 신하들에게 관계(官階)의 고하에 관계없이, 인품과 공로에 기준을 두어 지급한 수조지를 말한다. 이는 전시과 제도가 마련될 때까지 존속하였다.
(나) 경종 때인 976년에 시정 전시과가 제정되었다. 시정 전시과에서는 전·현직 관리를 대상으로 관직의 높고 낮음과 함께 인품을 반영하여 전지와 시지를 지급하였다.
(다) 개정 전시과는 목종 때(998) 실시되었다. 개정 전시과에서는 인품의 요소가 배제되고 관직의 고하(高下)에 따라서 18등급으로 나누어 전지와 시지를 지급하였다.
(라) 경정 전시과는 문종 때(1076) 실시되었다. 경정 전시과에서는 관료에게 줄 토지가 부족하게 되자 현직 관료에게만 전지와 시지를 지급하였다.

정답해설 ① 태조 왕건은 후대 왕들이 지켜야 할 정책 방향을 제시하는 훈요 10조를 남겼다.
③ 강조의 정변은 목종의 모후인 천추태후와 외척 김치양이 불륜을 맺고 왕위를 빼앗으려 하자 강조가 군사를 일으켜 김치양 일파를 제거하고 목종을 폐위한 후 현종을 즉위시킨 사건이다(1009).
④ 문종은 경원(인주) 이씨 가문 이자연의 딸을 왕비로 맞았다. 경원 이씨는 이자연의 딸이 문종의 왕비가 되면서 정치권력을 장악하기 시작하였고, 이자연의 손자인 이자겸도 예종과 인종의 외척이 되어 집권하였다.

오답피하기 ② 광종 때 지배층의 위계질서를 확립하기 위해 백관의 공복(자·단·비·녹)을 제정하였다.

정답 ② 한정판 036p, 기본서 200p

SOLUTION 난이도 상 중 하

정답해설 ① 전시과 제도에 따라 지급한 토지의 권리는 토지에 대한 소유권이 아니라 조세를 수취할 수 있는 수조권이었다.
③ 전시과 제도에 따라 문무 관리로부터 군인, 한인에 이르기까지 18등급으로 나누어 곡물을 수취할 수 있는 전지와 땔감을 얻을 수 있는 시지를 주었다.
④ 공음전은 관리에게 보수로 주던 과전과 달리 문벌 귀족의 세습적인 경제적 기반이 되었다. 5품 이상의 관료가 되어야 받을 수 있었으며, 자손에게 세습할 수 있었다. 이는 음서제와 함께 귀족의 지위를 유지해 나갈 수 있는 기반이 되었다.
⑤ 전시과에 따라 지급된 토지는 관직 복무와 직역에 대한 대가이므로 원칙적으로 토지를 받은 자가 죽거나 관직에서 물러날 때는 토지를 국가에 반납하도록 하였다.

오답피하기 ② 전시과 제도에서의 등급별 전시 지급 액수는 시정전시과에서 개정전시과, 경정전시과로 갈수록 계속해서 감소하였다.

핵심개념 고려 시대 토지의 종류

내장전	왕실 경비 충당
공해전	중앙·지방 관청 경비 충당
둔전	군량 충당
학전	교육기관 경비 충당
과전	양반전, 문무 관리에게 보수로 지급
공음전	5품 이상 관리에게 지급
공신전	공신에게 지급
군인전	중앙군의 군역의 대가
외역전	향리의 향역 대가
한인전	6품 이하 하급 관료의 자제로서 관직에 오르지 못한 자에게 지급
구분전	하급 관료와 군인의 유가족
별사전	승려와 지리업 종사자
사원전	사원에 지급
민전	매매·상속·기증·임대 가능한 사유지

정답 ② 한정판 047p, 기본서 257p

고려 시대에 대한 설명으로 가장 옳지 않은 것은?

① 전민변정도감에서 노비 소유권 소송을 처리했다.
② 응방을 통해 왕실에서 경제적 이익을 추구하였다.
③ 전시과 제도를 통해 관료에게 전지와 시지를 지급하였다.
④ 호장은 국가에서 경제적 보수를 받지 않았다.

SOLUTION
난이도 상 중 하

정답해설 ① 전민변정도감은 권세가가 불법적으로 차지한 토지와 노비를 원래의 주인에게 돌려주거나 양인으로 해방한 기구로, 노비 소유권 소송을 처리하기도 했다.

② 고려는 원 간섭기 매를 잡기 위해 응방이라는 특수 기관을 설치하고, 해동청을 사육하였다. 응방은 몽골의 징발 기구이기도 해서 대규모의 물자가 모여들었는데 고려 왕실은 이 물자를 대외무역에 출자하고 그 이윤의 일부를 회수하는 방식으로 경제적 이익을 추구하기도 했다.

③ 고려는 전시과 제도에 따라 문무 관리로부터 군인, 한인에 이르기까지 18등급으로 나누어 곡물을 수취할 수 있는 전지와 땔감을 얻을 수 있는 시지를 주었다.

오답피하기 ④ 고려 시대 상층 향리인 호장은 국가로부터 그에 상응하는 토지를 받았다. 호장층은 지방의 실질적 지배층으로 통혼 관계나 과거 응시 자격에 있어서 하층 향리와는 구별되었으며 지방 세력 가운데 과거 합격률이 가장 높아 관료를 배출하는 모체가 되었다.

핵심개념 고려 토지 제도의 변화

구분	특징
역분전 (태조, 940)	• 대상 : 개국 공신 • 기준 : 충성도 · 인품 · 선악과 공로(관품 X) • 특징 : 논공행상의 성격
시정전시과 (경종, 976)	• 대상 : 전직(산관) + 현직(직관) 관리 • 기준 : 관등(자 · 단 · 비 · 녹 4색 공복 기준) + 인품(주관적) • 특징 : 역분전의 성격 탈피 못함
개정전시과 (목종, 998)	• 대상 : 전직(산관) + 현직(직관) 관리 • 기준 : 관등 기준(인품 요소 배제) • 특징 – 18등급으로 나누어 지급 – 문반 > 무반, 식관 > 산관 – 군인전 규정, 한외과 항식 설치
경정전시과 (문종, 1076)	• 대상 : 현직 관리에게만 지급 • 기준 : 관등 기준 • 특징 – 무신에 대한 차별 대우 시정 – 한외과 폐지(18과 내로 흡수 · 편입)
녹과전 (원종, 1271)	• 배경 : 전시과 제도 붕괴, 국가 재정 악화 • 내용 : 경기 8현의 토지 대상, 관리 생계를 위해 일시적 지급

정답 ④ 한정판 047p, 기본서 257p

주제 032 고려의 불교

01 071 [2025. 국가직 9급] 회독 ○○○

밑줄 친 '그'에 대한 설명으로 옳은 것은?

> 그는 문종의 넷째 아들인데, 출가하여 승려가 되었다. 송나라로 유학을 가서 화엄학과 천태학을 공부하였다. 이후 천태학을 부흥시켜 천태종을 창립하였다.

① 유·불 일치설을 주장하였다.
② 백련사에서 결사를 조직하였다.
③ 정혜쌍수의 수행법을 제시하였다.
④ 『신편제종교장총록』을 편찬하였다.

SOLUTION 난이도 상 중 하

자료분석 문종의 넷째 아들, 천태종 창립 등의 내용을 통해 밑줄 친 '그'가 고려의 승려 대각국사 의천임을 알 수 있다.

정답해설 ④ 의천은 고려는 물론이고 송과 요의 대장경에 대한 주석서를 모아 교장을 편찬하였다(1091~1101). 이를 위하여 목록인 『신편제종교장총록』을 만들고, 교장도감을 설치하여 10여 년에 걸쳐 신라인의 저술을 포함한 4700여 권의 전적을 간행하였다.

오답피하기 ① 고려 무신 집권기 때의 승려 혜심은 유불일치설을 주장하며 심성의 도야를 강조하여 장차 성리학을 수용할 수 있는 사상적 토대를 마련하기도 하였다.
② 고려 무신 집권기 때의 승려 요세는 강진 만덕사에서 백련결사를 결성하였다. 백련결사는 토호와 지방민의 호응을 얻으며, 지눌의 수선사 결사와 함께 고려 후기 불교를 이끌었다.
③ 고려 무신 집권기 때 활약한 지눌은 수행 방법으로 선과 교학을 분리하지 않고 함께 수행해야 한다는 정혜쌍수와 내 마음이 곧 부처라는 깨달음을 얻은 뒤 꾸준히 수행해야 한다는 돈오점수를 내세웠다.

핵심개념 대각국사 의천(문종의 넷째 子)

- 속명은 왕후(王煦), 호는 우세(祐世)
- 교종 통합 노력 : 화엄종 중심 교종 통합(흥왕사)
- 교종 중심 선종 통합 노력 : 국청사 창건 → 천태종 창시
- 사상 : 교관겸수, 성상겸학, 내외겸전
- 신편제종교장총록 제작 → 교장(속장경) 편찬
- 주전론 : 주전도감 설치 건의(to 숙종)
- 저서 : 『석원사림』, 『원종문류』

정답 ④ 한정판 052p, 기본서 289p

---

02 072 [2025. 지방직 9급] 회독 ○○○

(가) 인물에 대한 설명으로 옳은 것은?

> ___(가)___ 은/는 무신집권기 불교의 세속화를 비판하면서 불교 본연의 정신을 확립하자는 결사 운동을 주도하여 수선사를 결성하였다. 그는 깨달음을 얻은 뒤에도 수행을 게을리하지 않아야 한다는 돈오점수를 내세웠다.

① 천태종을 창시하였다.
② 임제종을 도입하였다.
③ 교종의 입장에서 선종을 통합하려 하였다.
④ 정혜쌍수라는 실천 수행 방법을 제시하였다.

SOLUTION 난이도 상 중 하

자료분석 (가)에 해당하는 인물은 고려 무신 집권기 때의 승려 지눌이다. 지눌은 명리에 집착하는 당시 불교계의 타락상을 비판하였다. 그는 승려 본연의 자세로 돌아가 독경과 선 수행, 노동에 고루 힘쓰자는 개혁 운동인 수선사 결사를 제창하였다.

정답해설 ④ 지눌은 선과 교학이 근본에 있어 둘이 아니라는 사상 체계인 정혜쌍수를 사상적 바탕으로 철저한 수행을 선도하였다. 또한 내가 곧 부처라는 깨달음을 위한 노력과 함께, 꾸준한 수행으로 깨달음의 확인을 아울러 강조한 돈오점수를 주장하였다.

오답피하기 ① (해동) 천태종을 창시한 인물은 고려 전기의 승려 의천이다.
② 임제종을 도입한 것은 고려 후기의 승려 태고 보우이다.
③ 교종의 입장에서 선종을 통합하려 한 인물은 의천이다. 지눌은 선종을 중심으로 교종을 포용하여 교와 선의 대립을 극복하고자 하였다.

핵심개념 보조국사 지눌

- 승과 합격(1182, 명종 12)
- 최충헌의 후원
- 이통현 화엄사상의 영향
- 명리에 집착하는 불교계의 타락성 비판
- 수선사 결사 제창(운동) : 순천 송광사(수선사) 중심 → 승려 본연의 자세로 돌아가자!! (독경과 선수행, 노동) → 개혁적 승려와 지방민의 적극적인 호응
- 정혜쌍수, 돈오점수 → 선교일치사상 완성
- 조계종 창시(선종 중심의 교종 통합)
- 『목우자 수심결』, 『권수정혜결사문』 저술

정답 ④ 한정판 052p, 기본서 290p

03 073 [2025. 국회직 9급] 회독 ○○○

다음의 ㄱ~ㄹ을 시기 순으로 바르게 나열한 것은?

> ㄱ. 윤관이 동북 9성을 축조하였다.
> ㄴ. 최승로가 시무 28조를 올렸다.
> ㄷ. 지눌이 정혜결사를 개창하였다.
> ㄹ. 김부식이 『삼국사기』를 편찬하였다.

① ㄱ → ㄴ → ㄹ → ㄷ
② ㄱ → ㄷ → ㄴ → ㄹ
③ ㄴ → ㄱ → ㄹ → ㄷ
④ ㄴ → ㄷ → ㄱ → ㄹ
⑤ ㄴ → ㄹ → ㄱ → ㄷ

04 074 [2025. 서울시 9급 보훈청 추천] 회독 ○○○

〈보기〉의 글을 지은 인물에 대한 설명으로 가장 옳은 것은?

— 보기 —

마침 임인년 정원 보제사 담선 법회에 참석하였다. 하루는 동문 10여 인과 더불어 다음과 같이 약속하였다. 마땅히 명예와 이익을 버리고 산림에 은둔하여 같은 모임을 맺자, 항상 선정을 익혀 지혜를 고르는 데 힘쓰며, 예불하고 경전을 읽으며 힘들여 일하는 것에 이르기까지 각자 맡은 바 임무에 따라 경영한다.

－ 『권수정혜결사문』 －

① 수선사 결사 운동을 전개하였다.
② 화폐의 주조와 유통을 주장하였다.
③ 강진 만덕사를 중심으로 활동하였다.
④ 교관겸수를 수행의 원칙으로 강조하였다.

SOLUTION 난이도 상 중 하

정답해설 ㄴ. 시무 28조는 982년(성종 1) 최승로가 성종에게 올린 개혁안이다. 성종은 국가의 오랜 폐단을 없애고 국정을 쇄신하기 위하여 중앙의 5품 이상의 관리들로 하여금 그동안의 정치에 대한 비판과 정책을 건의하는 글을 올리게 하였다. 이에 최승로는 시무 28조를 올려 유교의 진흥과 과도한 재정 낭비를 가져오는 불교 행사의 억제를 요구하였다.
ㄱ. 윤관은 예종 때인 1107년 별무반을 이끌고 천리장성을 넘어 여진족을 북방으로 밀어내고 동북 지방 일대에 9개의 성을 쌓았다. 그러나 여진족의 계속된 침입으로 9성의 수비에 어려움을 겪던 고려는 해마다 조공을 바치겠다는 여진족의 조건을 수락하고 9성을 돌려주었다(1109).
ㄹ. 『삼국사기』는 1145년(인종 23) 김부식이 왕명을 받아 편찬한 역사서이다. 『삼국사기』는 현존하는 우리나라 최고(最古)의 역사서로서, 고려 초에 쓰여진 『구삼국사』를 기본으로 유교적 합리주의 사관에 기초하여 기전체로 서술하였다.
ㄷ. 지눌은 1190년(명종 20) 거조사에서 이전에 뜻을 같이했던 승려들을 모아 정혜결사를 결성하였다.

핵심개념 김부식의 삼국사기(1145, 인종 23)

편찬	왕명으로 김부식이 편찬한 관찬 사서
구성	본기 28권(고구려 10권, 백제 6권, 신라 12권), 지(志) 9권, 표 3권, 열전 10권으로 구성(세가 無)
서술방식	기전체
특징	• 유교적 합리주의 사관에 기초(신이사관 배격 → 단군신화 기록x, but 삼국의 건국 설화는 수록) • 고려 초에 쓰여진 『구삼국사』를 기본으로 서술 • 신라가 독자적인 연호를 사용한 것을 비판
의의	• 신라 계승 의식 반영(연표·지·열전은 신라사에 치중) • 현존하는 우리나라 최고(最古)의 역사서

정답 ③ 한정판 052p, 기본서 290p

SOLUTION 난이도 상 중 하

자료분석 자료의 글을 지은 인물은 지눌이다. 지눌은 1190년(명종 20) 거조사에서 이전에 뜻을 같이했던 승려들을 모아 정혜결사를 결성하였다. 이때 권수정혜결사문을 지어 선종에서는 선정에, 교종에서는 지혜에 치우쳐 있음을 비판하고, 이 두 가지를 치우침 없이 함께 닦아야 한다는 정혜쌍수의 사상을 주장하였다.

정답해설 ① 지눌은 명리에 집착하는 당시 불교계의 타락상을 비판하며, 승려 본연의 자세로 돌아가 독경과 선 수행, 노동에 고루 힘쓰자는 개혁 운동인 수선사 결사를 제창하였다.

오답피하기 ② 화폐의 주조와 유통을 주장한 대표적인 승려는 의천이다. 송나라에서 돌아온 대각국사 의천이 금속화폐의 사용을 강력히 주장하자 1097년(숙종 2년) 화폐 주조의 업무를 담당할 관청으로서 주전도감이 설치되었다.
③ 요세는 백성의 신앙적 욕구를 고려하여 강진 만덕사(백련사)에서 백련 결사를 제창하였다. 자신의 행동을 진정으로 참회하는 법화 신앙에 중점을 둔 백련 결사 역시 지방민의 적극적인 호응을 얻었고, 수선사와 양립하며 고려 후기 불교계를 이끌었다.
④ 의천은 이론의 연마와 실천을 강조하는 교관겸수를 제창했으며, 교종을 중심으로 선종을 통합하기 위해 국청사를 창건하고 해동천태종을 창시하였다.

정답 ① 한정판 052p, 기본서 290p

01 075 [2024. 지역인재 9급] 회독 ○○○

(가)~(다)에 대한 설명으로 옳지 않은 것은?

(가) 개성 경천사지　(나) 경주 불국사　(다) 경주 분황사
　　10층 석탑　　　　3층 석탑　　　　모전 석탑

① (가) – 서울 원각사지 10층 석탑 제작에 영향을 주었다.

② (나) – 내부에서 무구정광대다라니경이 발견되었다.

③ (다) – 돌을 벽돌 모양으로 다듬어 쌓았다.

④ (가), (나), (다)의 순서로 만들어졌다.

SOLUTION
난이도 상 **중** 하

정답해설 ① 원 간섭기 충목왕 때 건립된 개성 경천사지 10층 석탑은 원의 석탑을 본뜬 것으로 조선 세조 때 만든 원각사지 10층 석탑에 영향을 주었다.
② 세계 최고(最古)의 목판 인쇄물인 「무구정광대다라니경」은 8세기 초에 만들어진 두루마리 불경으로 신라 중대 경덕왕 때 만들어진 불국사 3층 석탑에서 발견되었다.
③ 분황사 모전 석탑은 신라 선덕여왕 때 건립되었는데, 석재를 벽돌 모양으로 만들어 쌓은 탑으로, 지금은 3층까지만 남아 있다.

오답피하기 ④ 보기의 석탑들은 (다) – (나) – (가) 순으로 제작되었다. 경주 분황사 모전 석탑은 삼국 시대인 신라 선덕여왕 때, 경주 불국사 3층 석탑은 통일신라 경덕왕 때, 경천사지 10층 석탑은 고려 충목왕 때 만들어졌다.

핵심개념 고려 시대의 석탑

전기	・개성 불일사 5층 석탑 ・부여 무량사 5층 석탑 ・개성 현화사 7층 석탑 ・월정사 8각 9층 석탑(평창) 　– 송의 영향을 받음 　– 고려 시대 다각다층 석탑 대표
후기	・경천사(지) 10층 석탑 　– 충목왕 때 건립, 원의 영향을 받았음, 대리석으로 제작 　– 일본에 의해 불법 반출되었다가 반환, 현재 국립중앙박물관 소장 　– 조선 세조 때 건립된 원각사지 10층 석탑에 영향

정답 ④ 한정판 054p, 기본서 306p

PART **4**

근세 사회의 발달

주제 034 | 고려의 멸망과 조선의 건국

01 076 [2024. 국회직]   회독 ○○○

다음 사건을 시기 순으로 옳게 나열한 것은?

> ㄱ. 이성계가 '4불가론'을 왕에게 건의
> ㄴ. 공양왕 즉위
> ㄷ. 원으로부터 쌍성총관부 탈환
> ㄹ. 과전법 공포

① ㄱ → ㄴ → ㄷ → ㄹ
② ㄱ → ㄷ → ㄹ → ㄴ
③ ㄴ → ㄱ → ㄷ → ㄹ
④ ㄷ → ㄱ → ㄴ → ㄹ
⑤ ㄹ → ㄷ → ㄱ → ㄴ

SOLUTION   난이도 상 중 하

정답해설 ㄷ. 공민왕은 1356년(공민왕 5) 추밀원부사 유인우를 동북면병마사로 임명해 쌍성총관부를 비롯한 철령 이북의 땅을 무력으로 수복하게 하였다.
ㄱ. 명나라는 철령 이북의 땅이 원나라에 속했던 것이므로, 요동에 귀속시켜야 한다는 이유를 내세워 우왕 14년(1388) 철령위 설치를 통보해 왔다. 이에 최영 등이 요동 정벌을 추진했으나 이성계는 4불가론을 내세우며 반대하였다.
ㄴ. 위화도 회군 이후 정권을 장악한 이성계 중심의 급진 개혁파 사대부 세력은 우왕과 창왕을 연달아 폐위시키고 공양왕을 옹립(1389)하여 정치적 실권을 잡았다.
ㄹ. 이성계 일파는 1391년(공양왕 3) 권문세족의 토지를 몰수하여 과전법을 시행함으로써 신진 사대부의 경제적 토대를 마련하였다.

정답 ④ 한정판 056p, 기본서 316p

주제 035 | 조선 초기 왕의 업적(태종~성종)

01 077 [2025. 국가직 9급]   회독 ○○○

다음 업적이 있는 왕의 재위 기간에 볼 수 있는 모습은?

> • 우리 풍토에 맞는 농서인 『농사직설』을 편찬하였다.
> • 최윤덕과 김종서를 파견하여 4군 6진을 개척하였다.

① 송파장에 담배를 사려고 나온 농민
② 금난전권 폐지에 항의하는 시전 상인
③ 전분6등법을 처음 시행하기 위해 찬반 의견을 묻는 관료
④ 천주교 신자가 되어 어머니 제사를 거부하는 유생

SOLUTION   난이도 상 중 하

자료분석 농사직설 편찬, 4군 6진 개척을 통해 세종 때의 사실임을 알 수 있다.

정답해설 ③ 세종은 답험손실의 폐단을 줄이고자 백성들의 여론 조사를 거쳐 연분 9등법, 전분 6등법의 공법을 시행하였다(1444). 이 제도는 토지의 비옥도(전분 6등)와 풍흉(연분 9등)을 고려하여 조세를 차등 징수한 제도이다. 전분 6등법은 토지를 비옥도에 따라 6등급으로 나누고 등급에 따라 각기 다른 자를 사용하여 1결당 면적을 달리한 것이고, 연분 9등법은 풍흉의 정도에 따라 9등급으로 나누어 1결당 최고 20두에서 최하 4두를 내도록 한 것이다.

오답피하기 ① 담배는 17세기 초 일본에서 전래되었다.
② 육의전을 제외한 시전 상인의 금난전권 폐지는 정조 때의 일이다.
④ 천주교는 17세기에 중국 베이징의 천주당을 방문한 우리나라 사신들에 의하여 서학으로 소개되었다.

핵심개념 세종(1418~1450)

정치	• 의정부 서사제(왕권과 신권의 조화) • 집현전 설치 • 금부삼복법(사형죄 3심제) • 부민고소금지법, 원악향리처벌법
대외 정책	• 이종무의 쓰시마 정벌(1419) • 4군(최윤덕) 6진(김종서) 개척 • 3포 개항(1426) : 부산포, 제포, 염포 • 계해약조(1443) : 세견선 50척, 세사미두 200석
경제	• 공법 시행(연분 9등법, 전분 6등법) • 조선통보 발행
기타	• 불교 교단 정리(전국 36개 절만 인정) • 관노비에 대한 출산 휴가 정책 실시 • 한양 대화재(1426) 발생 → 금화도감 설치
문화	• 경자자, 갑인자 주조 • 식자판 조립법 창안 • 『칠정산』 편찬, 혼의(혼천의), 간의 • 자격루, 앙부일구, 측우기 제작
편찬 사업	• 『용비어천가』, 『월인천강지곡』 • 『여민락』, 『정간보』 • 『농사직설』, 『삼강행실도』, 『효행록』 • 『향약채취월령』, 『향약집성방』, 『의방유취』 • 『총통등록』 등

정답 ③ 한정판 057p, 기본서 326p

밑줄 친 '국왕'에 대한 설명으로 옳은 것은?

> 이달에 국왕이 친히 언문 28자를 지었는데, 그 글자는 옛 글자를 모방하였고, 초성·중성·종성으로 조합해야 한 음절이 이루어졌다. 무릇 문자로 기록한 것과 말로만 전해지는 것을 모두 쓸 수 있으며, 글자는 비록 쉽고 간단하지만 무궁무진한 표현이 가능하니, 이를 '훈민정음'이라고 한다.

① 『경국대전』을 반포하였다.
② 『삼강행실도』를 편찬하였다.
③ 『국조오례의』를 간행하였다.
④ 『동국여지승람』을 편찬하였다.

SOLUTION   난이도 상 중 **하**

자료분석 자료의 밑줄 친 '국왕'은 세종으로, 훈민정음 창제와 관련된 내용이다. 조선은 한자음의 혼란을 줄이고 피지배층을 도덕적으로 교화시켜 양반 중심 사회를 원활하게 유지하기 위해 우리 문자의 창제가 필요했다. 이러한 배경 속에서 세종은 훈민정음을 창제하여 반포하였다.

정답해설 ② 세종 때에는 모범이 될 만한 충신·효자·열녀 등의 행적을 그림으로 그리고 설명을 붙인 『삼강행실도』를 편찬하였다.

오답피하기 ① 『경국대전』은 세조 대에 편찬을 시작해 성종 대 완성·반포되었다. 『경국대전』은 이전, 호전, 예전, 병전, 형전, 공전의 6전으로 구성된 조선의 기본 법전으로, 후기까지 법률 체계의 골격을 이루었다.
③ 『국조오례의』는 조선 성종 때인 1474년에 신숙주와 정척 등에 의해 완성된 예전(禮典)으로, 국가의 기본예식인 오례, 즉 길례(吉禮)·가례(嘉禮)·빈례(賓禮)·군례(軍禮)·흉례(凶禮)에 대해 규정하고 있다.
④ 조선 성종 때에는 『동국여지승람』이 편찬되었는데, 여기에는 군현의 연혁, 지세, 인물, 풍속, 산물, 교통 등이 자세히 수록되어 있다.

핵심개념 **세종 때의 편찬·사업**

> ·『용비어천가』, 『월인천강지곡』
> ·『여민락』, 『정간보』
> ·『농사직설』, 『삼강행실도』, 『효행록』
> ·『향약채취월령』, 『향약집성방』, 『의방유취』
> ·『칠정산』, 『총통등록』 등

정답 ② 한정판 057p, 기본서 326p

〈보기〉의 밑줄 친 '왕'에 대한 설명으로 옳은 것은?

> ─ 보기 ─
> 왕은 6조 직계제를 시행하여 국왕이 직접 행정을 장악하였다. 또한, 호패법을 실시하여 인구를 파악하고 사회 질서를 유지하고자 했으며, 창덕궁을 건립하였다.

① 사병을 혁파하여 왕권을 강화하였다.
② 비변사를 설치하여 국방 체제를 정비하였다.
③ 『경국대전』을 반포하여 통치 체제를 정비하였다.
④ 집현전을 확대·개편하여 학문과 문화를 발전시켰다.

SOLUTION   난이도 상 중 **하**

자료분석 자료의 밑줄 친 '왕'은 조선 태종이다. 태종은 한양으로 환도하고 창덕궁을 건설했으며, 양인 확보과 유민 방지 목적으로 16세 이상의 모든 남자는 호패를 착용하도록 하였다(호패법 실시).

정답해설 ① 태종은 사병을 없애 왕이 군사 지휘권을 장악하게 했으며, 친위 군사를 늘리는 등 왕권을 강화하였다.

오답피하기 ② 비변사는 16세기 중종 초에 여진족과 왜구에 대비하기 위해 임시 회의 기구로 설치되었으며, 명종 때에는 상설 기구가 되었다.
③ 『경국대전』은 세조 대에 편찬을 시작해 성종 대 완성·반포되었다.
④ 집현전은 궁중 안에 있던 정책 연구 기관으로, 세종 대인 1420년에 설치되었다.

핵심개념 태종(1400~1418)

즉위	두 차례에 걸친 왕자의 난을 통하여 개국 공신 세력을 몰아내고 즉위(1400)	
정치	·6조 직계제 처음 실시 ·의금부 설치 ·문하부 낭사를 사간원으로 독립시켜 대신 견제 ·사병 혁파 ·왕실 외척과 종친의 정치적 영향력 약화 ·상서사의 인사 기능을 이조와 병조로 귀속 ·신문고(등문고) 설치	·한양 환도 및 창덕궁 건립 ·승정원이 독립된 기구로 설치
국방	·거북선과 비거도선 제조	
경제	·양전 사업(양안 : 20년) ·호패법 실시	·호구 파악(호적 : 3년) ·사섬서 설치(저화 발행)
기타	·사원 정리 및 사원의 토지 몰수, 242사 이외 폐지 ·서얼 차대법 ·혼일강리역대국도 지도 제작	·주자소 설치, 계미자 주조

정답 ① 한정판 057p, 기본서 324p

밑줄 친 '왕'의 재위 기간 중에 있었던 사실로 옳은 것은?

> 왕은 대사령을 내리고 5월 3일에 흥복사 터에 거둥하여 종친 및 신하들과 새로운 사찰 창건을 논의한 뒤 조성도감을 만들었다. 대종의 주조를 위해서 동 5만 근을 전국에서 모으도록 하였다. 마침내 사월 초파일에 10층 석탑이 완공되자 연등회를 베풀고 낙성하였다. 이 석탑에는 분신 사리와 언해본 원각경을 봉안하였다.

① 간경도감을 설치하였다.
② 경국대전을 완성하여 반포하였다.
③ 6조 직계제를 처음 시행하였다.
④ 사섬서를 설치하여 저화를 발행하였다.
⑤ 한양으로의 천도를 단행하였다.

밑줄 친 '왕'의 재위 기간에 있었던 사실로 옳은 것은?

> 의정부의 여러 사무를 나누어 6조에 귀속시켰다. 처음에 하륜이 알현하기를 청하여 아뢰었다. "마땅히 정부를 개혁하여 6조로 하여금 사무를 아뢰게 하여야 합니다." 왕이 예조판서 설미수를 불러서 … (중략) … "경 등이 참고하여 정하여 아뢰도록 하여라."고 하였다.
>
> － 『조선왕조실록』 －

① 훈련도감을 설치하였다.
② 『경국대전』을 반포하였다.
③ 호패법을 실시하였다.
④ 공법을 실시하였다.

SOLUTION　　　　　　　난이도 상 **중** 하

자료분석　자료의 밑줄 친 '왕'은 조선 세조이다. 자료는 원각사지 10층 석탑 건립과 관련된 내용으로, 옛 흥복사 터를 확장하여 그 자리에 원각사를 건립하고 탑을 세웠다.

정답해설　① 간경도감은 조선 세조 때 불경의 국역과 판각을 관장하던 관립기관이다. 1461년(세조 7) 6월에 왕명으로 설치하여, 1471년(성종 2) 12월에 폐지하기까지 11년간 존속하였다.

오답피하기　② 경국대전은 세조 때 편찬하기 시작해 성종 때 완성·반포되었다.
③ 태종은 국정 현안에 대해 6조의 장관인 판서가 의정부를 거치지 않고 직접 왕에게 보고하여 업무를 처리하도록 한 6조 직계제를 처음 실시하여 왕을 중심으로 국정을 운영하였다. 세조 때도 6조 직계제가 실시되었지만 처음 실시한 것은 아니다.
④ 조선 태종은 저화의 주조를 담당하는 사섬서를 설치하고 지폐인 저화를 발행하였다.
⑤ 1392년 조선왕조를 건국한 태조 이성계는 1394년 개경에서 한양으로 수도를 옮겼다. 정종 대에 개경(송도)으로 천도했다가 태종 대에 다시 한양으로 환도하기도 했다.

핵심개념　**세조(수양대군, 1455~1468)**

집권·즉위	계유정난(1453)으로 집권 → 단종의 양위를 받아 즉위(1455)
정치	• 6조 직계제 부활, 종친 등용 • 경국대전 편찬 시작 • 사육신의 단종 복위 운동(1456) → 집현전 및 경연 폐지 • 함경도 이시애의 난(1467) → 유향소 폐지
군사	• 보법 제정(정군1, 보인2) • 5위(중앙군) 및 진관 체제 실시
경제	• 직전법 시행(수신전과 휼양전 폐지) • 팔방통보(유엽전) 주조, 인지의와 규형 발명
기타	• 적극적인 불교 진흥책 • 간경도감 설치 • 원각사지 10층 석탑 건립 • 장례원 설치(노비 관련 업무 담당)

정답　① 한정판 057p, 기본서 328p

SOLUTION　　　　　　　난이도 상 **중** 하

자료분석　자료의 밑줄 친 '왕'은 조선 태종이다. 태종은 국정 현안에 대해 6조의 장관인 판서가 의정부를 거치지 않고 직접 왕에게 보고하여 업무를 처리하도록 한 6조 직계제를 실시하여 왕을 중심으로 국정을 운영하였다.

정답해설　③ 태종 때에는 양인 확보와 유민 방지 목적으로 호패법을 실시(1413)하여 16세 이상의 양반에서 노비까지 모든 남자에게 호패를 발급하였다.

오답피하기　① 훈련도감은 임진왜란 중인 1593년 선조 때에 명나라 척계광의 『기효신서』를 참조하여 포수·사수·살수의 삼수병을 중심으로 창설한 군영이다.
② 『경국대전』은 세조 때 편찬에 착수하여 성종 때 완성, 반포되었다. 성종은 건국 이후의 문물제도의 정비를 완비하였으며, 『경국대전』의 편찬을 마무리하여 반포함으로써 이후 조선 사회의 기본 통치 방향과 이념을 제시하였다.
④ 세종은 답험손실의 폐단을 줄이고자 백성들의 여론 조사를 거쳐 연분 9등법, 전분 6등법의 공법을 시행하였다(1444).

정답　③ 한정판 057p, 기본서 324p

(가) 왕이 추진한 정책으로 옳은 것은?

> 책이 이루어지자 여섯 권으로 정리하여 올리니, (가) 께서 『경국대전』이라는 이름을 내리셨습니다. 「형전」과 「호전」 두 법전은 이미 반포하여 시행하였으나, 나머지 네 법전은 미처 교정하지 못하였는데 (가) 께서 갑자기 승하하셨습니다. 지금 임금께서는 선왕의 뜻을 이어서 마침내 일을 끝마치시고 나라 안에 반포하셨습니다.

① 계미자를 제작하였다.
② 계해약조를 체결하였다.
③ 6조 직계제를 실시하였다.
④ 관수 관급제를 시행하였다.

〈보기〉의 조선시대 기관에 대한 설명으로 옳은 것을 모두 고른 것은?

> ─ 보기 ─
> ㄱ. 사헌부는 관리들의 비리를 감찰하는 기관이다.
> ㄴ. 사간원은 국왕에게 간쟁하고 봉박, 서경권을 행사하였다.
> ㄷ. 홍문관은 경연을 주관하며 왕의 자문을 담당하였다.
> ㄹ. 위의 세 기관을 합쳐서 '삼사'라고 하여 권력의 독점이나 부정을 방지하려고 하였다.

① ㄱ, ㄴ
② ㄱ, ㄴ, ㄷ
③ ㄴ, ㄷ, ㄹ
④ ㄱ, ㄴ, ㄷ, ㄹ

SOLUTION   난이도 상 중 하

자료분석 자료는 『경국대전』 서문의 일부로, (가)에 해당하는 국왕은 조선 세조이다. 『경국대전』 편찬을 시작했으나 교정이 끝나기 전 승하했다는 내용을 통해 세조임을 알 수 있다.

정답해설 ③ 세조는 강력한 왕권을 행사하기 위해 통치 체제를 다시 6조 직계제로 고치고(6조 직계제 부활), 자신의 활동을 견제하는 집현전을 폐지하였다.

오답피하기 ① 태종은 활자 주조를 담당하는 주자소를 설치하고 구리로 계미자를 주조하였다.
② 계해약조(1443)는 세종 대에 체결되었다. 3포 개항 후 지나치게 일본과의 교역량이 늘어나자 세견선은 50척, 세사미두는 200석으로 제한하는 계해약조를 체결해 무역을 제한하였다.
④ 관수관급제는 성종 때(1470) 실시되었다. 수조권을 가진 양반 관료가 이를 남용하여 과다하게 수취하는 일이 자주 일어나자 이를 시정하기 위하여 성종 때에는 지방 관청에서 그해의 생산량을 조사하여 거두고, 관리에게 나누어 주는 방식인 관수관급제를 실시하였다.

정답 ③ 한정판 057p, 기본서 328p

SOLUTION   난이도 상 중 하

정답해설 ㄱ. 조선 시대 사헌부는 시정을 논하여 바르게 이끌고 모든 관원 규찰, 풍속 교정 등의 업무를 담당하였다.
ㄴ. 사간원은 국왕에 대한 간쟁, 정사의 잘못을 논박하는 직무를 관장했으며, 사헌부와 함께 5품 이하의 관리를 임명할 때 동의하는 서경권을 행사하였다.
ㄷ. 홍문관은 경적과 문한을 관리하고 왕의 고문(자문)에 대비하였으며, 경연을 담당하였다.
ㄹ. 조선에서는 사헌부, 사간원, 홍문관의 3사가 언론 기능을 담당하였다. 3사의 언론 활동은 권력의 독점과 부정을 방지하기 위한 것으로 고관은 물론 국왕도 함부로 막을 수 없었다.

핵심개념 조선의 중앙 정치 조직

의정부	재상들의 합의를 통해 국정 총괄	
6조	왕명을 집행하는 행정 기관	
승정원	왕명출납, 국왕의 비서 기관	
의금부	왕 직속 특별 사법 기관	
사헌부	관리 감찰, 억울한 일 해결, 풍속 교정	삼사 : 언론 담당
사간원	간쟁(정사의 잘못 논박)	
홍문관	왕의 자문 대비, 경적·문한 관리, 경연·서연 담당	
양사(대간)	• 사헌부 + 사간원 • 서경권 행사(5품 이하 대상)	
한성부	서울의 행정과 치안 담당	
춘추관	역사서 편찬 및 보관	
예문관	왕의 교서 작성	
교서관	궁중 서적 출판·간행	
승문원	외교 문서 작성	
성균관	최고 교육 기관	
상서원	옥새와 마패 제작 관리	
포도청	치안(경찰 업무)	
관상감	천문·지리 등 담당	

정답 ④ 한정판 058p, 기본서 332p

〈보기〉의 밑줄 친 기관과 유사한 기능을 수행했던 기관으로 가장 옳은 것은?

— 보기 —

우리나라의 감사 제도가 문헌상 처음 나타나는 것은 1,300여 년 전 신라 시대입니다. 당시 중앙관부의 하나로 설치된 사정부에서는 백관의 기강 등을 규찰하는 임무를 담당하였습니다. 이후 고려 시대와 조선 시대에도 사헌부, 사간원에서 감사 활동을 하였으며, 조선 시대의 감사 제도 중 특이한 것은 16세기 초에 생긴 암행어사 제도를 들 수 있습니다.

① 신라의 집사부
② 발해의 중정대
③ 고려의 한림원
④ 조선의 승문원

SOLUTION   난이도 상 중 하

자료분석 자료의 밑줄 친 '사헌부'는 3사에 속하는 기관으로, 시정을 논하여 바르게 이끌고 모든 관원의 규찰, 풍속 교정 등의 임무를 담당하였다.

정답해설 ② 발해의 중정대는 조선 시대 사헌부와 같이 관리들의 비리를 감찰하고 규찰하는 기능을 담당하였다.

오답피하기 ① 신라의 집사부는 왕명을 받들고 기밀 사무를 관장하는 역할을 하였다. 651년 진덕여왕 때 재정 업무를 담당하던 품주(稟主)를 개편해 집사부를 설치하였다.
③ 고려의 한림원은 왕명을 받아 문서를 꾸미는 일을 맡아보던 관청으로 공민왕 때(1362) 예문관(藝文館)으로 바뀌어 조선 시대까지 이어졌다.
④ 조선의 승문원은 외교 문서 작성을 담당하였다.

핵심개념 사헌부

사헌부는 상대(霜臺)·오대(烏臺)·백부(柏府)라고도 한다. 신라의 사정부, 발해의 중정대, 고려의 어사대와 같이 관리 감찰 역할을 담당하였다. 『경국대전』에 법제화된 직무를 살펴보면, 정치의 시비에 대한 언론 활동, 백관에 대한 규찰, 풍속을 바로잡는 일, 원통하고 억울한 일을 해결하는 일, 외람되고 거짓된 행위를 금하는 일 등으로 되어 있다. 사간원과 함께 '언론 양사(言論兩司)'라 불렸으며, 간쟁(諫諍)·탄핵(彈劾)·시정(時政)·인사(人事) 등의 언론 기관의 역할을 담당했다. 여기서 간쟁은 왕의 언행에 잘못이 있을 때 이를 바로잡는 언론 행위이다. 간쟁은 제도적으로는 사간원에서만 하도록 규정되었으나, 실제로는 사헌부에서도 행하였다. 탄핵은 관원의 기강을 확립하기 위한 것으로 부정·비위·범법한 관원을 논란, 책망해 직위에 있지 못하도록 하였다. 시정은 그 시대에 이루어지고 있는 정치의 옳고 그름을 논해 바른 정치로 이끌어나가는 것이며, 인사는 부정·부당·부적합한 인사를 막아 합리적이고 능률적인 정치가 이루어지도록 하는 것이다.

정답 ② 한정판 058p, 기본서 333p

주제 037   사화의 발생과 조광조의 개혁 정치

밑줄 친 '화(禍)'가 일어난 후 전개된 상황으로 옳은 것은?

정유년 이후부터 조정 신하들 사이에는 대윤·소윤의 설이 있었는데 군소배들이 부회하여 말이 많았다. 이기 등은 윤원형 형제와 은밀히 결탁하였다. 인종이 승하한 뒤에 윤원형이 기회를 얻었음을 기뻐하여 비밀리에 보복할 생각을 품고 위험한 말을 꾸며 다른 사람들을 두렵게 하니 소문이 위에까지 들리고 자전(왕의 어머니)은 밀지를 윤원형에게 내렸다. 이에 이기 등이 변을 고하여 큰 화(禍)를 만들어냈다.

– 『명종실록』 –

① 현량과를 실시하였다.
② 양재역 벽서 사건이 일어났다.
③ 정국 공신의 위훈 삭제가 논의되었다.
④ 김종직의 문인이 다수 피해를 입었다.
⑤ 폐비 윤씨 사건에 관련된 훈구 대신들이 제거되었다.

SOLUTION   난이도 상 중 하

자료분석 자료의 밑줄 친 '화'는 명종 때 일어난 을사사화(1545)이다. 을사사화는 명종의 외척인 윤원형(소윤파) 일파가 인종의 외척 윤임(대윤파) 일파를 제거하는 과정에서 윤임을 지원했던 사림이 화를 입은 사건이다.

정답해설 ② 양재역 벽서 사건(1547, 명종 2)은 을사사화 이후 소윤(윤원형) 세력이 자신들에 대한 정적으로서 잠재력을 가지고 있는 잔존 인물들을 도태시키려고 일으킨 것으로 정미사화라고도 한다. 이 사건으로 이언적 등이 유배되었다.

오답피하기 ① 조선 중종 대 조광조는 새롭게 천거를 통한 인재 등용 방식인 현량과 실시를 건의하였다. 중종은 조광조의 건의를 받아들여 1519년 경서에 밝고 품행이 단정한 인재를 천거하게 한 후 현재 조정의 시무(時務)에 대한 책문만을 시험하여 관리로 임용하도록 하였다.
③ 정국 공신의 위훈 삭제가 논의된 것은 중종 때이다. 중종반정 때 공을 세운 정국 공신 중 자격이 없다고 평가된 사람들의 위훈을 삭제할 것을 주장한 것으로, 훈구파의 강력한 반발을 사 기묘사화의 원인이 되었다.
④ 연산군 때 일어난 무오사화(1498)에 대한 내용이다. 무오사화는 김종직의 제자 김일손이 김종직의 '조의제문'을 사초에 실었던 것이 구실이 되었다. 훈구 세력은 김일손이 사초에 실은 김종직의 '조의제문'이 세조가 단종으로부터 왕위를 빼앗은 일을 비방한 것이라 하여 이를 문제 삼아 연산군에게 고하였다. 그 결과 이미 죽은 김종직은 부관참시를 당하고, 김일손 등이 처형되는 등 많은 사림파 인사들이 희생되었다.
⑤ 갑자사화(1504, 연산군)에 대한 내용이다. 1504년(연산군 10)에 일어난 갑자사화는 연산군의 생모 폐비 윤씨의 죽음과 관련된 자를 처벌한 것으로, 김굉필 등이 죽임을 당하고 이미 죽은 조위, 정여창 등은 부관참시를 당하기도 하였다.

정답 ② 한정판 062p, 기본서 350p

02 086 [2023. 지역인재 9급]   회독 ○○○

(가) 인물에 대한 설명으로 옳은 것은?

> 경연에서 [(가)] 이/가 중종에게 아뢰기를, "재행(才行)이 있어 임용할 만한 사람을 천거하여, 대궐의 뜰에 모아 놓고 친히 대책(對策)하게 한다면 인물을 많이 얻을 수 있을 것입니다. 이는 … (중략) … 한나라 현량과의 뜻을 이은 것입니다. 덕행은 여러 사람이 천거하는 바이므로 반드시 헛되거나 그릇되는 것이 없을 것입니다."라고 하였다.

① 「조의제문」을 작성하였다.
② 소격서 폐지를 주장하였다.
③ 『불씨잡변』을 저술하여 불교를 비판하였다.
④ 서북 지역에 대한 차별에 항거하여 난을 일으켰다.

SOLUTION   난이도 상 **종** 하

자료분석 자료의 (가)에 해당하는 인물은 **조광조**이다. 조선 중종 대 조광조는 새롭게 **천거를 통한 인재 등용 방식**을 제기하였는데, 그것이 **현량과**이다. 현량과라는 명칭은 중국 한나라 때 추천을 통한 인재 선발 방식인 현량방정과(賢良方正科)에서 따 온 것이다. 중종은 조광조의 건의를 받아들여 1519년 경서에 밝고 품행이 단정한 인재를 천거하게 한 후 현재 조정의 시무(時務)에 대한 책문만을 시험하여 관리로 임용하도록 하였다. 이리하여 120명의 후보 중 김식, 박훈 등 28인을 선발하였는데, 이들 중 다수가 조광조 등과 인연이 있는 사람들이었다.

정답해설 ② 조광조는 방납의 폐단 시정 주장, 향약의 실시, 경연 강화 및 언론 활동의 활성화, 소학 교육 및 주자가례 장려, **소격서(도교 행사 기관) 폐지**, 위훈 삭제 등을 추진하였다.

오답피하기 ① **김종직**에 대한 설명이다. '조의제문(弔義帝文)'이란 초나라 항우에게 죽은 회왕(懷王), 즉 의제(義帝)를 위해 지은 글이다. 그런데 그 내용이 **세조에게 죽음을 당한 단종을 의제에 비유하였다고 하여 문제가 되었으며, 이것이 훗날 무오사화가 일어나는 계기가 되었다.**
③ **정도전**에 대한 설명이다. 그는 유학의 입장에서 **불교는 이단**이므로 배척해야 한다는 배불(排佛)의 정당성을 역설한 『불씨잡변』을 남겼다(1398).
④ **홍경래**에 대한 설명이다. 그는 순조 때인 1811년에 세도 정치의 폐해와 **서북인에 대한 차별 대우** 등에 반발하여 난을 일으켰다.

핵심개념 **정암 조광조(1482~1519)의 개혁 정치**

> · 현량과(천거) 실시(사림 등용 목적)
> · 방납의 폐단 시정 주장(수미법 제기)
> · 유향소 폐지 주장, 여씨 향약 처음 실시
> · 경연 강화 및 언론 활동의 활성화
> · 소학 교육 및 주자가례 장려
> · 도학 정치(이상적 유교정치 실현) 주장
> · 소격서(도교 행사 기관) 폐지
> · 내수사 장리 폐지 주장
> · 훈구 공신의 위훈 삭제
> · 능성적중시(화순 유배 중), 절명시

정답 ② 한정판 062p, 기본서 349p

주제 038   **붕당 정치의 전개**

01 087 [2024. 지역인재 9급]   회독 ○○○

(가), (나) 사이 시기에 있었던 사실로 옳은 것은?

> (가) 성종은 훈구파를 견제하기 위해 사림을 적극적으로 등용하였다. 이들은 주로 3사의 언관직에 진출하여 공론을 주도하였다.
> (나) 선조 때에는 이조 전랑의 임명 문제를 계기로 서인과 동인으로 붕당이 형성되었다.

① 서인이 노론과 소론으로 분열하였다.
② 공신 세력이 조광조 일파를 제거하였다.
③ 환국으로 서인과 남인이 번갈아 집권하였다.
④ 두 차례의 예송으로 붕당 간의 대립이 격화되었다.

SOLUTION   난이도 상 **종** 하

자료분석 (가) 사림은 고려 말 정몽주, 길재 등 온건 개혁파를 계승하였다. 이들은 **15세기 성종 때 김종직과 그 문인들이 과거를 통해 중앙에 진출**하면서 정치적으로 성장하였다.
(나) **선조 때**에는 이조전랑의 임명 문제 등을 둘러싸고 기성 사림과 신진 사림의 갈등이 심화되었다. 그 과정에서 신진 사림의 지지를 받던 김효원을 중심으로 동인이, 왕실의 외척이면서 기성 사림의 신망을 받던 심의겸을 중심으로 서인이 형성되었다.

정답해설 ② (가), (나) 사이 시기인 **중종 때 일어난 기묘사화(1519)**에 대한 내용이다. 조광조 일파의 **급진적 개혁에 위협**을 느낀 훈구 세력의 반발로 인해 남곤·홍경주 등의 훈구파에 의해 조광조 등의 신진 사류들이 숙청되었다.

오답피하기 ① **(나) 이후** 시기의 사건이다. 1680년(숙종 6) 일어난 경신환국 이후 남인에 대한 처벌 문제를 놓고 서인들 간에 강경한 입장을 취하는 노론과 온건한 입장을 취한 소론으로 나뉘었다.
③ **(나) 이후** 시기의 사건이다. 조선 후기 숙종 때에 이르러 정국을 주도하는 붕당과 견제하는 붕당이 서로 교체됨으로써 정국이 급격하게 전환하는 환국이 나타나기 시작하였다. 이로써 특정 붕당이 정권을 독점하는 일당 전제화의 추세가 대두되었다.
④ **(나) 이후** 시기의 사건이다. 예송은 현종 대 왕실 의례 문제 및 효종의 왕위 계승에 대한 정통성을 둘러싸고 일어난 논쟁으로 기해예송(1659)과 갑인예송(1674) 두 차례 발생했다. 당시 서인은 상대적으로 신권을 강조하며 1년설(기해)과 9개월설(갑인)을 주장한 반면, 남인은 왕권을 강조하며 3년설(기해)과 1년설(갑인)을 주장하였다.

정답 ② 한정판 062p, 기본서 349p

01　088　[2025. 법원직]　회독○○○

다음 (가)~(라)를 시기순으로 바르게 나열한 것은?

> (가) 신립이 충주에 이르러 여러 장수의 의견을 따르지 않고 들판에서 싸우려고 하였다. 적의 복병이 아군의 후방을 포위하여 아군이 대패하였다.
>
> (나) 아군이 왜적을 유인하여 한산 앞바다로 끌어냈다. 아군이 학익진을 쳐 일시에 나란히 진격하며 …… 왜적들을 무찌르고 적선 63척을 불살라버렸다.
>
> (다) 적이 수만 명의 대군을 출동시켜 새벽에 행주산성을 포위하였다. 요새 안이 두려움에 사로잡혔는데, 권율이 거듭 영을 내려 진정시켰다. …… 적이 결국 패해 후퇴하였다.
>
> (라) 국왕의 행차가 서울로 돌아왔으나 성안은 타다 남은 건물 잔해와 시체로 가득하였고, 밖에서는 곳곳에서 도적들이 일어났다.

① (가) - (나) - (다) - (라)
② (나) - (다) - (가) - (라)
③ (다) - (나) - (라) - (가)
④ (라) - (가) - (다) - (나)

SOLUTION　난이도 상 **중** 하

정답해설　(가) 신립의 탄금대 전투 패전(1592. 4.) : 탄금대 전투는 1592년 4월, 임진왜란 당시 신립이 이끄는 조선군이 충주 탄금대에서 전멸한 전투이다.
(나) 이순신의 한산도 대첩(1592. 7.) : 이순신의 조선 수군은 일본 수군을 한산도 앞바다로 유인해서 학익진(학날개 진법)을 이용하여 크게 무찔렀다.
(다) 권율의 행주대첩(1593. 2.) : 1593년 2월 권율과 관군, 백성이 합심하여 행주산성에서 왜군을 크게 무찔렀다.
(라) 선조의 한양 환도(1593. 10.) : 임진왜란으로 인해 피란을 떠났던 선조가 1593년 10월 한양으로 환도하였다.

정답 ① 한정판 063p, 기본서 355p

02　089　[2025. 국회직 9급]　회독○○○

(가)~(다) 시기에 있었던 사실로 옳지 않은 것은?

	(가)	(나)	(다)	
부산 침입		평양 탈환	칠천량 해전	노량 해전

① (가) - 벽제관 전투
② (가) - 한산도 대첩
③ (나) - 훈련도감 설치
④ (나) - 행주 대첩
⑤ (다) - 명량 대첩

SOLUTION　난이도 상 **중** 하

자료분석　자료는 임진왜란 및 정유재란 당시의 주요 사건들을 나타낸 것으로, 부산 침입은 1592년 4월, 평양 탈환은 1593년 1월, 칠천량 해전은 1597년 7월, 노량 해전은 1598년 11월의 사건이다.

정답해설　② 한산도 대첩은 1592년 7월 전라좌수사 이순신이 한산도 앞바다에서 학익진을 펼쳐 왜의 수군을 격파한 전투이다.
③ 훈련도감은 휴전 협상이 진행되던 1593년 8월에 설치되었다. 훈련도감은 명나라 척계광의 『기효신서』를 참고하면서 명나라 군사의 실제 훈련법을 습득하였다.
④ 권율의 행주 대첩은 1593년 2월의 사건이다. 평양성 탈환 이후 왜군을 추격하던 명군은 벽제관 전투에서 패배하고 평양으로 후퇴하였다. 이에 따라 권율의 부대는 행주산성에서 왜군에게 포위되는 상황을 맞게 되었으나 권율과 관군, 백성이 합심하여 왜군을 크게 무찔렀다.
⑤ 명량해전은 정유재란 때인 1597년(선조 30) 9월 16일 이순신이 명량(울돌목: 전라남도 진도와 육지 사이의 해협)에서 일본 수군을 대파한 전투이다.

오답피하기　① 벽제관 전투는 (나) 시기인 1593년 1월 벌어졌다. 조·명 연합군의 평양성 탈환으로 일본군의 후퇴가 거듭되는 상황에서 일본군을 얕잡아 보고 바짝 추격하던 명군은 벽제관(경기도 고양시)에서 일본군의 기습으로 패배하고 말았다. 이후 명은 잇따른 공격 요청을 무시하고 평양으로 물러나 버렸다.

핵심개념　임진왜란 전개 과정

1592년	4月 부산진 전투(정발, 패배), 동래 전투(송상현 패배)
	4月 상주 전투(이일, 패배)
	4月 충주 탄금대 전투 패배(신립) → 선조 의주 피난
	5月 한양 함락
	5月 이순신 옥포해전 승리(첫 승리)
	5月 이순신 사천해전(거북선 이용 첫 승리)
	6月 이순신 당포·당항포 해전 승리
	7月 한산도 대첩 승리(학익진 이용)
	9月 이순신 부산포 해전 승리
	10月 김시민의 진주대첩 승리(김시민 전사)
1593년	1月 조·명 연합군 평양성 탈환(유성룡+이여송)
	1月 벽제관 전투에서 명군 대패(평양으로 후퇴)
	2月 권율의 행주 대첩(행주산성) 승리
	6月 진주성 전투 패배(관군+의병, 김천일 전사)
	10月 선조의 한양 환도
1597년	1月 정유재란 발발
	7月 칠천량 해전(원균)
	9月 조·명 연합군의 직산(현재 천안) 전투 승리
	9月 이순신의 명량대첩 승리(진도 울돌목)
1598년	11月 이순신의 노량대첩 승리(이순신 전사)

정답 ① 한정판 063p, 기본서 355p

01 090 [2025. 국가직 9급] 회독 ○○○

밑줄 친 '왕'의 재위 기간에 있었던 사실로 옳은 것은?

> 영의정 이원익은 공물 제도가 방납인에 의한 폐단이 크며, 경기도가 특히 심하다고 생각하였다. 그래서 별도의 관청을 만들어 경기 지역 백성들에게 봄과 가을에 토지 1결마다 8두씩 쌀로 거두고, 이것을 방납인에게 주어 수시로 물품을 구입하여 납부하게 하자고 왕에게 건의하였다. 왕은 그 의견을 받아들였다.

① 삼수병으로 구성된 훈련도감을 설치하였다.
② 조광조 등 사림을 등용하여 훈구세력을 견제하였다.
③ 유능한 관료를 재교육하는 초계문신 제도를 시행하였다.
④ 일본과 제한된 범위의 무역을 허용하는 기유약조를 맺었다.

02 091 [2024. 국회직] 회독 ○○○

밑줄 친 '원정'에 대한 설명으로 옳은 것은?

> 만리 출정에서 성공하는 것은 세상에 드문 일이거늘
> 나그네 마음은 어찌하여 다시 긴 한숨인가.
> 이번 원정은 심하(深河)의 전쟁과 달라
> 김공(金公)*이 죽어 돌아오지 못함이 오히려 부럽도다.
> – 신류 장군이 전쟁 후에 지은 시 –
>
> *김공(金公): 강홍립과 함께 심하 전투에 참여했다가 목숨을 잃은 김응하(1580~1619)를 일컫는다.

① 청의 요구로 조선의 조총 부대가 동원되었다.
② 4군과 6진을 개척하는 계기가 되었다.
③ 삼전도에서 인조가 항복의식을 하였다.
④ 임경업이 백마산성에서 항전하였다.
⑤ 조명 연합군이 평양에서 일본군을 격퇴하였다.

SOLUTION 난이도 상 **중** 하

자료분석 자료는 대동법과 관련된 사료로, 밑줄 친 '왕'은 광해군이다.

정답해설 ④ 광해군 때는 일본과 기유약조(1609)를 체결하여 부산포만 개항하고, 제한된 범위(세견선 20척, 세사미 두 100석) 내에서의 교섭을 허용하였다.

오답피하기 ① 삼수병으로 구성된 훈련도감이 설치된 것은 선조 때인 1593년의 일이다.
② 조광조 등 사림을 등용하여 훈구 세력을 견제한 것은 중종 때의 일이다.
③ 정조는 왕권을 강화하고 자신의 정책을 뒷받침하기 위하여 신진 인물이나 중·하급 관리 중에서 유능한 인사를 재교육하는 초계문신제도를 시행하였다.

핵심개념 **왜란 전·후 일본과의 약조**

시기		약조	내용
15c	세종	계해약조 (1443)	• 세견선 50척 • 세사미두 200석
16c	중종	임신약조 (1512)	• 제포만 개항 • 세견선 25척 • 세사미두 100석
	명종	정미약조 (1547)	• 세견선 25척
17c	광해군	기유약조 (1609)	• 부산포만 개항 • 세견선 20척 • 세사미두 100석

정답 ④ 한정판 064p, 기본서 360p

SOLUTION 난이도 상 **중** 하

자료분석 자료의 밑줄 친 '원정'은 나선 정벌에 해당한다. '신류'가 작성한 것과 심하 전투 이후의 사건인 것을 통해 이를 알 수 있다.

정답해설 ① 1654년(효종 5) 청은 조선인 조총 군사 100명을 뽑아 영고탑 지역으로 보내 달라고 요청하였다. 효종은 변급에게 포수 100명 등을 거느리고 출정하도록 하였다. 1658년에도 청나라에서 다시 사신을 보내어 조선 조총군의 파견을 요청하였고, 이에 신유(신류)를 대장으로 삼아 조총군 200명과 초관, 기고수 등 60여 명을 거느리고 정벌에 나서게 하였다.

오답피하기 ② 세종 때에 최윤덕은 군사 약 1만 5천을 이끌고 압록강 유역의 여진족을 소탕하고 4군을 설치했으며, 김종서도 함길도(함경도) 지방의 여진족을 물리쳐 두만강 유역에 6진을 설치했다.
③ 병자호란(1636) 결과 인조는 삼전도에서 여러 신하가 지켜보는 가운데 청 태종을 향해 삼배구고두(삼궤구고두)의 예를 올렸다.
④ 병자호란 때 청 태종이 대군을 이끌고 쳐들어오자 임경업은 백마산성에서 항전하였다. 그러나 청군은 백마산성을 우회하여 서울을 점령하였다.
⑤ 임진왜란 당시 조선과 명나라가 연합한 조·명 연합군이 왜장인 고니시 유키나와가 점령하고 있던 평양성을 탈환하였다(1593. 1).

정답 ① 한정판 064p, 기본서 366p

01　092　[2025. 법원직]　회독○○○

다음 〈보기〉의 사건 중 첫 번째와 세 번째로 일어난 사건을 순서대로 나열한 것으로 옳은 것은?

── 보기 ──
ㄱ. 조선과 청은 군신 관계를 맺었다.
ㄴ. 강홍립의 군대가 명에 파견되었다.
ㄷ. 서인 세력은 인조를 왕으로 세웠다.
ㄹ. 가도에 주둔하던 명의 모문룡이 제거되었다.

① ㄱ, ㄹ　　　　② ㄴ, ㄷ
③ ㄴ, ㄹ　　　　④ ㄷ, ㄱ

02　093　[2024. 서울시 9급 2차]　회독○○○

조선과 후금의 관계에 대한 설명으로 가장 옳은 것은?

① 후금은 조선에 숙질 관계를 요구했다.
② 조선은 후금의 사신 용골대를 참수하고 항전 의지를 보였다.
③ 후금은 시장을 열어 교역할 것을 조선에 요구했다.
④ 후금이 황제를 칭하자 조선은 명과 연합하여 선전포고를 하였다.

SOLUTION　난이도 상 중 하

자료분석　보기의 사건들은 ㄴ → ㄷ → ㄹ → ㄱ 순으로 일어나 첫 번째와 세 번째 사건은 ㄴ, ㄹ이다.

정답해설　ㄴ. 광해군 대인 1619년의 일이다. 후금이 명에 대한 적개심을 드러내고 군사적 행동을 하자 명은 조선에 지원병을 보내 달라고 요청하였다. 광해군은 명의 요구를 받아들여 1만 3천 명의 병사를 보냈지만 강홍립에게 상황에 따라 대응하도록 하였다. 조·명 연합군은 후금에 패배하였고, 강홍립이 이끄는 조선군은 후금에 항복하였다.
ㄷ. 1623년 서인이 주도하여 일으킨 인조반정으로 북인은 몰락하고, 광해군은 폐위되었으며, 인조가 즉위하였다.
ㄹ. 모문룡이 사망한 것은 인조 대인 1629년이다. 명은 1622년 모문룡으로 하여금 빼앗긴 요동지방을 수복하게 했다. 모문룡은 평안도 가도(피섬)에 진을 치고 연안의 여러 섬을 자기편으로 끌어들이는 한편 조선을 이용하여 후금을 공격하려 했다. 모문룡의 이러한 전략은 후금의 침공을 저지하는 데 어느 정도 효력이 있었으나, 그는 점차 교만해져 조선에 군량을 강요하고, 조공무역에 세금을 매겨 폭리를 취했다. 사병(私兵)을 양성하고 해외 천자를 자임하다 결국 명의 원숭환에게 살해되었다(1629). 이후 청은 더욱 쉽게 명을 공격할 수 있었다.
ㄱ. 병자호란(1636)의 결과 조선은 청과 군신 관계를 맺게 되었다. 조선 조정은 남한산성에 고립된 채 45일간 항전하였지만, 결국 청에 굴복하여 인조가 직접 삼전도에 나가 항복함으로써 전쟁은 끝이 났다.

정답 ③ 한정판 064p, 기본서 364p

SOLUTION　난이도 상 중 하

정답해설　③ 정묘호란의 결과 후금의 요구대로 양국은 서로 사신을 교환하며 국경에서 개시(開市)를 통해 무역하고, 조선은 매년 정해진 양의 세폐를 바쳐야 하며, 후금에서 조선으로 도망쳐 온 사람을 송환해야 한다는 것을 내용으로 하는 맹약이 체결되었다.

오답피하기　① 후금은 조선에 형제 관계[숙질(삼촌과 조카) 관계 X]를 요구하였다. 정묘호란의 결과 체결된 화약에서 조선과 후금은 형제의 맹약을 맺되, 조선은 명과의 관계를 단절하지 않는다는 것, 화약 성립 즉시 후금군은 군사를 철수시키고, 이후 서로 국경을 침범하지 않는다는 조건이 합의되었다.
② 용골대는 후금(청)의 사신으로 몇 차례 조선을 방문한 인물이다. 용골대는 1636년 청 태종을 황제라 부르며 군신 관계를 취할 것을 요구하는 국서를 가지고 조선을 방문했다. 당시 조정에서 논란이 일자 인조는 국서를 받지 않고 용골대 일행을 감시하도록 했는데 사태가 심상치 않음을 눈치 챈 용골대 일행은 본국으로 도주(참수 X)하였다.
④ 후금은 국호를 청이라 하고 심양을 수도로 하였으며, 황제를 칭하였으나 조선은 이를 이유로 후금에 선전포고를 하지는 않았다.

핵심개념 정묘호란과 병자호란

정묘호란(1627, 인조 5)	
배경	• 서인들의 친명배금 정책 • 모문룡 가도 사건(1622) • 이괄의 난(1624)
전개	광해군 보복 명분으로 후금 침입 → 인조의 강화도 피난
의병	정봉수(철산 용골산성), 이립(의주)
결과	후금과 형제 관계 체결(정묘약조)

병자호란(1636, 인조 14)	
배경	후금이 국호를 청으로 변경 → 군신관계 요구 → 주전론(김상헌, 윤집 등) VS 주화론(최명길)
전개	청 태종 침입 → 인조 남한산성 피난
결과	• 청 태종에게 항복(삼전도의 굴욕) • 청과 군신 관계 체결 • 소현세자, 봉림대군, 척화론자(주전파) 3학사 청에 압송
영향	청에 대한 적개심과 문화적 우월감(열등감 X)으로 북벌론 제기

정답 ③ 한정판 064p, 기본서 362p

근세의 경제 · 문화

주제 042 과전법의 시행과 변화

01 094 [2024. 서울시 9급 보훈청 추천]   회독 ○○○

〈보기〉의 각 제도에 관한 설명을 시간 순서대로 바르게 나열한 것은?

─ 보기 ─
ㄱ. 수신전, 휼양전을 폐지하고 현직자에게만 토지를 지급했다.
ㄴ. 『경국대전』을 반포하여 중앙집권적 통치 체제를 완성했다.
ㄷ. 전조를 토지 비옥도에 따라 6등급, 작황 정도에 따라 9등급으로 나누어 수취했다.
ㄹ. 과전법을 처음 제정하여 수조지를 현임 및 퇴임 관료에게 지급했다.

① ㄱ - ㄴ - ㄷ - ㄹ
② ㄴ - ㄷ - ㄱ - ㄹ
③ ㄷ - ㄱ - ㄹ - ㄴ
④ ㄹ - ㄷ - ㄱ - ㄴ

SOLUTION   난이도 상 중 하

정답해설 ㄹ. 과전법은 공양왕 때인 1391년 실시되었다. 이성계 일파는 위화도 회군 이후 권문세족의 토지를 몰수하여 과전법을 시행함으로써 신진 사대부의 경제적 토대를 마련하였다.
ㄷ. 세종 때 실시한 공법에 대한 내용이다. 공법은 답험손실의 폐단을 줄이고 조세를 일정하게 정하기 위한 제도로, 세종 대인 1444년에 마련되었다. 이에 따라 풍흉의 정도에 따라 9등급으로 나누고(연분 9등법), 최고 20두(상상년)에서 최저 4두(하하년)까지 전세를 차등 징수했으며, 비옥도에 따라 토지 등급을 6등급으로 구분하였다(전분 6등법).
ㄱ. 세조는 1466년 수신전 · 휼양전을 몰수하고 현직 관리에게만 수조권을 지급하는 직전법을 실시하였다.
ㄴ. 『경국대전』은 조선의 기본 법전으로 세조 대에 편찬에 착수해 성종 대인 1485년에 완성되었다.

핵심개념 과전법(1391)

배경	고려 말 권문세족의 토지 겸병으로 인한 국가 재정 악화
목적	• 고려 말 토지 제도 모순 해결 • 신진사대부의 경제 기반 마련
내용	• 전 · 현직 관리에게 경기도에 한하여 과전 지급(수조권 지급) • 최고 150결에서 최하 10결 과전 지급
특징	• 원칙적으로 세습 불가(죽거나 반역 시 국가에 반환) • 사전 : 개인이 수조권 행사(1/10 징수) • 수조율은 공전 · 사전을 막론하고 1결당 30두 지정(1/10 징수) • 군전 : 지방 한량 품관에게 5결 혹은 10결씩 지급
한계	수신전 · 휼양전 · 공신전 등의 명목으로 토지 세습

정답 ④ 한정판 068p, 기본서 392p

주제 043 교육 제도와 과거 제도

01 095 [2025. 법원직]   회독 ○○○

다음 조선 시대 (가), (나) 교육 기관에 대한 설명으로 가장 옳은 것은?

• ⎡(가)⎦ 에는 양인 이상의 신분이면 누구나 입학할 수 있었으며, 생원 · 진사시를 준비하는 교육을 받았다. 동학, 서학, 남학, 중학이 있었다.
• ⎡(나)⎦ 은/는 성현에 대한 제사와 유생의 교육, 주민의 교화를 위해 부 · 목 · 군 · 현에 하나씩 설치되었다. 이에 대한 관리를 수령 7사에 포함시켜 수령의 평가 기준으로 삼았다.

① (가)는 한성에 설치되었다.
② (가)는 풍기 군수 주세붕에 의해 처음 세워졌다.
③ (나)는 흥선 대원군 때 전국에 47개소만 남기고 폐지되었다.
④ (나)에 입학하기 위해서는 생원 또는 진사의 지위를 지녀야 했다.

SOLUTION   난이도 상 중 하

자료분석 (가)는 조선의 중앙에 설치된 4학(4부학당), (나)는 지방에 설치된 향교에 해당한다.

정답해설 ① 4학은 한성(漢城)의 동부, 서부, 남부, 중부에 건립된 관립 교육 기관이다.

오답피하기 ② 조선 중종 때 풍기 군수 주세붕에 의해 처음 세워진 것은 서원(백운동 서원)이다.
③ 흥선 대원군 때 전국에 47개소만 남기고 폐지된 것은 서원이다.
④ 성균관의 입학 자격이 생원, 진사를 원칙으로 하였다.

심화개념 성균관의 입학 자격

성균관의 입학 자격은 생원 · 진사를 원칙으로 하였다. 그러나 그 수가 부족할 경우에는 사학(四學)의 생도로서 15세 이상이며 『소학(小學)』 · 사서(四書)와 일경(一經)에 통한 자, 선조의 공덕으로 과거를 거치지 않고 벼슬을 얻은 유음적자(有蔭嫡子)로서 『소학』에 통한 자, 일찍이 생원 · 진사의 향시나 한성시에 합격한 자를 뽑아서 보충하였다. 현직 관리로서 취학하기를 원하는 자가 있으면 또한 청원하였다. 왕세자는 일단 성균관에 들어가 입학식을 치르고 나서 궁 안의 시강원에서 교육을 받았다.

정답 ① 한정판 071p, 기본서 411p

01　096　[2025. 지방직 9급]　　　　회독 ○○○

(가) 인물에 대한 설명으로 옳은 것은?

> ＿(가)＿은/는 삼가 두 번 절하고 아뢰옵니다. … (중략) … 성학(聖學)에는 강령이 있고, 심법(心法)에는 지극히 요긴한 것이 있습니다. … (중략) … 이것을 합하여 『성학십도』를 만들어서 각 그림 아래에 또한 외람되게 신의 의견을 덧붙여서 조심스럽게 꾸며 올립니다.

① 한전론을 주장하여 토지 소유를 균등하게 하려고 하였다.
② (가)의 학문은 김장생 등에게 이어져 기호학파가 형성되었다.
③ (가)의 학문은 유성룡 등에게 이어져 영남학파가 형성되었다.
④ 여전제를 주장하여 토지를 마을 단위로 공동소유하게 하였다.

SOLUTION　　난이도 상 **중** 하

자료분석　자료의 (가)에 해당하는 인물은 퇴계 이황이고, 자료는 퇴계 이황의 『성학십도』에 대한 내용이다. 이황은 군주 스스로가 성학을 따를 것을 제시한 『성학십도』를 저술하였다.

정답해설　③ 퇴계 이황의 학문은 김성일, 유성룡 등에 의해 계승되어 영남학파를 형성하였다.

오답피하기　① 한전론을 주장한 인물은 성호 이익과 박지원이 있다. 성호 이익의 한전론은 한 가정의 생활을 유지하는 데 필요한 규모의 토지를 영업전으로 정한 다음, 영업전에 대해서는 법으로 매매를 금지하고, 나머지 토지만 매매를 허용하자는 주장이었다. 한편, 박지원은 토지 소유의 상한선을 설정하는 한전론을 주장하였다. 그는 토지 상한선을 정하고, 법령이 공포되고 일정 기간이 경과한 다음에는 상한선 이상의 토지 매점을 금지하자고 하였다. 그리고 법령 공포 이전에 구입한 토지는 그것이 대토지 소유라 하더라도 불문에 부칠 것을 제안하였다. 또한 토지의 분할 상속을 허용하며, 법령 공포 후 상한선 이상을 구입한 지주의 토지를 몰수하면 수십 년이 못 되어 나라 안의 토지가 균등하게 될 것으로 생각하였다.
② 율곡 이이의 학문이 감장생 등에게 이어져 기호학파가 형성되었다.
④ 정약용에 대한 설명이다. 정약용의 여전제는 일종의 공동 농장 제도를 주장한 것으로서, 한 마을을 단위로 하여 토지를 공동으로 소유·경작하고 수확량을 노동량에 따라 분배하자는 것이었다.

핵심개념　퇴계 이황(1501, 연산군 7~1570, 선조 3)

사상	• 주리론 집대성(이언적 사상 계승) • 도덕적 행위의 근거로서 인간의 심성 중시 • 근본적이고 이상주의적 성격 강함 • 이기이원론, 이기호발설, 이귀기천론
저서	• 성학십도(선조), 주자서절요 • 전습록변, 송계원명이학통록
영향	• 김성일, 유성룡 등으로 이어져 주리론적인 영남학파 형성 • 위정척사 사상과 항일 의병에 영향 • 이황의 사상은 임진왜란 이후 일본에 전해져 일본 성리학 발전에 영향
기타	• 동방의 주자(별명) • 명종 때 이황의 건의로 백운동 서원이 소수 서원으로 사액됨 • 안동 도산서원 : 이황의 학덕 추모 • 예안향약(경북 안동)을 만들어 발전 • 기대승과의 4단 7정 논쟁(1559~1566, 명종 때)

정답 ③ 한정판 075p, 기본서 429p

MEMO

PART **5**

근대 사회의 태동

근대 태동기의 정치

주제 045 **통치 체제 및 군사 제도의 변화**

01 097 [2025. 국가직 9급]   회독 ○○○

(가)에 해당하는 기구는?

> (가) 은/는 원래 여진족과 왜구의 침입에 대비하기 위해 만든 임시회의 기구였다. 임진왜란을 거치면서 전·현직 정승을 비롯한 주요 관원이 참여하였고, 군사 문제뿐 아니라 외교, 재정, 인사 등 국정 전반을 다루었다. 이로 인해 의정부와 6조의 기능이 축소되었다.

① 비변사   ② 삼군부
③ 상서성   ④ 집사부

02 098 [2025. 법원직]   회독 ○○○

다음 밑줄 친 '이 기구'와 관련된 내용으로 옳은 것은?

> 요즈음 큰 일이건 작은 일이건 이 기구에서 모두 다룹니다. 의정부는 한갓 이름뿐이고 6조는 할 일을 모두 빼앗기고 말았습니다. 이름은 변방 방비를 위해서라고 하면서 과거나 왕비와 후궁 간택까지도 모두 여기서 처리합니다.

① 3사 관리의 추천권을 가지고 있었다.
② 사헌부, 홍문관과 함께 3사로 불렸다.
③ 3포 왜란 이후 임시 기구로 설치되었다.
④ 서얼 출신 학자들이 검서관에 등용되었다.

SOLUTION   난이도 상 중 하

자료분석 (가)에 해당하는 기구는 비변사이다.

정답해설 ① 비변사는 16세기 중종 초에 여진족과 왜구에 대비하기 위해 임시회의 기구로 설치되었으며, 명종 때에는 상설 기구가 되었다. 비변사는 임진왜란을 거치면서 구성원이 3정승을 비롯한 고위 관원으로 확대되었고, 그 기능도 군사 문제뿐 아니라 외교, 재정, 사회, 인사 문제 등 거의 모든 정무를 총괄하였다.

오답피하기 ② 삼군부는 조선 시대에 군무(軍務)를 통할하던 관청이다.
③ 고려의 상서성은 실제 정무를 나누어 담당하는 6부를 두고 정책의 집행을 담당하였다.
④ 집사부는 왕명을 받들고 기밀 사무를 관장한 신라의 관청이다.

심화개념 **비변사의 관원 구성**

도제조	3정승
제조	문·무 정2품 이상 당상관
부제조	정3품 당상관
낭청	실무 행정 담당

정답 ① 한정판 078p, 기본서 461p

SOLUTION   난이도 상 중 하

자료분석 자료의 밑줄 친 '이 기구'는 비변사로, 자료는 조선 후기 비변사의 기능이 확대됨에 따라 의정부와 6조 중심의 행정 체계가 유명무실해진 상황을 보여준다.

정답해설 ③ 3포에 거주하는 일본인들의 법규 위반 사태가 빈번히 일어남에 따라 중종은 일본인에 대한 통제를 강화하였다. 이에 일본인들이 3포에서 난을 일으키자(3포왜란, 1510) 정부는 3포를 폐쇄하고 임시 기구로서 비변사를 설치하였다.

오답피하기 ① 3사 관리의 추천권을 가지고 있었던 것은 이조전랑이다.
② 사헌부, 홍문관과 함께 3사로 불린 것은 사간원이다.
④ 정조 때 유득공, 이덕무, 박제가 등 서얼 출신들이 규장각 검서관으로 등용되었다.

핵심개념 **비변사**

설치	16c 중종 초에 삼포왜란을 계기로 여진족과 왜구에 대비하기 위해 임시 회의 기구로 설치
상설화	16c 명종 때 을묘왜변을 계기로 상설 기구화
임진왜란 이후	· 구성원이 3정승을 비롯한 고위 관원으로 확대 · 거의 모든 정무 총괄(군사·외교·재정·사회·인사 문제 등) · 비변사의 기능 강화로 의정부와 6조 중심의 행정 체계 유명무실화
세도 정치기	· 세도 가문의 비변사 장악 · 핵심적 정치 기구로 자리잡음
폐지	흥선 대원군 집권 후 혁파

정답 ③ 한정판 078p, 기본서 461p

01　099 [2025. 서울시 9급 1차]　회독 ○○○

조선 숙종 재위 시기에 있었던 사실로 가장 옳지 않은 것은?

① 즉위 초 서인이 2차 예송논쟁에서 승리하여 집권하였다.

② 서인은 남인 허적이 역모를 꾸몄다고 고발하여 정계에서 축출하였다.

③ 장희빈이 낳은 왕자를 원자로 정하는 과정에서 서인이 몰락하고 남인이 집권하였다.

④ 폐위된 인현왕후 복위 과정에서 남인이 몰락하고 노론과 소론이 집권했다.

02　100 [2024. 국회직]　회독 ○○○

다음 상황이 나타나게 된 배경으로 옳은 것은?

> 신축·임인년 이래로 조정에서 노론, 소론, 남인의 삼색이 날이 갈수록 더욱 사이가 나빠져서 서로 역적이란 이름으로 모함하니 이 영향이 시골에까지 미치게 되어 하나의 싸움터를 만들었다. 그리하여 서로 혼인을 하지 않을 뿐만 아니라 다른 당색끼리는 서로 용납하지 않는 지경에 이르렀다.
>
> – 이중환, 『택리지』 –

① 비변사의 기능이 약화되었다.

② 외척 가문이 권력을 독점하였다.

③ 국왕을 중심으로 탕평책이 시행되었다.

④ 경신환국 이후 특정 붕당의 득세 현상이 강해졌다.

⑤ 기축옥사 및 건저의 사건으로 붕당 간 대립이 심화되었다.

SOLUTION　난이도 상 중 하

정답해설 ② 숙종 때 일어난 경신환국(1680)과 관련된 내용이다. 서인은 왕실의 기름 장막을 멋대로 가져다 쓴 유악사건과 남인의 역모 사건을 구실로 허적, 윤휴 등 남인을 몰아내고 정국을 주도하게 되었다.

③ 숙종 때 일어난 기사환국(1689)과 관련된 내용이다. 1689년 숙종이 후궁인 소의 장씨(장희빈)의 소생을 원자로 정호(定號)하려는 문제를 두고 서인 송시열 등이 반대하자 서인을 정권에서 몰아내고 다시 남인을 대거 기용한 사건으로, 이를 통해 남인이 집권하였다.

④ 숙종 때 일어난 갑술환국(1694)과 관련된 내용이다. 숙종이 폐비 민씨(인현 왕후, 서인 집안 출신) 사건을 차츰 후회하고 있던 차에 서인 김춘택 등이 폐비 민씨 복위 운동을 꾀하였다. 서인 내 노론계의 김춘택과 소론계의 한중혁 등 노론·소론계 자제들은 폐비 민씨의 복위 운동을 통해 남인의 축출과 서인의 재집권을 계획하였다. 집권파인 남인은 이를 계기로 반대당인 서인 일파를 축출할 목적으로 수십 명을 체포하여 국문하였으나 숙종은 남인들의 지나친 정권욕에 염증을 느끼게 되었다. 남인이 서인의 폐비 민씨 복위 운동을 탄압하려다 오히려 몰락하고 노론과 소론이 재집권하는 계기가 되었다. 남인들은 이 환국을 계기로 타격을 입고 정권에서 완전히 밀려나 몰락하였다. 서인은 실권을 장악하였으나 노론과 소론 간에 쟁론이 더 빈번하게 일어났다.

오답피하기 ① 숙종 즉위 초에는 2차 예송(갑인예송)에서 승리한 남인이 집권하고 있었다. 갑인예송은 1674년(현종 15) 인선왕후 장씨가 사망하자 자의대비의 복제문제를 두고 일어난 논쟁이다. 당시 서인들은 인선왕후는 자의대비의 둘째 며느리이기 때문에 자의대비가 9개월 동안 상복(대공복)을 입어야 한다고 주장했다. 남인들은 왕위를 계승한 효종은 이런 종법을 초월하는 것이므로 자의대비는 1년 동안 상복을 입어야 한다고 주장했다. 2차 예송에서는 꾸준히 세력을 키워 온 남인의 주장(1년설, 기년설)이 받아들여져, 서인이 약화되고 남인 중심으로 정국이 운영되었다.

정답 ① 한정판 079p, 기본서 468p

SOLUTION　난이도 상 중 하

자료분석 자료는 조선 후기 붕당 정치의 변질 모습을 나타낸 것이다. 조선 후기에는 붕당 정치의 변질로 비판 세력의 공존을 인정하지 않는 일당 전제화가 이루어졌다. 사료의 신축·임인년은 경종 때 일어난 신축옥사(1721)와 임인옥사(1722)를 의미한다. 신임사화라고도 하는데 소론의 공격으로 노론이 큰 피해를 입은 사건이다.

정답해설 ④ 경신환국 이후 상대방에 대한 보복으로 사사(賜死)가 빈번하였고, 외척의 정치적 비중이 높아졌으며, 정쟁의 초점이 왕위 계승 문제에 맞춰지는 등 붕당 정치가 정상적으로 운영되지 못하였다. 그 과정에서 3사와 이조전랑은 공론을 반영하기보다 상대 세력에 대한 비판을 통해 자기 당의 이익만을 직접 대변하는 역할을 하여 정치적 비중이 줄어들었고 특정 붕당의 득세 현상이 강해졌다.

오답피하기 ① 조선 후기에는 비변사의 기능이 강화되었다. 비변사는 임진왜란을 거치면서 구성원이 3정승을 비롯한 고위 관원으로 확대되었고, 그 기능도 군사 문제뿐 아니라 외교, 재정, 사회, 인사 문제 등 거의 모든 정무를 총괄하였다.

② 외척 가문의 권력 독점은 세도 정치 시기의 모습이다. 종래의 일당 전제마저 청산하고 특정 가문이 권력을 독점하는 정치 형태로, 붕당 정치의 파탄을 의미하며 가문의 사익을 위해 정국을 운영하여 정치 질서를 붕괴시키는 것도 서슴지 않았다.

③ 탕평책은 붕당 정치의 변질을 극복하기 위해 이루어졌다. '탕평(蕩平)'이란 임금의 정치가 한쪽을 편들지 않고 사심이 없으며 당을 이루지도 않은 상태에서 정치적 균형 관계를 재정립하여 왕권을 유지하려는 것을 뜻한다.

⑤ 기축옥사 및 건저의 사건은 동인이 북인과 남인으로 분화되는 계기가 된 사건으로, 노론·소론·남인의 대립 배경으로는 적절하지 않다. 1589년에 동인인 정여립이 대동계를 조직하고 모반을 준비하다가 발각되었다. 서인 세력은 이를 정권을 장악하는 기회로 삼기 위해 정여립 모반 사건을 확대하였고, 서인 정철의 주도 아래 수많은 동인의 인물들이 탄압을 받았다(기축옥사). 1591년에는 서인 정철 등이 광해군을 세자로 정할 것을 주청했다가 선조의 미움을 사게 되어 피해를 입었다(건저의 사건).

정답 ④ 한정판 079p, 기본서 468p

03 101 [2023. 지역인재 9급]　　　　　회독 ○○○

조선 숙종 대에 있었던 사실로 옳지 않은 것은?

① 서인이 노론과 소론으로 분화하였다.
② 청과의 국경을 표시한 백두산정계비가 세워졌다.
③ 안용복이 울릉도와 독도를 수호하는 활동을 펼쳤다.
④ 효종 사후 복상 문제를 놓고 기해(1차)예송이 벌어졌다.

주제 **047**　영조의 정책과 탕평 정치

01 102 [2025. 지방직 9급]　　　　　회독 ○○○

밑줄 친 '국왕'의 정책으로 옳은 것은?

> 국왕은 성균관 앞에 "두루 사귀되 편당을 짓지 않는 것이 군자의 공정한 마음이요, 편당을 짓고 두루 사귀지 않는 것은 소인의 사사로운 마음이다."라는 내용을 새긴 탕평비를 세웠다.

① 균역법을 실시하였다.
② 수원 화성을 건설하였다.
③ 초계문신제를 시행하였다.
④ 『대전회통』을 편찬하였다.

SOLUTION　　　　　난이도 상 중 **하**

정답해설 ① 숙종 때 경신환국(1680) 이후 남인에 대한 처벌 문제를 놓고 서인들 간에 강경한 입장을 취하는 노론과 온건한 입장을 취한 소론으로 나뉘었다. 경신환국(1680)은 숙종이 자신의 집권 초에 정권을 장악한 남인을 견제하고자 남인의 영수 허적이 왕실의 기름 장막을 멋대로 가져다 쓴 유악사건과 삼복의 변(허적의 서자 허견의 역모 도모)을 구실로, 허적, 윤휴 등 남인들을 축출하고 정권을 서인에게 맡긴 사건이다.

② 백두산정계비는 18세기 초(1712)인 숙종 때 건립되었다. 고조선, 부여, 고구려, 발해 등의 영토였던 간도는 우리 민족의 주요 활동 무대였다. 청은 만주족의 발상지인 간도를 신성하게 여겨 17세기 후반부터 간도 지역의 출입을 금지하였다. 조선도 청을 의식하여 이 지역으로 넘어가는 자를 처벌하였다. 그러나 산삼을 채취하거나 생필품을 구입하기 위해 양국 백성이 경계를 넘는 일이 빈번하여 충돌이 자주 일어났다. 조선과 청은 이를 막고자 1712년 백두산에 백두산정계비를 세워 양국의 경계를 정하였다.

③ 17세기 말 숙종 때 안용복은 울릉도에 출몰하는 일본 어민들을 쫓아내고, 일본에 건너가 울릉도와 독도가 조선의 영토임을 확인받고 돌아왔다.

오답피하기 ④ 기해예송은 현종 때 일어났다. 1659년 효종이 죽자 인조의 계비인 자의대비 조씨의 상복을 두고 서인과 남인 간에 논쟁이 벌어졌다(기해예송, 1차 예송). 서인은 효종이 인조의 둘째 아들로서 왕위에 올랐으므로 조씨가 1년간 상복을 입어야 한다고 주장하였다. 이는 효종이 적장자가 아님을 들어 왕과 사대부에게 동일한 예가 적용되어야 한다는 주장이었다. 반면에 남인은 맏아들이 아니라도 왕실의 종통을 이었으면 당연히 적장자로 인정된 것이므로 3년복을 입어야 한다고 주장하였다. 이는 왕은 일반 사대부와 다른 예가 적용되어야 한다는 주장이었다. 그 결과, 당시 실권을 장악하고 있던 송시열을 비롯한 서인의 주장(1년복)이 받아들여졌다.

정답 ④ 한정판 079p, 기본서 468p

SOLUTION　　　　　난이도 상 중 **하**

자료분석 밑줄 친 '국왕'은 조선 후기의 국왕인 영조이고 자료는 영조 때 탕평비를 건립한 사실을 보여준다.

정답해설 ① 영조 때는 균역법을 실시하여 농민의 군포 부담을 1년에 1필로 줄여 주었다. 줄어든 군포 수입은 토지 1결마다 2두씩 결작미를 거두고, 어염세와 선박세 등을 국가 재정으로 돌려 보충하였다. 또 일부 부유한 상민에게도 선무군관이라는 명목으로 군포 1필을 납부하게 하였다.

오답피하기 ② 수원 화성을 건설한 국왕은 정조이다. 정조는 수원으로 사도 세자의 묘를 옮기고 화성을 세워 정치적, 군사적 기능을 부여하였으며, 상공인을 유치하여 자신의 정치적 이상을 실현하는 상징적 도시로 육성하고자 하였다.

③ 정조는 신진 인물이나 중·하급 관리 중에서 유능한 인사를 재교육하는 초계문신제를 실시하였다.

④ 『대전회통』은 흥선 대원군 집권기에 편찬된 법전이다. 영조 때에는 법전으로 『속대전』이 편찬되었다.

핵심개념 영조 대(1724~1776)의 역사

탕평책 (완론탕평)	• 즉위 직후 탕평 교서 발표(1725) • 이인좌의 난(1728) 발생 • 탕평파 중심의 정국 운영 • 탕평비 건립(1742) : 성균관 입구에 건립 • 서원 정리, 산림(山林)의 존재 부정 • 이조 전랑의 권한 축소 　– 3사 관리 선발권(통청권) 폐지 　– 후임자 천거권(자대권) 폐지
문물 정비	• 균역법(1750) : 군포 1필 징수 • 군영 정비 : 수성 윤음 반포(1751) • 사형수에 대한 삼심제 엄격 시행 • 가혹한 형벌 폐지(압슬형, 낙형 등) • 속대전 편찬, 신문고 부활 • 민의 청취(상언, 격쟁) • 청계천 준설 사업(준천사 설치) • 노비종모법(1731) 확정·시행
편찬 사업	• 속대전, 속병장도설, 속오례의 • 동국문헌비고, 동국여지도, 해동지도

정답 ① 한정판 080p, 기본서 472p

01 103 [2024. 지역인재 9급] 회독 ○○○

밑줄 친 '왕'의 재위 기간에 있었던 사실로 옳은 것은?

> 채제공이 아뢰었다. "시전에 금난전권을 부여한 것은 그들이 나라의 일에 응하므로 이익을 독점하게 하려는 뜻이었습니다. 지금은 무뢰배들이 시전이 되어 … (중략) … 육의전을 제외하고 금난전권을 없애면 상인과 주민들의 이익이 늘어날 것입니다." 왕이 그대로 하라고 하였다.
>
> – 『조선왕조실록』 –

① 『대전통편』을 편찬하였다.
② 성균관 앞에 탕평비를 세웠다.
③ 홍경래의 난이 일어났다.
④ 정여립 모반 사건이 일어났다.

02 104 [2023. 지역인재 9급] 회독 ○○○

밑줄 친 '왕'에 대한 설명으로 옳은 것은?

> 왕은 자신을 '만천명월주인옹(萬川明月主人翁)'이라 칭하면서 모든 시냇물을 비추는 달처럼 모든 백성을 사랑하는 정치를 지향하였다. 또한, 화성을 건설하고 여러 차례 행차하여 왕의 위상을 과시하는 동시에 민생에 관한 백성들의 목소리를 직접 듣고자 하였다.

① 청을 정벌하자는 북벌운동을 추진하였다.
② 『속대전』을 편찬하여 통치제도를 정비하였다.
③ 초계문신제를 실시하여 문신들을 재교육하였다.
④ 명과 후금 사이에서 실리를 취하는 중립 외교를 펼쳤다.

SOLUTION 난이도 상 중 **하**

자료분석 자료는 신해통공에 대한 내용으로, 밑줄 친 '왕'은 조선 정조이다. 신해통공은 1791년 당시 좌의정이었던 채제공의 건의로 육의전을 제외한 시전 상인의 금난전권을 폐지한 조치이다.

정답해설 ① 정조는 『경국대전』과 『속대전』 및 그 뒤의 법령을 통합해 『대전통편』(1785)을 편찬하였다.

오답피하기 ② 영조는 1742년에 관학의 최고 학부인 성균관의 반수교 위에 탕평비를 세워 유생들에게 서로 편을 나누지 않고 당을 나누지 않아야 한다는 내용을 알리게 하였다.
③ 홍경래의 난은 1811년 순조 때 일어났다. 이 난은 세도 정치의 폐해와 서북인에 대한 차별 대우 등이 원인이 되어 몰락한 양반인 홍경래의 지휘하에 영세 농민, 중소 상인, 광산 노동자 등이 합세하여 일으킨 봉기였다.
④ 정여립 모반 사건은 선조 때인 1589년에 일어났다. 이 사건은 정여립이 역모를 꾀하였다 하여, 3년여에 걸쳐 그와 관련된 1,000여 명의 동인들이 피해를 입은 사건이다(기축옥사).

핵심개념 정조 대의 편찬 사업

대전통편	법전, 경국대전 증보	무예도보통지	병법서
동문휘고	외교 문서 정리	홍재전서	정조의 시문집
추관지	형조 업무	일성록	국정 기록 일기
탁지지	호조 업무	자휼전칙	흉년 시 어린이 구호

정답 ① 한정판 081p, 기본서 475p

SOLUTION 난이도 상 중 **하**

자료분석 자료의 밑줄 친 '왕'은 조선 정조이다. 정조는 자신을 만물을 비추는 달에 비유하고, 백성과 신하를 수많은 물에 비유하면서 초월적 군주를 자처하였다.

정답해설 ③ 정조는 37세 이하의 참상·참하의 당하관 중 젊고 재능 있는 문신들을 의정부에서 초선하여 규장각에 위탁 교육을 시키고, 40세가 되면 졸업시키는 초계문신제를 시행하였다.

오답피하기 ① 북벌 운동은 병자호란 이후 효종 때 적극적으로 추진되었다. 오랑캐로 여겨 왔던 여진족이 세운 나라에 거꾸로 군신 관계를 맺게 되고, 임금이 굴욕적인 항복을 했다는 사실은 조선인들에게 커다란 충격이었다. 이에 효종 때에는 오랑캐에 당한 수치를 씻고, 임진왜란 때 도와준 명에 대한 의리를 지켜 청에 복수하자는 북벌 운동이 전개되었다.
② 영조는 제도와 권력 구조의 개편 내용을 정리하여 『속대전』을 편찬함으로써 법전 체계를 재정리하였다(1746). 정조는 『경국대전』과 『속대전』 및 그 뒤의 법령을 통합해 『대전통편』(1785)을 편찬하였다.
④ 광해군은 대내적으로 전쟁의 뒷수습을 위한 정책을 실시하면서 대외적으로는 명과 후금 사이에서 신중한 중립 외교 정책을 실시하였다.

심화개념 초계문신제 (1781, 정조 5)

· 37세 이하의 당하관(참상·참하관) 중 젊고 재능 있는 문신들을 의정부에서 초선하여 규장각에 위탁 교육 → 40세가 되면 졸업
· 정약용도 초계 문신 출신 but 초계 문신제 비판

정답 ③ 한정판 081p, 기본서 475p

01 105 [2024. 서울시 9급 2차] 회독 ○○○

〈보기〉의 (가) 시기에 대한 설명으로 가장 옳지 않은 것은?

─ 보기 ─
　(가) (이)란 종래의 붕당 정치가 변질된 형태인 일당 전제화마저 거부하고 특정 가문이 권력을 독점하는 정치 형태를 말한다. 순조, 헌종, 철종의 3대 60여 년 동안 왕정과 왕권은 이름뿐이었다. 정권은 안동 김씨 또는 풍양 조씨 등 외척의 사유물이 되었다.

① 인간주의, 평등주의를 부르짖은 동학이 농촌 사회를 중심으로 교세를 확장했다.
② 부유한 농민들은 군포를 피하기 위해 양반 신분을 위조하거나 사들였다.
③ 지방민의 불만이 평안도와 삼남 지방에서 민중 봉기로 표출되었다.
④ 노비 인구를 제도적으로 줄이기 위한 노비종모법이 확정되었다.

SOLUTION

난이도 상 **종** 하

자료분석 〈보기〉의 (가)에 해당하는 정치 형태는 세도 정치이다. 정조가 죽은 후 순조, 헌종, 철종 3대 60여 년 동안 안동 김씨나 풍양 조씨 같은 왕의 외척 세력이 권력을 행사하였다.

정답해설 ① 동학은 세도 정치 시기인 철종 때(1860) 경주 잔반 출신인 최제우가 창도하였다. 동학은 모든 사람이 평등하다는 시천주(侍天主)와 인내천 사상을 강조하였다. 그래서 양반과 상민을 차별하지 않고, 노비 제도를 없애며, 여성과 어린이의 인격을 존중하는 사회를 추구하였다.
② 조선 후기에는 부를 축적한 농민들이 지위를 높이기 위하여 또는 역의 부담을 모면하기 위하여 양반 신분을 사거나 족보를 위조하여 양반으로 행세하는 경우가 많았다.
③ 순조 때 일어난 홍경래의 난(1811)과 철종 때 일어난 임술 농민 봉기(1862)에 대한 설명이다. 홍경래의 난은 세도 정치의 폐해와 서북인에 대한 차별 대우 등이 원인이 되어 몰락한 양반인 홍경래의 지휘 하에 영세 농민, 중소 상인, 광산 노동자 등이 합세하여 일으킨 봉기이다. 임술 농민 봉기는 그동안 쌓여 온 삼정의 문란과 경상우병사 백낙신 등 탐관오리와 토호의 탐학에 저항하여 일어났다.

오답피하기 ④ 노비종모법은 세도 정치 시기 이전인 영조 때 확정되었다. 영조 때인 1731년 양인의 수를 확보하기 위하여 아버지가 노비라 하더라도 어머니가 양인이면 자식은 양인으로 인정하는 노비종모법이 확정되었다.

정답 ④ 한정판 082p, 기본서 480p

핵심개념 세도정치기의 왕대史

순조 (1800~1834)	• 신유박해(1801) : 정약용 유배 • 중앙 관서 공노비 6만 여명 해방(1801) • 장용영 혁파(1802) • 안동 김씨 집권, 만기요람 편찬(1808) • 홍경래의 난(1811), 영국 로드 암허스트호의 통상 요구(1832)
헌종 (1834~1849)	• 풍양 조씨(조만영)의 세도 정치 • 기해박해(1839) : 정하상 처형 • 병오박해(1846) : 김대건 순교
철종 (1849~1863)	• 안동 김씨 세도 정치 • 최제우의 동학 창시(1860) • 임술농민봉기(1862)

주제 050 · 신분제의 동요

01 106 [2024. 서울시 9급 2차] 회독 ○○○

조선 후기 노비제에 대한 설명으로 가장 옳지 않은 것은?

① 균역법 실시 이후 공노비의 신공은 점진적으로 감소되어 노가 1필로 줄고, 비의 신공은 폐지되었다.

② 공노비의 신공과 양인의 균역 부담이 동일해지면서 공노비 유지의 실익이 없어졌다.

③ 노비의 해방과 양인의 확대가 종모법을 통해 촉진되었다.

④ 1894년 노비세습제가 폐지되었다.

주제 051 · 사회 불안 심화, 천주교와 동학의 확산

01 107 [2024. 국회직] 회독 ○○○

㉠의 종교 또는 사상에 대한 설명으로 옳은 것은?

> 죽은 사람 앞에 술과 음식을 차려 놓는 것은 ┌ ㉠ ┐에서 금하는 바입니다. 살아 있을 동안에도 영혼은 술과 밥을 받아 먹을 수 없거늘 하물며 죽은 뒤에 영혼이 어떻게 하겠습니까? 먹고 마시는 것은 육신의 입에 공급하는 것이요, 도리와 덕행은 영혼의 양식입니다. 비록 지극한 효자라 할지라도 맛 좋은 것이라 하여 부모가 잠들어 있는 앞에 차려 드릴 수 없는 것은 잠들었을 동안은 먹고 마시는 때가 아닌 까닭입니다. 잠시 잠들었을 때도 그러하거늘 하물며 영원히 잠들었을 때는 어떻겠습니까?
>
> – 정하상, 『상재상서』 –

① 『동경대전』을 기본 경전으로 삼았다.

② 『주자가례』에 따라 의례를 실천하였다.

③ 갑오개혁 이후 신앙의 자유를 얻었다.

④ 임술 농민 봉기의 사상적 뒷받침이 되었다.

⑤ 황사영 백서 사건을 계기로 심한 탄압을 받았다.

SOLUTION 난이도 상 중 **하**

정답해설 ① 공노비가 1년에 납부하는 신공의 액수는 시대마다 달랐으나, 『경국대전』의 규정에 의하면 공노비의 경우 남자 노비는 면포 1필과 저화 20장, 여자 노비는 면포 1필과 저화 10장이었다. 조선 후기에는 저화가 없어지고 면포 부담이 늘어 남자 노비는 면포 2필, 여자 노비는 면포 1필 반이 되었다. 이는 점차 감소해 1667년(현종 8) 노비 신공을 반 필씩 각각 감해주었고, 다시 1755년에는 각각 반필씩 더 감해 노 1필, 비 반 필씩 받다가 1774년에 비공을 전액 면제하고 노에게서만 신공을 받도록 하였다.

② 공노비는 매년 신공을 바쳤는데, 균역법 실시 이후 노에게서 받는 신공(1년에 1필)이 줄어들어 양인의 군포 부담(1년에 1필)과 동일해지면서 공노비 유지의 실익이 없어졌다.

③ 영조 때인 1731년 양인의 수를 확보하기 위하여 아버지가 노비라 하더라도 어머니가 양인이면 자식은 양인으로 인정하는 노비종모법이 확정되었다.

오답피하기 ④ 노비 세습제는 고종 때인 1886년에 폐지되었다. 1894년 갑오개혁 때는 신분제가 폐지되면서 노비제가 종말을 고하게 되었다.

정답 ④ 한정판 083p, 기본서 494p

SOLUTION 난이도 상 중 **하**

자료분석 자료의 ㉠에 해당하는 종교는 천주교이다. 『상재상서』는 기해박해(1839, 헌종 5) 때에 박해의 주동자인 우의정 이지연에게 천주교 교리의 정당성을 알리고자 정하상이 작성한 글이다.

정답해설 ⑤ 신유박해(1801) 당시 천주교 신자 황사영은 베이징의 서양인 주교에게 신유박해의 전말을 보고하는 백서를 보내려다 발각되었다. 이는 천주교에 대한 박해가 더욱 심해지는 계기가 되었다.

오답피하기 ① 『동경대전』은 동학을 창도한 최제우가 지은 동학의 경전으로, 포덕문, 논학문, 수덕문, 불연기연 등을 포함하였다.

② 『주자가례』는 주자가 가정에서 지켜야 할 예법에 관해 저술한 책으로, 유교에서 중시하였다.

③ 천주교는 조 · 불 수호 통상 조약(1886)이 체결되면서 신앙의 자유를 얻게 되었다.

④ 천주교는 임술 농민 봉기(1862)와는 직접적인 관련이 없다. 임술 농민 봉기는 그동안 쌓여 온 삼정의 문란과 경상우병사 백낙신 등 탐관오리와 토호의 탐학에 저항하여 일어났다.

정답 ⑤ 한정판 084p, 기본서 507p

01 108 [2025. 국회직 9급]　　　　회독 ○○○

다음 격문을 발표한 사건에 대한 설명으로 옳지 않은 것은?

> 평서 대원수는 급히 격문을 띄우노라. 무릇 관서 지방은 단군 조선의 터전으로 예로부터 문물이 빛났고, 임진·병자 두 병란을 극복하는 데 큰 공을 세운 인물이 난 자랑스러운 곳이다. 그런데도 조정에서는 이 땅을 천시하니, 어찌 억울하고 원통하지 않겠는가?

① 박천 송림에서 관군에게 패하여 기세가 꺾였다.

② 경상도 단성에서 봉기하여 전국으로 확산되었다.

③ 정주성에 들어가 약 4개월간 관군과 대치하며 농성하였다.

④ 봉기군은 한때 청천강 이북의 일부를 점령하여 기세를 올렸다.

⑤ 평민, 장사층(壯士層), 토착 유력가 등 다양한 계층이 지휘부를 구성하였다.

02 109 [2024. 국회직]　　　　회독 ○○○

다음 사건에 대한 설명으로 옳은 것은?

> ○○○을/를 필두로 김사용, 우군칙, 김창시와 장사인 홍총각, 부유한 상공업자인 이희저 등이 반란군의 지휘부를 구성하였다. 반란군은 정주성에 들어가 4개월 가까이 관군과 대치하다가 성이 함락되면서 진압되었다.

① '임술민란'이라고도 불린다.

② 명화적(明火賊)의 활동을 계승하였다.

③ 교조(敎祖)의 신원(伸冤)을 요구하였다.

④ 서북 지방에 대한 차별의 타파를 내세웠다.

⑤ 삼정이정청 설치의 직접적인 계기가 되었다.

SOLUTION　　　　난이도 상 **중** 하

자료분석　자료는 홍경래의 난(1811) 당시의 격문 내용이다. 홍경래의 난은 순조 때인 1811년에 세도 정치의 폐해와 서북인에 대한 차별 대우 등이 원인이 되어 몰락한 양반인 홍경래의 지휘 하에 영세 농민, 중소 상인, 광산 노동자 등이 합세하여 일으킨 봉기였다.

정답해설　① 박천 송림은 봉기군과 정부군의 본격적인 결전이 처음 벌어진 지역이다. 이 전투에서 패배한 봉기군은 정주성으로 후퇴하게 되었고 기세가 꺾여 봉기는 실패하고 말았다.

③, ④, ⑤ 홍경래는 평안도의 상인, 향임층, 무반, 광산 노동자, 농민 등을 이끌고 봉기하여 청천강 이북의 여러 고을을 장악하였다. 그러나 정부군에 밀려 정주성으로 후퇴하였고, 이곳에서 4개월 정도 버텼으나 끝내 패배하였다.

오답피하기　② 임술 농민 봉기(1862)에 대한 설명이다. 단성에서 시작된 봉기는 진주로 파급되었고, 유계춘을 중심으로 한 농민들이 진주성을 점거하였다. 홍경래는 평안도 가산군 다복동에서 봉기하였다.

핵심개념　홍경래의 난(1811, 순조 11)

배경	· 삼정(전정, 군정, 환정)의 문란 · 서북인에 대한 차별(평안도 지역 차별)
참여	· 몰락 양반 홍경래 지휘(평서 대원수 자처) · 영세 농민, 중소 상인, 광산 노동자, 서북 지방 대상인, 향임층, 무사 등 각계각층 합세
전개	처음 가산에서 난을 일으킴 → 선천·정주 점거 → 청천강 이북 지역 장악(전국적×)
결과	정주성에서 관군(순무영)에게 패하고 5개월 만에 평정
한계	지방 차별 타파라는 명분이 전국적 호소력을 얻지 못함

정답 ② 한정판 085p, 기본서 512p

SOLUTION　　　　난이도 상 **중** 하

자료분석　자료는 1811년 순조 때 일어난 홍경래의 난에 대한 사료이다. 이희저는 대청 무역과 광산 경영으로 큰 부를 쌓은 인물로, 홍경래의 난 당시 자금을 조달하였다. 홍경래는 청천강 이북의 여러 지역을 점령하였으나 의주와 안주 공략에 실패하면서 정주성으로 들어가 저항하다 결국 관군에게 패하고 5개월 만에 평정되었다.

정답해설　④ 홍경래의 난은 지배층의 수탈과 서북민(평안도 지역)에 대한 차별이 봉기 원인이었다. 이 지역은 특히 사족층 형성이 적어 중앙 정부의 수탈의 대상이 되었다.

오답피하기　① '임술민란'이라고도 불리는 사건은 철종 때 일어난 임술 농민 봉기(1862)이다. 임술 농민 봉기는 그동안 쌓여 온 삼정의 문란과 경상우병사 백낙신 등 탐관오리와 토호의 탐학에 저항하여 일어났다.

② '명화적(明火賊)'은 조선 시대 주로 횃불을 들고 약탈을 자행한 강도 집단으로, 이와 관련된 단체는 활빈당이다. 1890년대 윤동굴이 남한지역의 명화적 조직을 통일하였다. 1897년 윤동굴과 그의 동료들은 전북 금산 부근에서 체포되고 말았는데 후일 윤동굴의 지휘 하에 있던 화적들이 1900년 활빈당을 결성하였다.

③ 교조의 신원을 요구한 것은 동학교도들이다. 1892년 11월 동학교도들은 최제우의 억울한 죽음을 풀어달라는 교조 신원과 정부의 동학 탄압 중지, 포교의 자유를 요구하며 삼례에서 집회를 열었으나 전라 감사의 거부로 실패하였다. 동학교도들은 이후에도 서울, 보은 등에서도 교조 신원을 요구하였다.

⑤ 삼정이정청(1862년, 철종 13)은 철종 때 일어난 임술 농민 봉기의 수습 과정에서 설치되었다. 전국에서 농민 봉기가 계속되자 삼정의 문란을 해결하기 위해 임시로 삼정이정청을 설치하였으나 효과를 거두지는 못하였다.

정답 ④ 한정판 085p, 기본서 512p

주제 053 | **수취 체제의 개편**

01 110 [2025. 법원직] 회독 ○○○

다음 밑줄 친 '대책'에 해당하는 내용으로 옳은 것을 〈보기〉에서 모두 고른 것은?

> 양역(良役)의 절반을 감하라고 명하였다. 임금이 명정전에 나아가 말하기를, "결포(結布)는 이미 정해진 세율이 있으니 결코 더 부과하기가 어렵고, 호포(戸布)가 조금 나을 것 같아 1필을 감하고 호전(戸錢)을 걷기로 하였으나 마음은 매우 불쾌하다. …… 호포나 결포나 모두 문제가 있기 마련이다. 이제는 1필을 감하는 정사로 온전히 돌아가야 할 것이니, 1필을 감한 <u>대책</u>을 경들은 잘 강구하라."

— 보기 —
ㄱ. 원납전을 징수하였다.
ㄴ. 선무군관포를 거두었다.
ㄷ. 삼정이정청을 설치하였다.
ㄹ. 어염선세를 국고로 전환하였다.

① ㄱ, ㄴ   ② ㄱ, ㄷ
③ ㄴ, ㄹ   ④ ㄷ, ㄹ

SOLUTION 난이도 상 중 하

자료분석 자료는 영조 때 실시된 **균역법**과 관련된 사료로 밑줄 친 '대책'은 **균역법 실시로 감소된 재정의 보충책**을 의미한다.

정답해설 ㄴ, ㄹ. 균역법의 시행으로 감소된 재정은 지주에게 결작이라고 하여 **토지 1결당 미곡 2두를 부담**시켰고, **일부 상류층**(일부 부유한 상민층)에게 **선무군관**이라는 칭호를 주고 **군포 1필을 납부**하게 하였다. 또한 **어장세, 선박세** 등 잡세 수입으로 보충하게 하였다.

오답피하기 ㄱ. **원납전**의 본래의 뜻은 '스스로 원하여 바치는 돈'이었으나, 흥선대원군은 **경복궁 중수**를 위하여 이를 강제로 징수하였다.
ㄷ. **삼정이정청**은 1862년 임술 농민 봉기를 계기로 **삼정의 문란을 해결하기 위해** 설치되었다.

정답 ③ 한정판 086p, 기본서 523p

---

02 111 [2025. 서울시 9급 1차] 회독 ○○○

〈보기〉에서 균역법의 시행으로 감소된 재정을 보충하는 방법에 해당하는 것은?

— 보기 —
ㄱ. 지주에게 토지 1결당 미곡 4두를 부담시켰다.
ㄴ. 어장세, 염전세, 선박세 등 잡세 수입으로 보충하게 하였다.
ㄷ. 공인이라는 어용상인을 통해 필요한 물품을 사서 납부하게 하였다.
ㄹ. 일부 상류층에 선무군관이라는 칭호를 주고 군포 1필을 납부하게 하였다.

① ㄱ, ㄴ   ② ㄱ, ㄷ
③ ㄴ, ㄷ   ④ ㄴ, ㄹ

SOLUTION 난이도 상 중 하

정답해설 ㄴ, ㄹ. 영조 때 군역의 폐단을 바로잡기 위해 균역법을 시행하였다. 그 결과 농민들은 1인당 1년에 군포 1필을 납부하였다. 정부는 **균역법 시행으로 줄어든 재정을 보충하기 위해 지주에게 토지 1결당 쌀 2두를 결작으로 징수**하였다. 또 왕실에서 거두던 어세·염세·선세를 정부 재정 수입으로 바꾸었으며, 일부 부유한 상민에게 선무군관이라는 칭호를 주고 포를 징수하였다. 균역법은 일시적으로 농민의 군포 부담을 줄여 주었으나, 결작을 소작농에게 전가하는 등 군포 징수 과정의 폐단도 계속되었다.

오답피하기 ㄱ. 결작은 지주에게 **토지 1결당 미곡 2두(4두 X)**를 부담시켰다.
ㄷ. **공인은 대동법 실시로 인해 등장한 어용상인**이다. 현물 대신 쌀을 거둔 정부는 나라에 필요한 물품을 마련하는 일을 공인에게 맡겼다. 공인이 시장에서 대량으로 물품을 구입하고 수공업자들에게 물품 생산을 주문하면서 수공업 생산이 활기를 띠고 상품 화폐 경제가 발달하였다.

핵심개념 **균역법(1750, 영조 26)**

배경	군역의 부담 과중과 군역의 폐단
내용	군포 부담을 1년에 2필에서 1필로 경감
재정 보충책	· 결작 : 지주에게 토지 1결당 미곡 2두 징수 · 선무군관포 　- 대상 : 일부 상류층(일부 부유한 상민층) 　- 내용 : 선무군관 칭호를 주고 군포 1필 징수 · 잡세 : 어장세, 염세, 선박세 등 → 궁방에서 징수하던 것을 균역청에 예속시켜 징수
결과	농민 부담 일시 감소 → but 결작의 부담을 소작 농민에게 전가, 군적 문란 심화로 농민 부담 다시 가중

정답 ④ 한정판 086p, 기본서 523p

조선시대에 대한 설명으로 옳지 않은 것만을 〈보기〉에서 모두 고르면?

─ 보기 ─
ㄱ. 세종 대에 공법을 제정해 토지 비옥도 및 풍흉에 따라 전세에 차등을 두었다.
ㄴ. 경국대전에 따라 10년마다 양전을 실시해 토지를 파악하였다.
ㄷ. 대동법이 경기도에서 시작해 전국적으로 시행되었다.
ㄹ. 영조 대에 균역법을 실시해 양인의 군포 부담을 2필로 낮추었다.

① ㄱ, ㄴ
② ㄱ, ㄹ
③ ㄴ, ㄷ
④ ㄴ, ㄹ
⑤ ㄷ, ㄹ

SOLUTION
난이도 상 **중** 하

자료분석 보기의 내용 중 옳지 않은 것은 ㄴ, ㄹ이다.

정답해설 ㄱ. 공법은 토지의 비옥도(전분 6등)와 풍흉(연분 9등)을 고려하여 조세를 차등 징수한 제도로 세종 때(1444) 제정되었다. 전분 6등법은 토지를 비옥도에 따라 6등급으로 나누고 등급에 따라 각기 다른 자를 사용하여 1결당 면적을 달리한 것이고, 연분 9등법은 풍흉의 정도에 따라 9등급으로 나누어 1결당 최고 20두에서 최하 4두를 내도록 한 것이다.
ㄷ. 대동법은 광해군 대인 1608년 경기도에서 처음 시행된 후 점차 시행 지역이 확대되어 숙종 때에는 잉류 지역인 평안도와 함경도, (제주도)를 제외한 전국에서 시행되었다.

오답피하기 ㄴ.『경국대전』에서 『대전회통』에 이르기까지 법제상으로는 20년(10년 X)에 한 번씩 양전을 실시하고, 이에 따라 새로 양안(量案)을 3부씩 작성하여 호조와 해당 도·읍에 각각 보관하도록 규정되어 있었다.
ㄹ. 균역법은 영조 때 1년에 2필씩 납부하던 군포를 1필로 줄여준 정책이다.

핵심개념 대동법(1608, 광해군 즉위년)

배경	방납의 폐단 → 농민 부담↑
내용	공납을 토지의 결수에 따라 쌀(1결당 12두), 삼베, 무명, 동전 등으로 징수 → 공납의 전세화 및 금납화
담당 관청	선혜청(1894년 갑오개혁 때 폐지)
시행	· 광해군 : 경기도에서 처음 시행 · 숙종 : 잉류 지역[함경도·평안도·(제주도)]을 제외한 전국적 시행
결과	· 양반 지주층, 방납인 등의 반대로 전국적 시행까지 100년(1608~1708) 소요 · 공납 부과 기준 변화 : 가호 기준 → 토지 결수 · 토지가 없거나 적은 농민 부담 경감 · 토지를 많이 소유한 지주의 부담 증가 · 관청(선혜청)에 물품을 조달하는 공인 등장 → 상품 수요 증가 → 상품 화폐 경제 발달 · 조세의 금납화 촉진
한계	· 현물 징수 존속 : 상공에만 한정, 별공과 진상 여전히 존속 · 시간이 지날수록 상납미 비율↑, 유치미 비율↓ → 지방 관아 재정 악화 → 수령 및 아전들의 농민 수탈 가중

정답 ④ 한정판 086p, 기본서 519p

다음 자료가 작성된 시기에 대한 설명으로 적절하지 않은 것은?

밭에 심는 것은 9곡뿐이 아니다. 모시, 오이, 배추, 도라지 등의 농사를 잘 경작하면 조그만 밭이라도 얻는 이익이 헤아릴 수 없이 크다. 한성 내의 읍과 도회지의 파밭, 마늘밭, 배추밭, 오이밭에서는 10무(畝)의 땅에서 많은 돈을 번다. 서쪽 지방의 담배밭, 북쪽 지방의 삼밭, 한산의 모시밭, 전주의 생강밭, 강진의 고추밭, 황주의 지황밭은 모두 논 상상등(上上等) 이익의 10배에 달한다.

– 『경세유표』 –

① 근친혼과 동성혼이 성행하였다.
② 민간인에게 광산 채굴을 허용하고 세금을 부과하였다.
③ 일부 농민이 농법 개량, 광작 등을 통해 부농으로 성장하였다.
④ 일부 상민이 공명첩, 납속책 등을 통해 양반이 되려 하였다.

SOLUTION
난이도 상 중 **하**

자료분석 자료는 조선 후기 상품 작물 재배에 대한 사료이다. 조선 후기 농민들은 시장에 팔기 위한 작물을 재배하여 가계 수입을 증가시켰다. 장시가 점차 증가하여 상품의 유통이 활발해짐에 따라 농민들은 쌀, 목화, 채소, 담배, 약초, 고추 등을 재배하여 팔았다.

정답해설 ② 조선 전기에는 정부가 농민들을 부역에 동원해 채취하는 형식으로 광산 개발이 이루어졌으나 17세기 효종 때에는 민간인에게 광산 채굴을 허용하고 세금을 받는 설점수세제(1651) 정책을 실시하였다.
③ 조선 후기에는 이앙법(모내기법)이 널리 보급되면서 노동력이 절감되고 수확량이 증대되었다. 이로 인해 일부 농민들이 부농으로 성장할 수 있었으나 일부 농토만 직접 경영하던 지주들이 소작지를 회수하고 노비나 머슴을 통해 직접 경영하는 경우가 늘어나 소작 농민은 소작지를 잃기는 쉬워지고 얻기는 더욱 어려워졌다.
④ 조선 후기에는 납속이나 공명첩으로 양반이 되어 면역하는 자가 늘어났으며 족보를 위조하여 신분을 상승시키는 경우도 있었다. 납속은 부족한 재정을 보충하거나 빈민을 구제하기 위해 돈이나 곡식을 납부한 사람에게 특혜를 준 정책으로, 면천, 면역은 물론 관직을 주는 경우도 있었다. 공명첩은 국가 재정 확보를 위해 부유층에게 돈이나 곡식을 받고 팔았던 명예직 임명장이다.

오답피하기 ① 고려 초에 왕실에서는 왕실 친족 간의 근친혼과 동성혼이 성행하였다. 충선왕이 1308년 복위 교서에서 왕실과 혼인할 수 있는 15개 가문을 '재상지종'으로 선정하고, 족내혼(동성혼)을 금지할 것을 명하면서 이후 왕실에서 족내혼의 비중이 감소하였다.

정답 ① 한정판 087p, 기본서 528p

---

01 114 [2023. 지역인재 9급] 회독 ○○○

조선 후기에 나타난 사실로 옳지 않은 것은?

① 국가에서 저화를 만들어 유통하였다.

② 강경포, 원산포 등의 포구들이 상업의 중심지로 성장하였다.

③ 객주나 여각은 상품 매매를 중개하고, 운송·보관·숙박 등의 영업도 하였다.

④ 국가가 동전을 대량으로 발행하지만 유통화폐가 부족해지는 전황이 일어나기도 하였다.

SOLUTION

난이도 상 **중** 하

정답해설 ② 조선 후기 들어 포구가 새로운 상업 중심지가 되었다. 포구의 상거래는 장시보다 규모가 훨씬 컸다. 종래의 포구는 세곡이나 소작료를 운송하는 기지의 역할을 했으나, 18세기에 이르러 강경포, 원산포 등이 상업의 중심지로 성장하였다.

③ 조선 후기 객주나 여각은 각 지방의 선상이 물화를 싣고 포구에 들어오면 그 상품의 매매를 중개하고, 부수적으로 운송, 보관, 숙박, 금융 등의 영업도 하였다. 객주와 여각은 지방의 큰 장시에도 있었다.

④ 조선 후기에 동전은 교환 수단일 뿐 아니라 재산 축적의 수단이기도 하였다. 동전의 발행량이 상당히 늘어났는데도 제대로 유통되지 않아 시중에서 동전 부족 현상이 나타나기도 하였는데, 이는 지주나 대상인들이 화폐를 고리대나 재산 축적에 이용하였기 때문이었다.

오답피하기 ① 고려 말 공양왕 때 우리나라 최초의 지폐인 저화가 만들어졌고, 조선 초기 태종 때 다시 저화를 만들었으나 여전히 포와 쌀이 거래되어 저화는 점차 사라지게 되었다.

핵심개념 조선 후기 상업의 발달

관허 상인	공인	• 대동법이 실시되면서 등장한 어용상인 • 관청에서 공가(貢價)를 미리 받아 물품을 사서 납부 • 도고(독점적 도매 상인)로 성장
	시전상인	정조 때의 신해통공으로 위축
	보부상	• 농촌의 장시를 하나의 유통망으로 연계 • 전국 장시를 무대로 활동, 보부상단 형성
사상 (私商)	난전	종루(종로 일대), 이현(동대문 부근), 칠패(남대문 밖)
	만상(의주)	청과의 무역 주도
	내상(동래)	일본과의 무역 주도
	유상(평양)	평양 중심으로 활동
	송상(개성)	• 전국에 지점 설치(송방), 인삼 재배 및 판매 • 중계무역(의주의 만상과 동래의 내상 중계)
	경강 상인	• 운송업에 종사하며 거상으로 성장 • 한강을 근거지로 서남 연해안을 오가며 미곡, 어물 등 거래 • 선박의 건조 등 생산 분야 진출
	객주·여각	• 포구나 지방의 큰 장시에서 활동 • 상품 매매 중개 + 부수적으로 운송, 보관, 숙박, 금융 등의 영업

정답 ① 한정판 089p, 기본서 535p

주제 056 **실학의 등장과 발달**

01 115 [2025. 국가직 9급]   회독○○○

밑줄 친 '그'에 대한 설명으로 옳은 것은?

> 그는 『양반전』을 지어 양반 사회의 허위의식을 고발하였다. 그는 상공업 진흥에도 관심을 기울여 수레와 선박의 이용 등에 대해서도 주목하였다.

① 효종의 북벌 운동을 지지하였다.
② 『과농소초』에서 한전제를 주장하였다.
③ 화성 건설을 위해 거중기를 설계하였다.
④ 우리 역사를 체계화한 『동사강목』을 저술하였다.

02 116 [2024. 국회직]   회독○○○

다음 주장을 한 인물이 쓴 글로 옳은 것은?

> 대체 천자는 어찌하여 있게 되었는가? 다섯 가(家)가 하나의 인(隣)이 되는데, 다섯 가의 추대를 받은 자가 인장(隣長)이 될 것이며 …… 다섯 인이 일 리(里)가 되는데 다섯 인의 추대를 받은 자가 이장(里長)이 될 것이며 …… 여러 현의 우두머리들의 공동 추대를 받은 자가 제후가 될 것이며, 제후들의 공동 추대를 받은 자가 천자가 될 것이므로, 천자란 무릇 군중이 밀어서 그 자리에 오른 것이다.

① 국가는 한 집의 재산을 계산하여 토지 몇 부(負)를 한 호의 영업전으로 한다.
② 비유하건대, 재물은 대체로 샘과 같다. 퍼내면 차고, 버려 두면 말라 버린다.
③ 30호 정도를 1여(閭)로 만들고, 여민(閭民)이 여(閭)의 토지를 공동으로 경작하도록 한다.
④ 천체가 운행하는 것이나 지구가 자전하는 것은 그 세가 동일하니, 분리해서 설명할 필요가 없다.
⑤ 정통은 단군·기자·마한·신라 문무왕·고려 태조를 말한다.

SOLUTION   난이도 상 중 하

자료분석 자료의 밑줄 친 '그'는 조선 후기 북학파 실학자 박지원이다. 박지원은 양반전, 허생전, 호질, 민옹전 등의 한문 소설을 써서 양반 사회의 허구성을 지적하며 실용적 태도를 강조하였다. 또한 청에 다녀와 『열하일기』를 저술하고 상공업의 진흥을 강조하면서 수레와 선박 이용, 화폐 유통의 필요성 등을 주장하고 양반 문벌 제도의 비생산성을 비판하였다.

정답해설 ② 1797년(정조 21) 면천 군수에 제수된 박지원은 1799년 농서를 구하는 교지에 응해 농서인 『과농소초』를 지어 올렸다. 『과농소초』는 그가 황해도 금천 연암골에서 생활하던 당시 경험으로 지은 농서이다. 박지원은 『과농소초』에서 토지 소유의 상한선을 설정하는 한전론을 주장하였다.
· 박지원의 토지 개혁 주장이 담긴 「한민명전의」가 『과농소초』에 부록으로 덧붙여놓은 글이기 때문에 「한민명전의」와 『과농소초』 모두 한전론 주장이 옳은 지문으로 출제된다.

오답피하기 ① 효종은 청에 반대하는 입장을 강하게 내세웠던 송시열, 송준길, 이완 등을 높이 등용하여 군대를 양성하고 성곽을 수리하는 등 북벌을 준비하였다.
③ 정약용은 서양 선교사가 중국에서 펴낸 『기기도설』을 참고하여 거중기를 만들었다. 이 거중기는 수원 화성을 쌓을 때 사용되어 공사 기간 및 공사비를 줄이는 데 크게 공헌하였다.
④ 우리 역사를 체계화한 『동사강목』을 저술한 인물은 안정복이다.

정답 ② 한정판 093p, 기본서 559p

SOLUTION   난이도 상 중 하

자료분석 자료는 정약용이 저술한 『탕론』의 일부이다. 민(民)이 정치의 근본임을 밝힌 논설로, 역성혁명을 내포(천명은 민심에서 나오며 천자가 천명을 거역할 경우 갈아치워도 무방하다 주장)하고 있다.

정답해설 ③ 정약용은 『전론』에서 한 마을을 단위로 하여 토지를 공동으로 소유하고 경작하여 수확량을 노동량에 따라 분배하는 일종의 공동 농장 제도인 여전론을 주장하였다.

오답피하기 ① 이익의 한전론에 대한 설명이다. 한 가정의 생활을 유지하는 데 필요한 규모의 토지를 영업전으로 정한 다음, 영업전에 대해서는 법으로 매매를 금지하고, 나머지 토지만 매매를 허용하자는 주장이었다.
② 박제가는 『북학의』에서 생산과 소비의 관계를 우물물에 비유하면서 생산을 자극하기 위해서는 절약보다 소비를 권장해야 한다고 주장하였다.
④ 홍대용은 『의산문답』에서 지전설을 주장하고 무한우주론의 우주관을 제시하여 중국이 세계의 중심이라는 생각을 비판하였다.
⑤ 안정복의 정통론과 관련된 내용이다. 그는 『동사강목』 범례에서 '정통(正統)은 단군·기자·마한·신라 문무왕·고려 태조를 말한다. 무통(無統)은 삼국이 병립한 때를 말한다.'라고 서술하였다.

정답 ③ 한정판 092p, 기본서 555p

다음 주장을 편 인물에 대한 설명으로 옳은 것은?

> 존주(尊周)*는 존주 그대로이며, 이적(夷狄)**은 이적 그대로이다. 주나라와 이적은 반드시 분별이 있다. 이적이 중화를 어지럽혔다 하여 주나라의 오랜 전통마저 배척했다는 말을 듣지 못했다. …… 청나라가 천하를 차지한 지 1백여 년이 지났다. …… 그런데 여기에 있는 사람들을 모조리 오랑캐라 하고 중국의 법마저 함께 폐기해 버린다면 크게 옳지 못하다. 진실로 백성에게 이롭다면 그 법이 비록 오랑캐에게서 나왔다 하더라도 성인은 장차 취할 것이다.
>
> – 「존주론」 –
>
> *존주(尊周): 문명화된 중화   **이적(夷狄): 오랑캐

① 지전설을 제기하였다.
② 여전론을 제안하였다.
③ 『북학의』를 저술하였다.
④ 위정척사운동을 전개하였다.
⑤ 화폐를 폐지할 것을 주장하였다.

〈보기〉의 글이 작성된 시기의 학문에 대한 설명으로 가장 옳은 것은?

> ─ 보기 ─
> 하늘에서 본다면 어찌 안과 밖의 구별이 있겠느냐? 그러니 각각 자기 나라 사람끼리 서로 사랑하고, 자기 임금을 높이며, 자기 나라를 지키고, 자기 풍속을 좋게 여기는 것은 중국이나 오랑캐나 마찬가지다.
>
> – 『의산문답』 –

① 정약용은 중국이 세계의 중심이라는 세계관을 거부하고 지구 자전설을 주장했다.
② 박지원은 서양 서적을 참고하여 거중기 등 건축 기계를 제작했다.
③ 홍대용은 청나라에 다녀와 쓴 『열하일기』에서 청 문물을 소개했다.
④ 이긍익은 우리나라 역대 문화를 백과사전식으로 정리하였다.

SOLUTION 난이도 상 중 하

자료분석 자료는 **박제가**의 저술 내용이다. 「존주론」은 그가 저술한 『북학의』 외편에 수록된 글이다. 박제가는 여기서 조선이 청의 문물을 본받아야 하는 이유는 그들이 중국 주나라 때부터 전수된 중화의 문화를 잘 간직하고 있기 때문이라고 말하여 같은 시기에 활동한 지식인들처럼 성리학적 세계관의 틀에서 사유하고 있음을 보여준다.

정답해설 ③ 박제가는 『북학의』에서 생산과 소비의 관계를 우물물에 비유하면서 생산을 자극하기 위해서는 절약보다 소비를 권장해야 한다고 주장하였다.

오답피하기 ① 김석문은 『역학도해』에서 지전설을 우리나라에서 처음으로 주장하여 우주관을 크게 전환시켰으며, 홍대용은 『의산문답』에서 지전설을 주장하고 무한우주론의 우주관을 제시하여 중국이 세계의 중심이라는 생각을 비판하였다.
② 정약용의 여전론은 일종의 공동 농장 제도를 주장한 것으로서, 한 마을을 단위로 하여 토지를 공동으로 소유·경작하고 수확량을 노동량에 따라 분배하자는 것이었다.
④ 박제가는 북학파 실학자로 위정척사 운동과는 관련이 없다. 위정척사 운동은 바른 것(성리학 질서)을 지키고 사악한 것(서양 문물과 사상)을 배척하자는 운동으로 개항 전후에 전개되었다.
⑤ 이익은 고리대와 화폐의 폐단을 비판했으며 환곡 제도 대신 사창 제도의 실시를 주장하였다.

정답 ③ 한정판 093p, 기본서 559p

SOLUTION 난이도 상 중 하

자료분석 『의산문답』은 조선 후기 홍대용의 저서이다. 그는 이 책에서 실옹과 허자의 문답 형식을 빌어 지금까지 믿어 온 고정관념을 상대주의 논법으로 비판하였다.

정답해설 ④ 조선 후기 이긍익은 조선 시대의 정치와 문화를 백과사전식으로 정리한 기사 본말체 형식의 역사서인 『연려실기술』을 저술하였다. 그는 이 책에서 야사를 참고하여 조선 왕조의 정치사를 실증적이고 객관적인 입장에서 서술하였다.

오답피하기 ① 홍대용은 『의산문답』에서 지전설을 주장하고 무한우주론의 우주관을 제시하여 중국이 세계의 중심이라는 생각을 비판하였다.
② 정약용은 중국에 들어와 활약했던 스위스 출신의 예수회 선교사 요하네스 테렌츠의 『기기도설』을 참고하여 거중기를 제작하고, 이를 화성 축조에 이용하였다.
③ 『열하일기』는 박지원이 청나라에 다녀온 후에 작성한 견문록이다. 그는 청에 다녀와 『열하일기』를 저술하고 상공업의 진흥을 강조하면서 수레와 선박 이용, 화폐 유통의 필요성 등을 주장하고 양반 문벌 제도의 비생산성을 비판하였다.

정답 ④ 한정판 093p, 기본서 558p

PART 6

근대 사회의 전개

주제 057 | **흥선대원군의 대내 정책**

01 119 [2025. 서울시 9급 보훈청 추천] 회독 ○○○

흥선 대원군이 실시한 정책에 대한 설명으로 가장 옳지 않은 것은?

① 권력을 공고히 하기 위해 안동 김씨와 결탁하여 종친 세력을 억압하였다.
② 비변사를 폐지하고 의정부와 삼군부의 기능을 부활시켰다.
③ 경복궁을 중건하였다.
④ 원납전이라는 기부금을 징수하고 당백전을 발행하였다.

SOLUTION 난이도 상 종 하

정답해설 ② 흥선 대원군은 세도 가문의 핵심 권력 기구로 왕권을 제약하던 <u>비변사를 폐지</u>하고, <u>의정부와 삼군부의 기능을 부활</u>하여 각각 정치와 군사를 담당하게 하였다.
③ 흥선 대원군은 왕실의 권위 회복을 위해 임진왜란 때 불탄 후 방치되어 있던 <u>경복궁을 중건</u>하였다.
④ 흥선 대원군은 경복궁 중건 공사비를 마련하기 위해 <u>원납전</u>이라는 명목의 기부금을 강제로 징수하고, <u>당백전이라는 고액 화폐</u>를 발행하였다. 원납전의 본래 뜻은 '스스로 원하여 바치는 돈'이었으나, 흥선 대원군은 경복궁 중건을 위해 이를 강제로 거두었다. 또한 많은 백성을 공사에 동원하고, 도성문을 출입하는 사람들에게 통행세를 징수하였으며, 양반들의 묘지림까지 베어 내어 백성과 양반 모두에게 반감을 사게 되었다.

오답피하기 ① 흥선 대원군은 <u>안동 김씨 일족을 축출</u>하여 세도 정치의 폐단을 제거하고 종친 세력 및 능력 있는 인재를 등용하였다.

핵심개념 흥선 대원군의 대내 정책

세도정치 타파	안동 김씨 축출, 능력에 따른 인재 등용
비변사 혁파	의정부(정무)와 삼군부(군사) 기능 부활
경복궁 중건	• 왕실의 권위를 높이기 위한 목적 • 원납전 징수, 당백전 발행, 청전 수입 및 유통
수취 체제 개혁	• 전정 : 양전 사업 실시 • 군정 : 호포법(동포제) • 환곡 : 사창제 실시
서원 정리	47개의 사액 서원만 남기고 모두 철폐
만동묘 철폐	명나라 신종을 제사 지내기 위해 세운 사당인 만동묘 철폐
법전 정비	대전회통, 육전조례 편찬
국방	삼수병 강화, 진무영 강화, 순무영 설치

정답 ① 한정판 100p, 기본서 602p

주제 058 | **흥선대원군의 대외 정책**

01 120 [2025. 지방직 9급] 회독 ○○○

(가)~(라)를 시기가 이른 것부터 바르게 나열한 것은?

> (가) 어재연의 부대가 광성보에서 미국군에게 패하였다.
> (나) 양헌수의 부대가 정족산성에서 프랑스군을 물리쳤다.
> (다) 독일인 오페르트가 남연군의 묘를 도굴하려다 실패하였다.
> (라) 미국 상선 제너럴셔먼호가 평양 부근까지 들어와 통상을 요구하였다.

① (가) → (나) → (다) → (라)
② (나) → (라) → (가) → (다)
③ (다) → (나) → (가) → (라)
④ (라) → (나) → (다) → (가)

SOLUTION 난이도 상 종 하

정답해설 (라) <u>1866년 제너럴셔먼호 사건(1866. 7.)</u> : 대포로 무장한 미국 <u>상선 제너럴셔먼호</u>가 대동강을 거슬러 <u>평양</u> 부근까지 들어와 통상을 요구하였다. 당시 평안도 관찰사였던 <u>박규수</u>가 통상 요구를 거절하며 평화적으로 물러나기를 요구하였으나, 제너럴셔먼호는 관리를 포로로 잡고 대포와 총을 발사하였다. 이 과정에서 사상자가 발생하자, 평양 관민들은 제너럴셔먼호를 불태워 침몰시켰다(제너럴셔먼호 사건, 1866).
(나) <u>병인양요(1866. 9.)</u> : 프랑스는 <u>병인박해로 자국 신부가 처형된 것을 구실</u>로 1866년 군대를 파견해 <u>강화도를 불법 점거</u>하였다(병인양요). 조선에서 이를 문제 삼자 프랑스군은 병인박해 책임자 처벌과 통상 조약 체결을 요구하였다. 조선은 프랑스의 요구를 거부하고 강화도 수복에 나섰다. 양헌수가 이끄는 조선군이 <u>정족산성</u>에서 프랑스군을 공격하여 승리를 거두자, <u>프랑스군은 외규장각 도서와 은궤 등 약탈</u>한 각종 물품을 가지고 철수하였다.
(다) <u>오페르트 도굴 미수 사건(1868)</u> : 중국에서 활동하던 <u>독일 상인 오페르트</u>는 조선에 들어와 몇 차례 통상을 요구하였으나 거부당하였다. 그러자 오페르트는 프랑스 선교사, 미국 자본가의 지원을 받아 흥선 대원군의 아버지인 <u>남연군의 묘를 도굴하려 하였으나, 결국 실패</u>하고 달아났다(오페르트 도굴 미수 사건, 1868).
(가) <u>신미양요(1871)</u> : 미국은 제너럴셔먼호 사건을 구실로 군함과 병력을 동원하여 <u>강화도를 공격</u>하였다(신미양요, 1871). 로저스 제독이 이끄는 미국의 함대는 초지진과 덕진진을 점령하고 광성보를 공격하였다. <u>어재연</u> 등이 이끄는 조선의 수비대가 격렬하게 항전하였으나 <u>광성보</u>는 함락되었다.

정답 ④ 한정판 100p, 기본서 605p

〈보기 1〉과 관련된 사건이 발생한 시기를 〈보기 2〉의 연표에서 옳게 고른 것은?

> **보기 1**
>
> 흥선대원군 부친의 유품들을 수중에 넣는다면 그것을 통해 그와 거래할 수 있고, 그렇게 되면 그는 부친의 유품들을 되찾기 위해 어떠한 요구든지 기꺼이 받아들이게 될 것이다. 따라서 그는 조약을 체결하여 나라를 개방하겠다는 열의의 증거로 사절을 보내라는 열강들의 요구에 귀 기울일 수밖에 없을 것이다.

> **보기 2**

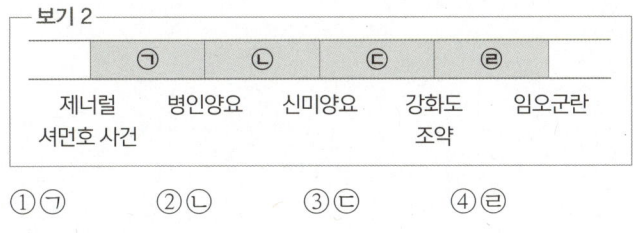

㉠	㉡	㉢	㉣
제너럴 셔먼호 사건	병인양요	신미양요	강화도 조약	임오군란

① ㉠   ② ㉡   ③ ㉢   ④ ㉣

(가) 국가에 대한 설명으로 옳은 것은?

> 신미년(1871) 여름에 [가] 군대가 강화도를 침범하자 어재연이 순무중군으로 임명되어 그들을 방어하다가 전사하였다. 그는 중앙군 병력을 인솔하고 광성보로 들어가서 배수진을 치고 척후병도 두지 않았다. 적병들은 안개가 자욱이 낀 틈을 타서 광성보를 넘어 엄습하였다.
>
> – 『매천야록』 –

① 조선과 한성 조약을 체결하였다.
② 병인박해를 빌미로 조선을 침략하였다.
③ 서양 국가 중 최초로 조선과 조약을 체결하였다.
④ 러시아의 남하를 견제한다는 구실로 거문도를 불법 점령하였다.

SOLUTION 난이도 상 중 하

자료분석 연표의 제너럴셔먼호 사건은 1866년 7월, 병인양요는 1866년 9월, 신미양요는 1871년, 강화도조약 체결은 1876년, 임오군란은 1882년의 사건이다.

정답해설 ② 〈보기 1〉은 1868년 일어난 오페르트 도굴 사건에 대한 내용이다. 독일 상인 오페르트는 두 차례 통상을 요구하였으나 조선 정부가 이를 거절하자 미국인 자본가와 프랑스 선교사의 지원을 받아 무장한 병력으로 덕산군의 관아를 습격하고 충남 덕산에 있는 흥선 대원군의 아버지인 남연군 묘 도굴을 시도하였다. 이는 지역 주민의 저항으로 실패하였으나 서양인에 대한 조선인들의 반감이 커져 흥선 대원군의 통상 수교 거부 정책을 한층 강화시키는 결과를 가져왔다.

핵심개념 흥선대원군 집권기 주요 사건 순서

병인박해(1866. 1.)
⇩
제너럴 셔먼호 사건(1866. 7.)
⇩
병인양요(1866. 9.)
⇩
오페르트 도굴 사건(1868)
⇩
신미양요(1871)
⇩
척화비 건립(1871)

정답 ② 한정판 100p, 기본서 606p

SOLUTION 난이도 상 중 하

자료분석 자료의 (가)에 해당하는 나라는 미국이다. 1871년 미군은 강화도에 상륙하여 초지진과 덕진진을 점령하고 광성보를 공격해 왔다(신미양요). 어재연 등이 이끄는 조선 수비대가 결사 항전하였지만, 미군은 우세한 전력으로 광성보를 함락하였다. 그러나 미국의 예상과 달리 조선 정부가 수교 협상에 응하지 않고 맞서자, 미국은 통상이 쉽지 않다고 판단하고 결국 철수하였다.

정답해설 ③ 1882년 미국과 체결한 조·미 수호 통상조약은 조선이 서양과 맺은 최초의 근대적 조약이었다. 이 조약에는 거중조정, 치외법권, 관세 부과, 최혜국 대우에 관한 내용이 포함되어 있다.

오답피하기 ① 일본에 대한 설명이다. 개화당 일파가 갑신정변을 일으켰다가 실패하고 일본으로 망명하자, 흥분한 민중이 서울에 있는 일본 공사관을 불태우고 일본 거류민들을 죽였다. 이에 일본은 자신들도 정변에 연루되었음에도 불구하고, 조선이 국서로서 사죄를 표명할 것과 일본 공사관 신축비와 배상금 지불 등을 내용으로 하는 한성 조약을 조선과 체결하였다(1884).
② 프랑스에 대한 설명이다. 1866년 프랑스는 병인박해를 구실로 강화도를 침략하였다. 이때 이에 맞서 한성근 부대가 문수산성에서 활약하였고, 양헌수 부대는 삼랑성(정족산성)에서 프랑스군을 물리쳤다. 결국 프랑스군은 40여 일 만에 철수하면서 외규장각 의궤 등 문화재와 재물을 약탈해갔다.
④ 영국에 대한 설명이다. 1885년 영국은 조·러 비밀 협약이 풍문으로 들려오자, 러시아의 남하에 대비한다는 구실로 거문도를 해밀턴 항이라 명명하고 약 2년 동안 불법으로 점령하였다(1885~1887).

정답 ③ 한정판 100p, 기본서 607p

01 123 [2025. 국회직 9급] 　　　　　　　회독 ○○○

다음 조약에 대한 설명으로 옳은 것은?

> 제4관 　조선국 부산 초량항은 일본 공관이 세워져 오랫동안 이미 양국 인민이 통상하는 구역이 되었다. 지금 마땅히 종전의 관례 및 세견선 등의 일을 없애고 새로 세운 조관에 의거해 무역 사무를 처리한다.
>
> 제10관 　일본국 인민이 조선국에서 지정한 각 항구에 재류하면서 만약 죄를 범해 조선국 인민과 교섭해야 하는 것은 모두 일본 관원에게 귀속시켜 심의하고 처단한다.

① 일본 공사관에 군사를 두어 경비하게 하였다.

② 일본에 대한 최혜국 대우를 보장하였다.

③ 부산 외에 2개의 항구를 개항하기로 하였다.

④ 모든 수출입 상품에 대하여 관세를 부과하였다.

⑤ 방곡령 선포 1개월 전에 일본 영사관에 통고하도록 하였다.

SOLUTION
난이도 상 **중** 하

자료분석 자료는 1876년 체결된 강화도 조약(조·일 수호 조규)의 내용이다. 강화도 조약의 제4관은 쓰시마 상인이 왜관을 중심으로 독점적으로 전개한 무역 관행을 철폐하고, 개항장에서 상인들이 자유롭게 조선과 일본의 무역에 참여할 수 있도록 하는 내용이 담겨 있다. 제10관은 조선에서 일본인의 치외법권(영사재판권)을 인정한 것이다.

정답해설 ③ 강화도 조약의 제5관에 부산 외에 추가로 2개 항구를 개항하기로 규정하면서 부산(1876), 원산(1880), 인천(제물포, 1883)이 차례로 개항되었다.

오답피하기 ① 일본 공사관의 경비병 주둔을 허용한 조약은 임오군란 이후 일본과 체결한 제물포 조약이다(1882.7).

② 강화도 조약에는 최혜국 대우가 규정되지 않았다. 조·일 통상 장정(1883)에서 일본에 대한 최혜국 대우가 규정되었다.

④ 강화도 조약의 부속 조약인 조·일 무역 규칙(1876)에는 일본 수출입 상품에 대한 무관세, 일본 정부 소속 선박에 대한 무항세 등이 규정되었다.

⑤ 1883년 개정 조·일 통상 장정에 방곡령 규정이 포함되었다.

정답 ③ 한정판 101p, 기본서 610p

핵심개념 강화도 조약(조일 수호 조규, 1876. 2.)

구분	내용	의미
1관	조선은 자주국이며 일본과 평등한 권리를 갖는다.	청의 종주권 부인(조선 침략 목적)
2관	일본 정부는 지금부터 15개월 후 사신을 조선국 서울에 파견하며, 조선도 사신을 동경에 파견한다.	수신사 파견
4관	조선국은 부산 외에 2개 항구를 개항한다.	· 부산 개항(1876)
5관	경기, 충청, 전라, 경상, 함경 5도의 연해 중 통상에 편리한 항구 2개소를 택한 후 지명을 지정할 것이다	· 원산 개항(1880) · 인천 개항(1883)
7관	조선국은 일본국의 항해자가 자유롭게 해안을 측량하도록 허가한다.	해안 측량권 인정
9관	양국 관리는 양국 인민의 자유로운 무역 활동에 일체 간섭하지 않는다	경제 침탈 목적
10관	일본국 인민이 조선국이 지정한 각 항구에서 죄를 범할 경우 일본국 관원이 재판한다.	치외법권(영사 재판권)

Chapter 02 개화 정책의 추진과 반발

주제 060 개화파의 형성 및 분화

01 124 [2025. 국가직 9급] 회독 ○○○

다음 설명에 해당하는 기구는?

> 개항 이후 정세 변화에 대응하여 개혁을 추진하기 위해 설립된 기구로 외교, 군사 등 개화와 관련된 정책을 총괄하였다. 또한 그 아래 12사를 두어 실무를 담당하게 하였다.

① 교정청
② 삼정이정청
③ 군국기무처
④ 통리기무아문

주제 061 위정척사 운동

01 125 [2025. 법원직] 회독 ○○○

다음 밑줄 친 '이 나라'에 대한 설명으로 가장 옳은 것은?

> 정부가 이 나라와 통상 조약을 체결하려 하자 위정 척사 운동이 절정에 이르렀다. 전국의 유생들은 정부가 황쭌셴의 『조선책략』에 따라 서양과 통교하려 한다고 여겨 이를 반대하는 상소를 올렸다.

① 운요호 사건을 일으켰다.
② 삼국 간섭에 참여하였다.
③ 외규장각 도서를 약탈하였다.
④ 포츠머스 조약을 중재하였다.

SOLUTION 난이도 상 중 **하**

자료분석 자료의 개화와 관련된 정책을 총괄하였다는 내용을 통해 **통리기무아문**임을 알 수 있다.

정답해설 ④ 1880년 정부는 개화 정책을 담당하는 기구로 통리기무아문을 설치하고, 그 아래 12사를 두어 외교, 통상, 재정, 군사 등의 업무를 맡게 하였다.

오답피하기 ① 1894년 6월, 정부는 농민군의 폐정 개혁 요구를 국정에 반영하고 일본의 내정 개혁 요구에 대응하기 위해 자주적 개혁 기구로 교정청을 설치하였다.
② 삼정이정청은 철종 때 일어난 임술 농민 봉기를 계기로 삼정의 문란을 해결하기 위한 기구로 설치되었다.
③ 경복궁을 점령하고 청·일 전쟁을 일으킨 일본의 위협 속에서 김홍집 내각은 개혁 법안을 심의 결정하는 최고 입법 기관의 성격을 띤 군국기무처를 설치(1894. 6.)하고 제1차 갑오개혁을 추진해 나갔다.

정답 ④ 한정판 102p, 기본서 619p

SOLUTION 난이도 **상** 중 하

자료분석 밑줄 친 '이 나라'는 미국이다. 1880년대 들어 개화 정책이 실시되고 『조선책략』이 퍼지자, 이만손을 중심으로 한 영남 유생들은 만인소를 올려 정부의 개화 정책 및 미국과의 수교에 반대하였다.

정답해설 ④ 러시아의 팽창이 한국을 장악하는 데 위협이 된다고 우려한 일본은 러시아와의 전쟁을 준비하였다. 이러한 가운데 일본군은 인천항과 뤼순항에 정박해 있던 러시아 군함을 기습 공격하여 전쟁을 일으켰다(러일 전쟁, 1904). 일본이 뤼순항을 함락하고 동해에서 러시아의 발트 함대를 격파하는 등 전쟁의 승기를 잡자, 러시아는 미국의 중재로 일본과 포츠머스 조약(1905)을 체결하였다.

오답피하기 ① 일본은 조선 침략의 발판을 마련하기 위해 운요호를 강화도에 보냈다. 운요호의 예고 없는 접근에 강화도의 수비대가 포격을 가하자 운요호는 영종도에 상륙하여 살상을 저질렀다(운요호 사건, 1875).
② 1895년 삼국 간섭에 참여한 나라는 러시아, 프랑스, 독일이다. 러시아는 프랑스, 독일과 함께 일본의 랴오둥반도 점유가 동아시아 평화를 위협한다고 일본을 압박하였다(삼국 간섭, 1895).
③ 병인양요(1866) 때 외규장각 도서를 약탈한 나라는 프랑스이다.

정답 ④ 한정판 102p, 기본서 623p

〈보기〉의 (가) 국가에 대한 설명으로 가장 옳은 것은?

> 아! (가) 이/가 욕심 많은 진나라처럼 정벌에 힘써 경영해 온 지 3백여 년, 그 첫 대상은 유럽이었고 다음에는 중앙아시아에 이르렀으며, 오늘날에 와서는 동서아시아로 옮겨져 마침 조선이 그 피해를 입게 된 것이다. 따라서 오늘날 조선의 책략은 (가) 을/를 막는 일보다 더 급한 것이 없을 것이다. 그 책략은 어떠한 것인가? 중국과 친하고, 일본과 맺고, 미국과 이어짐으로써 자강(自强)을 도모할 따름이다.
>
> – 『조선책략』 –

① 조선에 절영도 조차를 요구하였다.
② 거문도를 불법 점령하였다.
③ 강화도를 침입하여 외규장각 도서를 약탈해 갔다.
④ 서양 국가 중 처음으로 조선과 국교를 체결하였다.

〈보기〉의 (가)에 들어갈 나라에 대한 설명으로 가장 옳은 것은?

> ─ 보기 ─
>
> (가) 은/는 본래 우리와 혐의가 없는 나라입니다. 공연히 남의 말만 듣고 틈이 생기게 된다면 우리의 위신이 손상될 뿐 아니라, 이를 구실로 침략해 온다면 장차 이를 어떻게 막을 것입니까?
>
> – 『일성록』, 영남만인소 –

① 거문도를 불법 점령하였다.
② 일본과 포츠머스 강화 조약을 맺었다.
③ 외규장각의 문서와 문화재를 약탈하였다.
④ 제너럴셔먼호 사건을 구실로 광성보를 공격하였다.

SOLUTION   난이도 상 중 하

자료분석 자료의 (가)에 해당하는 나라는 러시아이다. 『조선책략』은 1880년 2차 수신사로 일본에 파견된 김홍집이 국내에 가지고 들어온 책으로, 러시아의 남하를 견제하기 위해서는 미국과의 연대가 필요하다는 내용 등이 담겨 있었다.

정답해설 ① 러시아는 저탄소 설치를 위해 절영도 조차를 요구하였으나 독립협회가 만민 공동회를 개최하여 러시아의 요구를 좌절시켰다.

오답피하기 ② 1885년 영국은 조·러 비밀 협약이 풍문으로 들려오자, 러시아의 남하에 대비한다는 구실로 거문도를 해밀턴 항이라 명명하고 약 2년 동안 불법으로 점령하였다(1885~1887).
③ 프랑스는 1866년 병인박해를 구실로 강화도를 침입하였는데(병인양요) 40여 일 만에 철수하면서 외규장각 의궤 등 문화재와 재물을 약탈해갔다.
④ 1882년 미국과 체결한 조·미 수호 통상조약은 조선이 서양과 맺은 최초의 근대적 조약이었다. 이 조약에는 거중조정, 치외법권, 관세 부과, 최혜국 대우에 관한 내용이 포함되어 있다.

정답 ① 한정판 102p, 기본서 612p

SOLUTION   난이도 상 중 하

자료분석 자료의 (가)에 해당하는 나라는 러시아이다. 『조선책략』이 유포되자 1881년 이만손을 중심으로 한 영남 유생들은 만인소를 올려 책의 내용을 비판하고, 정부의 개화 정책 및 미국과의 수교에 반대하였다.

정답해설 ② 러일 전쟁이 장기화하자 러시아와 일본은 전쟁을 계속하는 데 어려움을 겪었다. 러시아 내부에서는 반정부 시위가 계속되었고, 일본은 늘어나는 전쟁 비용에 부담을 느꼈다. 이러한 상황을 알아차린 미국의 루스벨트 대통령이 러시아와 일본의 대사를 미국의 포츠머스로 불러 회담을 주선하였다. 약 한 달간의 협상 끝에 러시아와 일본은 한국에서 일본의 우월권을 승인한다는 내용으로 포츠머스 조약을 체결하였다(1905. 9.).

오답피하기 ① 영국은 조·러 비밀 협약이 풍문으로 들려오자, 러시아의 남하에 대비한다는 구실로 거문도를 해밀턴 항이라 명명하고 1885년부터 1887년까지 거문도를 불법으로 점령하였다.
③ 외규장각 도서는 1866년 병인양요 때 프랑스에 의해 약탈되었다. 병인양요는 병인박해를 구실로 프랑스군이 강화도를 침략한 사건으로, 당시 프랑스군은 강화도에서 철수하면서 외규장각 도서(의궤) 등 귀중한 문화재와 재물을 약탈해 갔다.
④ 1871년 미군은 제너럴셔먼호 사건을 구실로 강화도에 상륙하여 초지진과 덕진진을 점령하고 광성보를 공격해 왔다. 어재연 등이 이끄는 조선 수비대가 결사 항전하였지만, 미군은 우세한 전력으로 광성보를 함락하였다(신미양요).

정답 ② 한정판 102p, 기본서 623p

주제 062 · 임오군란(1882. 6.)

01 128 [2024. 서울시 9급 보훈청 추천] 회독 ○○○

〈보기〉의 (가)에 들어갈 인물로 가장 옳은 것은?

┌─ 보기 ─────────────────────────────┐
│ 1882년 임오군란 직후 일본에 파견된 ▢(가)▢ 은/는 청국의 │
│ 요구를 무시하고 새 국기를 만들었다. 그 후 ▢(가)▢ 은/는 각 │
│ 국의 외교 사절단이 참석한 각종 공식 행사장에 새 국기를 당당 │
│ 하게 내걸었다. 그가 귀국한 지 2개월 후인 1883년 1월 27일 정부 │
│ 는 ▢(가)▢ 이/가 제작한 태극기를 국기로 삼는다고 공식적으 │
│ 로 반포하였다. │
└────────────────────────────────────┘

① 김옥균 ② 민영익
③ 어윤중 ④ 박영효

주제 063 · 갑신정변(1884. 10.)

01 129 [2025. 국회직 9급] 회독 ○○○

다음 내용을 발표한 사건의 결과로 옳은 것은?

┌────────────────────────────────────┐
│ 제9조 혜상공국을 혁파할 것. │
│ 제14조 의정부와 6조 외에 무릇 불필요한 관청은 모두 혁파하 │
│   고, 대신과 참찬으로 하여금 참작 협의해 아뢰도록 할 것. │
└────────────────────────────────────┘

① 별기군이 창설되었다.
② 한성조약이 체결되었다.
③ 운요호 사건이 발생하였다.
④ 통리기무아문이 폐지되었다.
⑤ 척화비가 전국에 설치되었다.

SOLUTION
난이도 상 **중** 하

정답해설 ④ 박영효는 1882년 제물포 조약의 답방 형식으로 3차 수신사로 일본에 파견되었다. 이때 태극기를 사용하였다는 설이 있다.

오답피하기 ① 김옥균은 조선 후기의 정치가로 1884년 갑신정변을 주도했다. 정변 실패 이후 일본으로 망명, 10년간 일본 각지를 방랑한 후 1894년 상하이로 건너갔다가 자객 홍종우에게 살해되었다.
② 민영익은 명성황후의 친정 조카로, 1883년 보빙사로 미국을 방문하였다. 갑신정변 때 중상을 입었으나 알렌이 치료해 생명을 구했다. 이것을 계기로 고종의 총애를 받은 알렌이 고종에게 근대식 병원을 설립할 것을 건의하여 설립된 것이 광혜원이다.
③ 어윤중은 1881년 조사 시찰단으로 일본에 파견되었으며 1882년에는 간도 문제에 대처하기 위해 서북 경략사로 파견되기도 했다.

핵심개념 임오군란의 결과

제물포 조약 (1882. 7.)	• 일본 공사관에 경비병 주둔 인정 • 배상금 지불, 3차 수신사 박영효 파견
조일 수호 조규 속약 (1882. 7.)	• 제물포 조약과 함께 체결 • 간행이정 50리(2년 후 100리 규정)
조청 상민 수륙 무역 장정 (1882. 8.)	• 청의 속국(속방)임을 명기 • 치외법권(영사 재판권) • 청 상인의 내지통상권 실질적 허용
청의 내정 간섭 심화	• 위안스카이의 청군 조선 주둔 • 고문 파견[마젠창(마건상), 묄렌도르프(목인덕, 독일인)]

정답 ④ 한정판 103p, 기본서 611p

SOLUTION
난이도 상 **중** 하

자료분석 자료는 갑신정변(1884) 14개조 개혁 정강의 내용이다. 혜상공국은 1883년 보부상을 보호하기 위해 설치한 기관이다. 갑신정변을 일으킨 급진 개화파는 보부상의 특권을 없애고, 자유 상업의 발전을 위해 혜상공국의 혁파를 주장하였다.

정답해설 ② 개화당 일파가 갑신정변을 일으켰다가 실패하고 일본으로 망명하자, 흥분한 민중이 서울에 있는 일본 공사관을 불태우고 일본 거류민들을 죽였다. 이에 일본은 자신들도 정변에 연루되었음에도 조선이 국서로서 사죄를 표명할 것과 일본 공사관 신축비와 배상금 지불 등을 내용으로 하는 한성 조약을 조선과 체결하였다(1884).

오답피하기 ① 별기군은 갑신정변 이전인 1881년 설치되었다. 신식 군대로, 일본인 교관(호리모토)이 근대적 군사 훈련으로 사관 생도를 양성하였다.
③ 운요호 사건(1875)은 일본 군함 운요호가 강화도 바다에 불법 침입해 일어난 충돌 사건으로 강화도 조약(1876) 체결에 영향을 끼쳤다.
④ 1882년 임오군란 때 일시 재집권한 흥선 대원군이 통리기무아문을 폐지하고 5군영을 부활시켰다.
⑤ 갑신정변 이전의 사건이다. 두 차례의 양요(병인양요와 신미양요)에서 서양의 침략을 물리친 흥선 대원군은 1871년 전국 각지에 척화비를 세워 통상 수교 거부 의지를 분명히 하였다.

핵심개념 갑신정변(1884)

배경	• 임오군란 이후 청의 내정 간섭 심화 • 김옥균의 일본 차관 도입 실패(급진 개화파 입지 위축) • 청·프 전쟁(1884)을 위해 조선 주둔 청국군 일부 철수 • 일본 공사의 재정과 군사 지원 약속
전개	• 우정총국 개국 축하연을 이용한 급진 개화파의 정변 → 반대파 제거 → 개화당 정부 수립 → 혁신정강 공포 • 청군의 공격 → 급진 개화파의 군대 및 일본군 패퇴(3일 천하)
결과	• 흥분한 민중들이 일본 공사관 파괴 • 한성조약 체결(조-일, 1884. 11.) : 일본 공사관 신축비와 배상금 지불 등 • 톈진조약 체결(청-일, 1885. 3.) : 청·일 양군 철수, 조선에 군대 파견 시 상대국에게 미리 통보

정답 ② 한정판 104p, 기본서 628p

01 130 [2025. 국가직 9급] 　　　　　　　　　　 회독 ○○○

다음 글을 쓴 인물에 대한 설명으로 옳은 것은?

> 대저 우리나라가 아시아의 중립국이 된다면 러시아를 방어하는 큰 기틀이 될 것이고, 또 아시아의 여러 대국이 서로 보전하는 정략도 될 것이다. … (중략) … 이는 비단 우리나라만을 위한 것이 아니라 중국의 이익도 될 것이고, 여러 나라가 서로 보전하는 계책도 될 것이니 무엇이 괴로워서 하지 않겠는가.

① 영남 만인소 사건을 주도하였다.
② 미국에 파견된 보빙사의 일원이었다.
③ 제2차 수신사로 『조선책략』을 조선에 가지고 왔다.
④ 왜양일체론을 내세우며 개항반대운동을 전개하였다.

SOLUTION 　　　　　　　　　 난이도 상 **중** 하

자료분석 　 자료는 유길준의 중립화론이다. 갑신정변(1884) 이후 조선을 둘러싸고 청과 일본의 대립이 격화되었고 영국도 러시아의 남하 정책에 대항하여 거문도를 불법으로 점령(1885)함으로써 한반도는 열강들의 대립으로 긴장감이 높아졌다. 이 무렵 조선 주재 독일 부영사 부들러와 미국 유학에서 돌아온 유길준 등은 조선을 중립국으로 하자는 의견을 제시하였다.

정답해설 　 ② 유길준은 1883년 보빙사의 일원으로 미국에 파견되었다.

오답피하기 　 ① 1880년대에는 개화 정책에 반발하여 대대적인 위정척사 운동이 전개되었다. 특히 제2차 수신사로 일본에 갔던 김홍집이 귀국하면서 가져온 『조선책략』이 유포되자, 영남 유생들은 강력하게 반발하였다. 이만손을 중심으로 영남 만인소를 올렸다.
③ 1880년 2차 수신사로 일본에 간 김홍집이 청의 외교관 황준헌이 쓴 『조선책략』을 들여왔는데, 여기에는 러시아의 남하를 막기 위해 조선이 중국, 일본, 미국과 연합하여야 한다는 내용이 담겨 있었다.
④ 1870년대 강화도 조약의 체결 무렵에는 최익현 등이 왜양일체론을 내세우며 일본의 개항 요구에 반대하였다.

핵심개념 　 유길준(1856~1914)

1881년	조사시찰단 참여
1883년	보빙사 참여
1885년	한반도 중립화론 제기
1894년	군국기무처 의원
1895년	을미개혁 주도
1896년	아관파천으로 인해 일본 망명
저술	서유견문, 개화의 등급, 삼치론

정답 ② 한정판 104p, 기본서 632p

동학 농민 운동과 갑오개혁

01 131 [2025. 국회직 9급]   회독 ○○○

〈보기〉의 사건을 시기 순으로 나열할 때 세 번째에 해당하는 것은?

─ 보기 ─
ㄱ. 고부민란
ㄴ. 청일전쟁
ㄷ. 전주 화약 체결
ㄹ. 홍범 14조 반포
ㅁ. 교조 신원 운동(보은)

① ㄱ   ② ㄴ
③ ㄷ   ④ ㄹ
⑤ ㅁ

02 132 [2023. 지역인재 9급]   회독 ○○○

(가)~(라)는 동학농민운동과 관련된 사실이다. 이를 시기순으로 바르게 나열한 것은?

(가) 농민군이 정부와 전주화약을 맺었다.
(나) 농민군이 우금치에서 전투를 벌였다.
(다) 농민군이 황토현에서 관군을 물리쳤다.
(라) 전봉준 등이 농민을 모아 고부 관아를 습격하였다.

① (다) – (가) – (라) – (나)
② (다) – (라) – (나) – (가)
③ (라) – (가) – (나) – (다)
④ (라) – (다) – (가) – (나)

SOLUTION   난이도 상 중 하

자료분석 자료의 사건들은 ㅁ → ㄱ → ㄷ → ㄴ → ㄹ 순으로 일어나 세 번째 사건에 해당하는 것은 ㄷ이다.

정답해설 ㅁ. 보은 집회는 1893년 3월의 사건이다. 동학 교도들은 최제우의 억울한 죽음을 풀어달라는 교조 신원 운동을 펼쳤는데, 보은 집회에서는 교조 신원 요구에서 벗어나 탐관오리 숙청, 외세 배척 등을 요구하며 정치적 구호인 '척왜양창의 '를 내세웠다.

ㄱ. 고부 군수 조병갑은 불필요한 만석보를 다시 쌓게 하여 수세를 강제로 징수하는 등 학정을 저질렀다. 이에 농민들은 1894년 1월 고부 민란을 일으켰다.

ㄷ. 1894년 5월 조선 정부가 동학 농민군과 전주 화약을 체결하였다. 1894년 청·일 양군이 조선에 상륙하면서, 청과 일본 사이에 전쟁이 일어날 수도 있는 상황이 되었다. 사태 악화를 우려한 정부 측은 폐정 개혁을 약속하고 동학 농민군과 전주 화약을 체결하였다(1894. 5. 8.).

ㄴ. 청·일 전쟁은 1894년 6월에 일어났다. 조선 정부는 청·일 양국의 군사적 충돌을 우려해 두 나라에 철군을 요구하였으나 일본은 이를 무시한 채 경복궁을 강제로 점령하여 조선 정부를 장악하고, 청군을 기습하여 청·일 전쟁을 일으켰다.

ㄹ. 1894년 12월 고종은 왕세자와 여러 신하들을 거느리고 종묘에 나아가 청과의 관계를 끊겠다는 독립 서고문을 바치고, 자주독립과 근대 국가 실현을 위한 개혁 방향을 담은 홍범 14조를 반포하였다.

정답 ③ 한정판 105p, 기본서 634p

SOLUTION   난이도 상 중 하

정답해설 (라) 1894년 1월 전봉준은 조병갑의 학정에 맞서 천여 명의 농민과 고부 관아를 습격(고부 민란)하여 군수를 내쫓고 아전들을 징벌한 뒤, 농민들에게 곡식을 나누어 주고 10여 일 만에 해산하였다.

(다) 1894년 4월 7일에 동학 농민군은 전봉준 등의 지도하에 황토현 전투에서 관군(전라 감영군)을 물리쳤다.

(가) 조선 정부의 요청으로 청의 군대가 아산만에 상륙하고, 일본도 곧이어 군대를 파견하자 외세의 개입을 우려한 농민군은 1894년 5월 정부와 전주 화약을 체결하고 스스로 해산하였다.

(나) 1894년 11월 남접과 북접이 합세한 동학 농민군은 공주 우금치에서 일본군과 관군을 상대로 전투를 벌였으나, 결국 우세한 화력에 밀려 대패하고 말았다.

핵심개념 동학 농민 운동의 전개 과정

1차 봉기	• 무장 봉기(3월 20일) • 백산 봉기(3월 25일) • 황토현 전투(4월 7일) • 황룡촌 전투(4월 23일) • 동학 농민군의 전주성 점령(4월 27일) → 정부가 청에 군사적 지원 요청 → 청군의 아산만 상륙(5월 5일) → 톈진 조약을 구실로 일본군의 인천 상륙(5월 6일) • 전주 화약(5월 8일) → 집강소 설치
2차 봉기	• 전봉준이 삼례에서 반일 기치로 재봉기(9월) • 남접(전봉준, 전라도)과 북접(손병희, 충청도) 논산 집결(10월) • 공주 우금치 전투 패배(11월) • 전봉준 순창에서 체포(12월)

정답 ④ 한정판 105p, 기본서 634p

01 133 [2025. 국가직 9급] 회독 ○○○

밑줄 친 '이 개혁'의 내용으로 옳은 것은?

> 이 개혁에 따라 의정부를 내각으로, 8아문을 7부로 고쳤다. 또한 지방 8도는 23부로 개편하였다.

① 외국어 통역관 양성을 위한 동문학을 세웠다.
② 미국인 교사를 초빙한 육영공원을 창립하였다.
③ 교원양성을 위해 한성사범학교 관제를 발표하였다.
④ 상공학교와 광무학교 등의 실업학교를 설립하였다.

---

02 134 [2024. 지역인재 9급] 회독 ○○○

(가) 기관의 명칭으로 옳은 것은?

> 동학 농민 운동을 계기로 정부는 스스로 내정 개혁을 위해 교정청을 설치하였다. 그러나 일본은 군대를 출동시켜 경복궁을 점령하고 청·일 전쟁을 일으킨 후, 김홍집을 중심으로 개혁 정권을 수립하였다. 김홍집 정권은 ____(가)____ 을/를 설치하고 개혁을 추진하였다. ____(가)____ 에 의한 개혁은 일본이 청과 전쟁 중인 상황이었기에 비교적 자주적으로 추진되었다.

① 집강소
② 원수부
③ 지계아문
④ 군국기무처

SOLUTION 난이도 상 종 하

자료분석 자료의 밑줄 친 '이 개혁'은 제2차 갑오개혁이다. 제2차 갑오개혁 때는 의정부를 내각으로, 8아문을 7부로, 지방 8도를 23부로 개편하였다.

정답해설 ③ 한성 사범학교는 제2차 갑오개혁이 진행되던 중 고종이 발표한 교육 입국 조서(1895. 2.)에 따라 1895년 4월에 설립되어 5월에 개학한 관립 교사 양성 기관이다.

오답피하기 ① 외국어 교육 기관인 동문학이 설립된 것은 갑오개혁 이전인 1883년의 일이다.
② 우리나라 최초의 근대적 관립 학교인 육영 공원이 창립된 것은 갑오개혁 이전인 1886년의 일이다. 헐버트, 벙커, 길모어 등 미국인 교사를 초빙하여 현직 관료와 상류층 자제에게 영어, 정치학 등 각종 근대 학문을 교육하였다.
④ 상공학교(1899)와 광무학교(1900) 등이 설립된 것은 광무개혁 때의 일이다.

핵심개념 제1차 갑오개혁과 제2차 갑오개혁의 비교

구분		1차 갑오개혁	2차 갑오개혁
추진		1차 김홍집 내각(군국기무처 주도)	2차 김홍집 내각(김홍집·박영효 연립 내각, 친일 내각)
정치		• 청 연호 폐지 → 개국 연호(개국 기년, 개국 기원) 사용 • 왕실(궁내부 신설)과 정부(의정부) 사무 분리 • 6조 → 8아문 • 과거제 폐지(새로운 관리 임용제 마련) • 경무청 신설(근대적 경찰제) • 도찰원 설치(감찰 기관)	• 홍범 14조 발표(1894. 12) • 의정부를 내각으로 개편(내각제 도입) • 8아문 → 7부 • 지방 제도 개편(23부 337군) • 재판소 설치(사법권 독립, 지방관의 사법권 박탈)
사회		• 신분제 철폐(공·사노비제 폐지) • 인신 매매 금지, 조혼 금지 • 과부 재가 허용, 고문과 연좌법 폐지	고종의 교육 입국 조서 발표(1895. 2.) → 한성 사범학교·소학교·외국어 학교 관제 발표, 유학생 파견
경제		• 재정 기관 일원화(탁지아문으로 관할) • 은본위제(신식 화폐 발행 장정 제정) • 도량형 통일, 조세 금납제 시행	• 육의전과 상리국 폐지 • 예산 제도 시행, 조세 법정주의, 징세 기관 일원화, 공납제 폐지

정답 ③ 한정판 106p, 기본서 642p

SOLUTION 난이도 상 종 하

자료분석 자료의 (가)에 해당하는 기관은 군국기무처이다. 군국기무처는 제1차 갑오개혁을 주도한 기구로, 1894년 6월 25일에 설치되었다.

정답해설 ④ 제1차 갑오개혁의 중심 기구인 군국기무처는 1894년 6월에 설치된 초정부적 입법기구로서 1894년 11월에 폐지될 때까지 200여개의 개혁 법령을 의결하였다.

오답피하기 ① 동학 농민 운동 당시 정부와 전주 화약을 체결한 농민군은 전라도 일대에 집강소를 설치하고 폐정 개혁안을 실천하였다.
② 원수부는 대한 제국의 황제 고종이 군 통수권을 장악하기 위해 1899년에 설립한 기관이다.
③ 대한 제국은 1901년 지계아문을 설치하여 토지 소유자에게 소유 증명서인 지계를 발급하였다.

핵심개념 제1차 갑오개혁 때의 법령(핵심 요약)

1. 국내외의 공사(公私) 문서에 개국 기원을 사용한다.
2. 문벌과 양반, 상민 등의 계급을 타파하여 귀천에 구애됨이 없이 인재를 뽑아 쓴다.
4. 죄인 자신 이외의 일체의 연좌율을 폐지한다.
6. 남자 20세, 여자 16세 이하의 조혼을 금지한다.
7. 과부의 재혼은 귀천을 막론하고 자유에 맡긴다.
8. 공사노비법을 혁파하고 인신매매를 금지한다.
18. 퇴직 관리의 상업 활동은 자유의사에 맡긴다.
20. 각 도의 각종 세금은 화폐로 내게 한다.

정답 ④ 한정판 106p, 기본서 640p

주제 067 | 청·일 전쟁 이후의 정세와 을미개혁

01 135 [2025. 서울시 9급 1차]   회독 ○○○

〈보기〉의 밑줄 친 '이 나라'에 대한 설명으로 가장 옳은 것은?

—— 보기 ——
- 영국은 이 나라를 견제하기 위해 조선의 거문도를 불법 점령하였다.
- 명성황후 시해 사건 이후 고종은 이 나라의 공사관으로 처소를 옮겼다.
- 일본은 한반도에서의 주도권을 차지하기 위해 이 나라와 전쟁을 치렀다.

① 병인양요를 일으켰다.
② 신미양요를 일으켰다.
③ 절영도 조차를 요구하였다.
④ 황무지 개간권을 요구하였다.

주제 068 | 독립 협회의 활동(1896~1898)

01 136 [2025. 법원직]   회독 ○○○

다음 밑줄 친 '단체'와 관련된 내용으로 가장 옳은 것은?

백정 박성춘이 "이 사람은 바로 대한에서 가장 천한 사람이고 무식합니다. 그러나 임금께 충성하고 나라를 사랑하는 뜻은 대강 알고 있습니다. …… 관리와 백성이 힘을 합하여 우리 대황제의 훌륭한 덕에 보답하고 국운이 영원토록 무궁하게 합시다."라고 연설하니 사람들이 박수갈채를 보내고 단체 회원들이 각자 자신의 의견을 말한 후 …… 먼저 6개 조항을 만민에게 돌려 찬성을 받고 대신들도 모두 가(可)자 아래 서명하였다.

① 러시아의 절영도 조차 요구를 저지하였다.
② 일제의 황무지 개간권 요구를 저지하였다.
③ 을사오적을 처단하기 위한 목표를 지녔다.
④ 고종의 강제 퇴위를 반대하는 시위를 주도하였다.

SOLUTION   난이도 상 중 **하**

자료분석 자료의 밑줄 친 '이 나라'는 러시아이다. 1885년 영국은 조·러 비밀협약이 풍문으로 들려오자, 러시아의 남하에 대비한다는 구실로 거문도를 해밀턴항이라 명명하고 약 2년 동안 불법으로 점령하였다(1885~1887). 을미사변으로 인해 신변에 위협을 느낀 고종은 1896년 러시아 공사관으로 처소를 옮겼다(아관 파천). 삼국간섭 이후 한반도 지배권을 둘러싸고 러시아와 대립하던 일본은 1904년 2월 8일 뤼순(여순)을 기습하고 9일에는 인천 앞바다에 있던 두 척의 러시아 군함을 격침하며 러시아와 전쟁을 벌였다(러·일 전쟁).

정답해설 ③ 러시아는 저탄소 설치를 위해 절영도 조차를 요구하였으나 독립 협회가 만민 공동회를 개최하여 러시아의 요구를 좌절시켰다.

오답피하기 ① 병인양요(1866)를 일으킨 나라는 프랑스이다. 프랑스는 병인박해를 구실로 강화도를 침입하였는데 이에 맞서 한성근 부대가 문수산성에서 활약하였고, 양헌수 부대는 삼랑성(정족산성)에서 프랑스군을 물리쳤다. 결국 프랑스군은 40여 일 만에 철수하면서 외규장각 의궤 등 문화재와 재물을 약탈해갔다.
② 신미양요(1871)는 제너럴셔먼호 사건을 구실로 미군이 강화도를 침략한 사건이다. 미국이 강화도의 초지진과 덕진진을 점령하고 광성보를 공격하자 어재연이 이에 맞서 싸웠으나 끝내 함락당하였다. 그러나 미국은 예상과 달리 조선군의 저항이 강하고 조선 정부가 계속 외교 교섭에 응하지 않자 결국 철수하였다.
④ 일본은 러·일 전쟁 중에 본격적으로 경제적 침탈을 강화하면서 막대한 국유지인 황무지 개간권을 요구하였다. 이에 보안회가 반대 집회를 열어 일본의 요구를 저지하였다.

정답 ③ 한정판 107p, 기본서 644p

SOLUTION   난이도 상 중 **하**

자료분석 자료의 밑줄 친 '단체'는 독립 협회로, 백정 박성춘의 관민 공동회 연설문과 헌의 6조를 결의한 사실을 보여준다. 관민 공동회에서 백정이 연설하고 만민 공동회 회장에 시전 상인이 선출된 것은 민권 사상과 평등 의식이 확산되고 있었음을 보여주는 것이었다.

정답해설 ① 1896년 아관 파천 이후 러시아를 비롯한 열강의 이권 침탈이 본격화되었다. 러시아는 저탄소 설치를 위해 절영도 조차를 요구하였으나 독립 협회는 만민 공동회를 개최하여 러시아의 요구를 좌절시켰다.

오답피하기 ② 러·일 전쟁 중 일본이 황무지 개간권을 요구하며 토지를 약탈하려 하자, 보안회가 반대 집회를 열어 일본의 요구를 저지하였다.
③ 을사조약이 체결되자 나철, 오기호 등은 오적 암살단(자신회)을 조직하여 을사조약에 찬성한 을사오적의 집을 불사르고 일진회를 습격하는 등 매국노를 처단하고자 하였다.
④ 대한 자강회는 고종 강제 퇴위 반대 운동과 한·일 신협약 반대 투쟁을 전개하다가 일제 통감부의 보안법에 의해 강제 해체되었고 대한 협회로 계승되었다.

정답 ① 한정판 107p, 기본서 650p

〈보기〉의 내용을 주도한 세력이 취한 정책으로 가장 옳지 않은 것은?

┌─ 보기 ─────────────────────────────┐
1. 외국인에게 의지하지 말고 관민이 합심하여 황제권을 공고히 할 것.
2. 외국과의 이권에 관한 계약과 조약은 해당 부처의 대신과 중추원 의장이 함께 날인하여 시행할 것.
3. 재정은 탁지부에서 전담하여 맡고 예산과 결산을 국민에게 공포할 것.
└──────────────────────────────────┘

① 『독립신문』을 발간하고 독립문을 건설하였다.
② 태양력과 '건양' 연호를 사용하고 단발령을 실시하였다.
③ 중대한 범죄는 공판하되 피고의 인권을 존중할 것을 주장하였다.
④ 만민공동회를 열어 러시아의 내정 간섭을 규탄하였다.

SOLUTION 난이도 상 중 **하**

자료분석 〈보기〉는 1898년 독립 협회가 관민 공동회에서 결의한 헌의 6조의 내용이다. 관민 공동회는 1898년 10월 독립 협회가 서울 종로에서 대소관민을 모아 국정 개혁안을 결의하고 이를 추진하기 위해 개최한 집회이다. 독립 협회는 이 집회에서 헌의 6조를 결의하여 고종의 재가를 받았다.

정답해설 ① 독립 협회는 독립신문과 대조선독립 협회 회보를 발간하고 자주 독립의 상징으로 청의 사신을 맞이하던 영은문을 허물고 그 앞쪽에 독립문을 세웠으며, 독립공원 조성을 추진하였다. 또한 청 사신의 영접 장소인 모화관을 독립관으로 고쳤다.
③ 독립 협회는 헌의 6조에서 '중대한 범죄는 공판하되 피고의 인권을 존중할 것'을 주장하였다.
④ 1898년 독립 협회는 만민 공동회를 통해 러시아의 내정 간섭과 이권 요구를 규탄하여 러시아 군사 교련단과 재정 고문단을 철수시켰다.

오답피하기 ② 태양력과 '건양' 연호 사용, 단발령 실시는 독립 협회 조직(1896) 이전 실시한 을미개혁(1895)의 내용으로, 독립 협회의 활동과는 직접적인 관련이 없다.

정답 ② 한정판 107p, 기본서 652p

다음 활동을 한 단체에 대한 설명으로 옳은 것은?

┌───────────────────────────────────┐
· 관민공동회를 개최하여 헌의 6조를 채택하였다.
· 언론·출판·집회·결사의 자유를 요구하는 등 자유 민권 운동을 전개하였다.
└───────────────────────────────────┘

① 일제가 날조한 105인 사건으로 해산되었다.
② 일본의 황무지 개간 요구 반대 운동을 전개하였다.
③ 대구에서 서상돈 등을 중심으로 국채보상운동을 추진하였다.
④ 러시아의 절영도 조차 요구에 대한 반대 운동을 전개하였다.

SOLUTION 난이도 상 중 **하**

자료분석 자료는 독립 협회의 활동 내용을 나타낸 것이다. 관민 공동회는 1898년 10월 독립 협회가 서울 종로에서 대소관민을 모아 국정 개혁안을 결의하고 이를 추진하기 위해 개최한 집회이다. 독립 협회는 이 집회에서 헌의 6조를 결의하여 고종의 재가를 받았다.

정답해설 ④ 러시아가 저탄소 설치를 위해 절영도 조차를 요구하였으나 독립 협회는 만민 공동회를 개최하여 러시아의 요구를 좌절시켰다.

오답피하기 ① 신민회에 대한 설명이다. 조선 총독부는 평안도 일대의 항일 지도자와 기독교 세력을 일소시키기 위하여 '일당 60여 명이 1910년 12월 27일 주모자 이승훈·안태국의 인솔 하에 압록강 철교 준공식에 참석한 조선 총독부 총독 데라우치 마사타케를 암살하려고 했다.'라고 허위의 사건을 조작하고는 1911년 1월 1일부터 신민회 중심 인물 600여명을 체포하여 총독 암살을 기도하였다는 죄목을 씌워 재판에 넘겼다. 1심 재판에서 이들 가운데 105명이 유죄 판결을 받았다고 하여, 이를 105인 사건이라고 한다. 신민회는 이 사건으로 인하여 와해되고 말았다.
② 1904년 조직된 보안회는 일제의 황무지 개간권 요구에 반대 운동을 벌여 일제의 황무지 개간권 요구를 철회시켰다.
③ 국채 보상 운동은 대구에서 김광제(광문사 사장)·서상돈(광문사 부사장) 등의 발의로 시작(1907. 2.)되어 전국으로 확산되었다. 독립 협회는 1898년 해산해 국채 보상 운동과는 직접적인 관련이 없다.

핵심개념 독립 협회의 활동

자주 국권 운동	· 러시아의 절영도 조차 요구 저지 · 일본의 석탄고 기지를 반환하게 함 · 러시아의 군사 교련단과 재정 고문단을 철수시킴 · 러시아의 목포, 증남포 해역 토지 매도 저지 · 프랑스·독일의 광산 채굴권 요구 저지
자유 민권 운동	· 국민의 신체와 재산권 보호 운동 전개 · 언론과 집회의 자유권 쟁취 운동 전개 · 국민 참정권 운동 및 의회 설립 운동 전개
자강 개혁 운동	· 진보적 박정양 내각 수립에 기여 · 관민 공동회를 개최하여 헌의 6조 채택 · 관선 25명, 민선 25명으로 구성된 중추원 관제 반포에 기여

정답 ④ 한정판 107p, 기본서 649p

---

01 139 [2025. 지방직 9급] 회독 ○○○

(가) 국가에 대한 설명으로 옳지 않은 것은?

> 제1조 지계아문은 한성부와 13도 각 부·군의 산림, 토지, 전답,
> 가옥의 계권(契券)을 바로잡기 위해 임시로 설치할 것.
> 제10조 산림, 토지, 전답, 가옥은 ___(가)___ 인(人) 이외에는 소유
> 주가 될 수 없을 것임. 단, 각 개항장 내에서는 이러한 제
> 한이 없을 것임.

① '광무'라는 연호를 사용하였다.
② 교육 입국의 조서를 반포하였다.
③ 구본신참의 원칙하에 개혁을 추진하였다.
④ 서대문과 청량리 사이에 전차를 부설하였다.

02 140 [2025. 서울시 9급 1차] 회독 ○○○

〈보기〉의 내용을 공포한 이후에 일어난 사건에 해당하는 것은?

> ─ 보기 ─
> 제1조 대한국은 세계 만국에 공인된 자주독립한 제국이다.
> 제2조 대한제국의 정치는 500년간 전래되었고, 앞으로 만세토
> 록 불변할 전제정치이다.
> 제3조 대한국 대황제는 무한한 군권을 향유하니 공법에 이른
> 바 정체를 스스로 정함이라.

① 지계아문을 설치하여 지계를 발급하였다.
② 박문국에서 『한성순보』를 발행하였다.
③ 우편제도가 도입되어 우정국이 설치되었다.
④ 최초의 서양식 병원인 광혜원을 설립하였다.

SOLUTION 난이도 상 **중** 하

자료분석 자료의 (가)에 해당하는 국가는 대한 제국으로, 지계아문 규정의 일부 내용이다. 대한 제국은 양지아문과 별도로 지계아문을 설치하고(1901), 토지 소유자에게 토지 소유권을 보장하는 지계(관계)를 발급하였다. 이듬해에는 양지아문의 토지 측량 사업을 지계아문으로 통합하였다. 그 결과 지계아문은 지계 사업과 양전 사업을 병행하였다.

정답해설 ①,③ 대한 제국은 '광무'라는 연호를 사용하였고, 갑오개혁의 급진성을 비판하면서 '옛것을 기본으로 하고 새로운 것을 참고한다.'는 구본신참을 개혁의 기본 방향으로 정하여 점진적으로 개혁을 추진하였다(광무개혁).
④ 대한 제국 시기인 1899년에는 서대문과 청량리 사이에 전차가 개통되었다.

오답피하기 ② 대한 제국 성립(1897) 이전인 제2차 갑오개혁 때의 정책이다. 제2차 갑오개혁 때는 교육 개혁을 시도하여 교육 입국 조서를 반포(1895. 2.)하고 한성 사범 학교 관제, 외국어 학교 관제 등을 제정하여 근대적 교육 제도를 마련하였다.

핵심개념 광무개혁(원칙 : 구본신참)

정치	• 대한국 국제 반포(1899. 8.) • 경위원 설치(1901, 황실 경찰 기구) • 궁내부 확대, 내장원 강화
경제	• 광무 양전 사업 • 상무사 설치(1899) : 보부상 지원 목적 • 서북 철도국 설치(1900) : 경의선 부설 시도 • 평식원 설치(1902, 도량형 사무 관장)
군사	• 원수부 설치, 시위대와 진위대 증강 • 무관학교 설립(1898, 장교 양성)
외교	• 한청 통상 조약(1899) • 만국 우편 연합 가입(1900) • 파리 만국 박람회 참여(1900) • 대한제국 칙령 41호 반포(1900) • 해삼위(블라디보스토크) 통상 사무관 파견(1900) • 수민원 설치(1902) : 외국 여행권 및 이민 업무 담당 • 간도 관리사 파견(1903, 이범윤) • 국외 중립 선언(1904. 1, 러일 전쟁 발발 직전)

정답 ② 한정판 108p, 기본서 655p

SOLUTION 난이도 상 **중** 하

자료분석 자료는 1899년 반포한 대한국 국제의 내용이다. 고종은 대한국 국제를 제정하여 대한 제국이 자주독립국이며, 황제가 무한한 군주권을 행사하는 전제 군주국임을 분명히 하였다.

정답해설 ① 대한 제국은 1901년 지계아문을 설치하여 토지 소유자에게 소유 증명서인 지계를 발급하였다.

오답피하기 ② 1883년 근대식 인쇄 출판 기관인 박문국이 설치되었다. 박문국에서는 1883년부터 우리나라 최초의 신문인 한성순보가 발행되었다.
③ 우정국(우정총국)은 우편 업무를 담당하던 관청으로 1884년 창설되었다. 그러나 우정총국 개국 축하연에서 갑신정변(1884)이 일어났고 이 사건으로 같은 해 10월 폐지되었다.
④ 광혜원은 1885년 미국 선교사 알렌의 건의로 서울 재동에 세운 우리나라 최초의 근대식 병원이다.

핵심개념 대한국 국제(1899. 8.)

제1조	대한국은 세계 만국이 공인한 자주 독립 제국이다.
제2조	대한국의 정치는 만세 불변의 전제 정치이다.
제3조	대한국 대황제는 무한한 군권을 누린다.
제5조	대한국 대황제는 육·해군을 통솔한다.
제6조	대한국 대황제는 법률을 제정하여 그 반포와 집행을 명하고, 대사, 특사, 감형, 복권 등을 명한다.
제7조	대한국 대황제는 행정 각부의 관제를 정하고, 행정상 필요한 칙령을 발한다.
제9조	대한국 대황제는 각 조약 체결 국가에 사신을 파견하고, 선전, 강화 및 제반 조약을 체결한다.

정답 ① 한정판 108p, 기본서 656p

(가) 시기에 있었던 사실로 옳은 것은?

> 고종은 연호를 '광무'로 바꾸고 환구단을 세워 이곳에서 황제로 즉위하였으며 나라 이름을 　(가)　으로/로 선포하고 자주 독립 국가임을 알렸다.

① 별기군을 창설하였다.
② 교육 입국 조서를 발표하였다.
③ 통리기무아문을 설치하였다.
④ 지계 발급 사업을 추진하였다.

SOLUTION　　　　　난이도 상 중 **하**

자료분석　자료의 (가)에 해당하는 국호는 **대한 제국**이다. 고종은 아관 파천 후 1년 만에 경운궁으로 환궁하고 대내외에 자주 주권 국가임을 과시하고자 연호를 광무로 고치고 황제로 즉위하였다. 이어 국호도 조선에서 대한(大韓)으로 바꾸었다. **대한 제국은 1897년 성립되어 1910년까지 존속**되었다.

정답해설　④ 대한 제국은 근대적 토지 소유권의 확립과 지세 수입 확보를 위해 **양전·지계 발급사업을 추진**하였다. 전국의 2/3 지역에서 토지 조사를 완료하고 강원도와 충청남도 지역에서 지계를 발급하였으나, 러·일 전쟁의 발발(1904. 2.) 직후 일본의 간섭으로 중단되었다.

오답피하기　① 조선 정부는 **1881년(고종 18)** 군제 개혁을 단행해 기존 중앙군인 5군영을 무위영과 장어영의 2영으로 축소하였고 **신식 군대인 별기군을 창설**하였다. 별기군은 일본 공사관에 근무하고 있던 호리모토 레이조를 군사 고문으로 초빙하여 일본식 군사 훈련을 하였다.
② **교육 입국 조서(1895. 2.)** 는 제2차 갑오개혁 당시 고종이 조칙으로 발표한 **교육에 관한 특별 조서**이다. 고종은 교육을 통해 부강을 이루어야 한다는 내용의 교육 입국 조서를 발표하고, 이에 근거해 한성 사범 학교를 세우고 소학교 관제와 외국어 학교 관제를 마련해 근대 교육 제도를 도입하였다.
③ 통리기무아문은 **개화** 정책을 총괄한 기구로, **1880년**에 설치되었다.

핵심개념　광무 양전사업(1898~1904)

- 모든 종류의 토지, 가옥, 산림, 전답을 조사 대상에 포함
- 전국 토지의 약 2/3 측량 → 강원도와 충청도 지역에서 지계 발급
- 개항장 이외의 지역에서 외국인의 토지 소유를 금지
- 지계의 내용 : 토지의 주소, 크기, 사표(주위의 토지 이름), 발급 날짜, 소유자 이름, 지계아문 총재 도장

정답 ④ 한정판 108p, 기본서 655p

Chapter 05 일본 독주기

주제 070 | 항일 의병 운동의 전개

01 142 [2025. 법원직] 회독 ○○○

다음 자료를 통해 알 수 있는 의병에 대한 설명으로 가장 옳은 것은?

> 이번에 춘천 등지에서 백성이 소란을 피운 것은 8월 20일 사변 때 쌓인 울분 때문임을 알 수 있다. 나라의 역적을 이미 법에 의해 처단하였고 나머지 무리도 차례로 처벌할 것이니, 옛 울분을 풀 수 있을 것이다. 해당 지방에 주둔하는 군대는 반드시 이 조칙을 춘천부에 모여 있는 백성에게 보여, 각자 백성으로 돌아가 생업에 편안히 종사하도록 해야할 것이다. 아울러 너희 군대의 무관과 병졸은 즉시 돌아오도록 하라.

① 양반 유생이 주도하였다.
② 초대 통감을 사살하였다.
③ 서울 진공 작전을 전개하였다.
④ 외교권 박탈에 항의하여 일어났다.

SOLUTION
난이도 상 **중** 하

자료분석 자료는 을미의병과 관련된 사료이다. 아관파천 이후 고종은 유길준 등 을미개혁을 주도한 인물들에 대한 체포와 을미의병의 자진 해산을 권고하는 조칙을 내렸는데 그와 관련된 사료이다. 자료의 8월 20일의 사변은 1895년 8월에 일어난 을미사변을 의미한다.

정답해설 ① 을미사변과 단발령 강제 시행으로 쌓여 왔던 반일 감정이 폭발하면서 각지에서 의병이 일어났다(을미의병, 1895). 을미의병은 유인석, 이소응 등 위정척사 사상에 바탕을 둔 반일 의식을 가진 유생층이 주도하였으며, 농민, 포수, 동학 농민군의 잔여 세력 등이 참여하였다.

오답피하기 ② 연해주에서 의병 활동을 하던 안중근은 1909년 10월 만주 하얼빈 역에서 초대 통감을 역임한 이토 히로부미를 사살하였다.
③ 정미의병에 대한 설명이다. 13도 창의군의 의병들은 서울 주재 각국 영사관에 서신을 발송하여 의병을 국제법상의 교전 단체로 인정해 달라고 요구하는 한편, 1908년 1월에는 서울 진공 작전을 전개하여 허위의 선발대가 동대문 밖 30리 지점까지 진격하였으나, 일본군의 화력에 밀려 실패하고 말았다.
④ 을사늑약(1905. 11.)을 통한 외교권 박탈에 반발해 일어난 의병은 을사의병이다.

정답 ① 한정판 109p, 기본서 660p

주제 071 | 애국 계몽 운동 단체의 활동

01 143 [2025. 국가직 9급] 회독 ○○○

다음 자료를 통해 알 수 있는 단체에 대한 설명으로 옳은 것은?

> 남만주로 집단 이주하려고 기도하고, 조선에서 상당한 재력이 있는 사람들을 그곳에 이주시켜 토지를 사들이고 촌락을 세워, … (중략) … 학교를 세워 민족 교육을 실시하고, 무관학교를 설립하여 문무를 겸하는 교육을 실시하면서, 기회를 엿보아 독립 전쟁을 일으켜 구한국의 국권을 회복하려고 하였다.
> – 「105인 사건 판결문」 –

① 만민공동회를 개최하였다.
② 민립대학 설립 운동을 추진하였다.
③ 비밀결사의 형태로 활동을 전개하였다.
④ 광주학생항일운동이 일어나자 진상조사단을 파견하였다.

SOLUTION
난이도 상 **중** 하

자료분석 남만주로 집단 이주하려고 기도했다는 사실과 학교를 세워 민족 교육 실시, 105인 사건 등의 힌트를 통해 신민회라는 사실을 알 수 있다.

정답해설 ③ 을사늑약 체결 이후 통감부의 탄압으로 합법적인 정치·사회단체의 활동이 어려워지자, 안창호와 양기탁 등이 주도하여 비밀 결사인 신민회를 조직하였다(1907).

오답피하기 ① 만민 공동회를 개최한 단체는 독립 협회이다. 1898년 독립 협회는 만민 공동회를 통해 러시아의 내정 간섭과 이권 요구를 규탄하여 러시아 군사 교련단과 재정 고문단을 철수시켰다.
② 민립 대학 설립 운동을 추진한 단체는 조선 민립 대학 기성회이다.
④ 1929년 광주 학생 항일 운동이 일어나자 진상 조사단을 파견한 단체는 신간회이다.

핵심개념 신민회(1907~1911)

조직		안창호, 양기탁, 이동휘, 이동녕, 신채호, 박은식, 이회영, 이상재, 이승훈 등 사회 각계각층의 인사 참여
목표		국권 회복과 공화 정치 체제의 근대 국가 수립
특징		• 비밀결사 단체 • 최초로 공화정을 주장한 단체
활동	교육	• 대성학교(1907 또는 1908, 평양, 안창호) • 오산학교(1907, 정주, 이승훈)
	산업	• 태극 서관(서적 출판, 평양·서울·대구) • 자기 회사(평양)
	문화	• '대한매일신보'(신민회 기관지) • 조선 광문회 후원, 잡지 『소년』 발간
	군사	• 국외 독립 운동 기지 건설 – 서간도 삼원보 : 신흥강습소(후에 신흥무관학교) 설립 – 북만주 밀산부 한흥동(이상설)
해산		105인 사건(1911, 데라우치 총독 암살 미수 사건 조작)

정답 ③ 한정판 110p, 기본서 670p

다음의 내용을 주장한 단체에 대한 설명으로 옳은 것은?

> 「만국공법」 제2장에 따르면 "한 나라는 반드시 국토를 독점적으로 관할하여 통제하고 운영할 수 있는 권리를 가진다. 따라서 국가는 토지, 물산, 민간 재산 등을 관리할 권한을 가지며, 다른 나라는 이 권리를 함께 가질 수 없다."라고 하였습니다. 또한 "국가는 비록 토지를 관할하는 전권을 가지고 있지만, 조금이라도 이를 타국에게 매각할 수는 없다. 이는 한 나라가 공유하는 권리이지 한 사람이 사유하는 권리가 아니다. ……"라고 하였습니다. 지금 이 일본 공사의 도리에 어긋난 행동은 고금에 없었으며, 공법을 살펴보면 모든 일이 다 어그러지고 위배되어 그 비루함이 만 배나 더 심합니다.
>
> – 『황성신문』, 1904. 7. 23. –

① 민족 유일당 운동을 전개하였다.
② 일제의 토지조사사업에 반대하였다.
③ 양전 사업을 시행하여 지계를 발급하였다.
④ 국채를 갚아 일본의 경제적 간섭에서 벗어나려 하였다.
⑤ 외국 공사관에 문서를 보내 일본의 토지 침탈을 규탄하였다.

SOLUTION   난이도 상 **중** 하

자료분석 자료는 일본의 황무지 개간권 요구와 관련하여 **보안회**가 외국 공사관에 보낸 문서의 전문을 실은 『황성신문』의 기사 내용이다.

정답해설 ⑤ 1904년에 결성된 보안회는 일제의 황무지 개간권 요구에 대한 반대 운동을 전개하여 이를 저지하는데 성공하였다.

오답피하기 ① 민족 유일당 운동은 1920년대 이후 활발하게 전개되어 보안회와는 관련이 없다. 민족 유일당 운동 단체로는 1927년 결성된 신간회가 대표적이다.
② 보안회는 일제의 황무지 개간권 요구에 반대하였다.
③ 대한 제국은 재정 확보를 위해 토지를 조사하는 양전 사업을 실시하고, 일부 지역에서 근대적인 토지 소유 증명서인 지계를 발급하였다. 이는 국가가 개인의 토지 소유권을 법적으로 인정한 것이었다.
④ 대구에서 시작된 국채 보상 운동은 『대한매일신보』, 『황성신문』 등의 적극적인 호응으로 전국으로 확산되었다. 서울에서는 국채 보상 기성회가 조직되어 모금 운동을 전개하였다.

핵심개념 일제의 황무지 개간권 요구 철회

> 1904년 러일 전쟁 발발 직후 일제는 대한 제국 전 국토의 약 4분의 1에 해당하는 황무지 개간권을 50년 기한으로 일본인에게 위임하라고 요구하였다. 이에 일부 민간 실업인과 관리들이 농광 회사를 설립하여 황무지를 우리 손으로 개간할 것을 주장하였다. 또한 전직 관료와 유생 등이 중심이 되어 서울 종로의 백목전에서 결성된 보안회는 연일 집회를 열고 이를 반대하는 운동을 전개하였다. 이에 일본은 결국 황무지 개간권 요구를 철회하였다.

정답 ⑤ 한정판 110p, 기본서 669p

주제 **072** | 개항 이후 외세의 경제 침탈

01 145 [2025. 지방직 9급] 회독 ○○○

다음 조약에 대한 설명으로 옳은 것은?

> 제9관 수입 또는 수출되는 각 화물이 해관을 통과할 때는 응당
> 본 조약에 첨부된 세칙에 따라 관세를 납부해야 한다.
> 제37관 조선국에서 가뭄과 홍수, 전쟁 등으로 인하여 국내에
> 양식이 결핍할 것을 우려하여 일시 쌀 수출을 금지하려
> 고 할 때에는 1개월 전에 지방관이 일본 영사관에게 통
> 지하여 미리 그 기간을 항구에 있는 일본 상인들에게
> 전달하여 일률적으로 준수하는 데 편리하게 한다.

① 갑신정변의 영향으로 체결되었다.
② 최혜국 대우에 관한 내용을 담고 있다.
③ 일본 경비병의 공사관 주둔을 명시하였다.
④ 부산 외 2곳에 개항장이 설치되는 결과를 가져왔다.

SOLUTION 난이도 상 중 **하**

자료분석 자료는 1883년에 체결된 개정 조·일 통상 장정의 관세 부과 규정과 방곡령 선포 규정에 대한 내용이다.

정답해설 ② 일본은 조선과 1883년 개정 조·일 통상 장정을 체결하여, 조선이 강력하게 요구하던 관세 부과와 방곡령을 수용하는 대신, 최혜국 대우 조항을 관철했다.

오답피하기 ① 갑신정변은 1883년 조·일 통상 장정 체결 후인 1884년에 일어났다.
③ 일본 공사관의 경비병 주둔을 인정한 조약은 임오군란의 결과로 체결된 제물포 조약(1882)이다.
④ 부산 외 2곳에 개항장이 설치되는 결과를 가져온 조약은 강화도 조약(1876)이다.

핵심개념 1883년 조일 통상 장정

조항	내용	의미
9관	입항하거나 출항하는 각 화물이 해관을 통과할 때는 본 조약에 첨부된 세칙에 따라 관세를 납부해야 한다.	관세 부과 규정
37관	조선국에서 가뭄과 홍수, 전쟁 등의 일로 인하여 국내에 양식이 결핍할 것을 우려하여 일시 쌀 수출을 금지하려고 할 때에는 1개월 전에 지방관이 일본 영사관에게 통지하여 미리 그 기간을 항구에 있는 일본 상인들에게 전달하여 일률적으로 준수하는 데 편리하게 한다.	방곡령 선포 규정
42관	현재나 앞으로 조선 정부에서 어떠한 권리와 특전 및 혜택과 우대를 다른 나라 관리와 백성에게 베풀 때에는 일본국 관리와 백성도 마찬가지로 일체 그 혜택을 받는다.	최혜국 대우 규정

정답 ② 한정판 113p, 기본서 677p

주제 **073** | 화폐 정리 사업과 국채 보상 운동

01 146 [2025. 서울시 9급 1차] 회독 ○○○

〈보기〉의 조치가 시행된 결과로 가장 옳은 것은?

> ─ 보기 ─
> 구(舊) 백동화의 품질, 무게, 문양, 모양이 매우 양호하여 화폐로 인정받을 만한 것은 한 개당 금(金) 2전 5리의 비율로 새로운 화폐로 교환한다. 이 기준에 합당하지 않은 부정 백동화는 개당 금 1전의 가격으로 정부에서 사들인다. 만약 매수를 원하지 않는 경우 정부에서 절단하여 돌려준다.

① 보안회의 반대 시위로 철회되었다.
② 일본 화폐가 국내에서 처음으로 유통되었다.
③ 일본의 제일 은행권이 법정 통화가 되었다.
④ 동양 척식 주식회사가 설립되어 많은 토지를 점유하였다.

SOLUTION 난이도 상 중 **하**

자료분석 자료는 1905년부터 메가타의 주도로 실시된 화폐 정리 사업에 대한 내용이다. 제1차 한·일 협약에 따라 재정 고문으로 초빙된 메가타는 전환국을 폐쇄하고 일개 민간 은행인 일본 제일 은행이 한국의 중앙은행으로서의 지위를 갖게 하였다. 이어 화폐 유통의 혼란과 물가 폭등을 빌미로 화폐 정리 사업을 추진하였다.

정답해설 ③ 화폐 정리 사업으로 기존에 통용되던 백동화가 일본 제일 은행에서 발행하는 새 화폐로 교환되면서 일본 제일 은행권이 법정 통화가 되었다.

오답피하기 ① 1904년 조직된 보안회는 러·일 전쟁 중 일본이 황무지 개간권을 요구하며 토지를 약탈하려 하자, 반대 집회를 열어 일본의 요구를 저지하였다.
② 강화도 조약의 부속 조약인 조·일 수호 조규 부록의 체결(1876)로 개항장에 일본인 거류지가 설정되고, 일본 화폐 사용이 허용되었다.
④ 동양 척식 주식회사는 일제가 식민지 경제 수탈을 위해 1908년 설립한 회사로, 일본인의 토지 투자와 농업 이민을 적극 후원하였다.

핵심개념 화폐 정리 사업(1905~1909)

> 일제의 화폐 정리 사업에 의해 화폐 교환이 이루어지던 1905년 당시, 한국인은 상평통보(엽전)와 백동화를 사용하였다. 그런데 일제는 백동화의 화폐 가치가 일정하지 않다는 이유를 들어 교환에 불이익을 주었다. 즉, 일제는 백동화를 정리하면서 구화를 신화로 교환할 때 질이 떨어지는 구화는 액면가보다 적은 값으로 교환해 주었다. 일제는 백동화를 등급별로 나누어 갑(甲)인 경우에는 액면가 그대로, 을(乙)인 경우에는 2전 5푼짜리를 1전으로, 병(丙)인 경우에는 교환을 거부하는 방식으로 기존의 백동화를 정리하였다.

정답 ③ 한정판 113p, 기본서 680p

PART **7**

민족 독립 운동의 전개

주제 074 | **일제의 국권 침탈 과정**

01 147 [2025. 지방직 9급]　　　　　　회독 ○○○

다음 조약이 체결된 이후에 있었던 사실이 아닌 것은?

> 제1조 한국 정부는 시정개선(施政改善)에 관하여 통감의 지도를 받을 것.
> 제4조 한국 고등관리의 임면(任免)은 통감의 동의를 받아 이를 집행할 것.
> 제5조 한국 정부는 통감이 추천한 일본인을 한국 관리로 임명할 것.

① 고종이 강제 퇴위당하였다.
② 대한제국의 군대가 해산되었다.
③ 안중근이 이토 히로부미를 저격하였다.
④ 이른바 '남한 대토벌 작전'이 전개되었다.

02 148 [2024. 지역인재 9급]　　　　　　회독 ○○○

다음 조약의 명칭으로 옳은 것은?

> 제1조 한국 정부는 시정 개선에 관하여 통감의 지도를 받는다.
> 제2조 한국 정부의 법령 제정과 중요한 행정상의 처분은 미리 통감의 승인을 거친다.
> 제4조 한국의 고등 관리의 임명과 해임은 통감의 동의를 받아 이를 집행한다.
> 제5조 한국 정부는 통감이 추천한 일본인을 한국 관리로 임명한다.

① 정미 7조약
② 한·일 의정서
③ 제1차 한·일 협약
④ 한국 병합 조약

SOLUTION　　　　　난이도 상 중 하

자료분석 자료는 1907년 7월에 체결된 한·일 신협약(정미 7조약)이다. 일제는 헤이그 특사 파견을 문제 삼아 고종을 강제로 퇴위시키고, 이어서 한·일 신협약(정미 7조약)을 강제로 체결하였다(1907). 이 조약에 따라 일제는 차관을 비롯한 주요 관직에 통감이 추천하는 일본인을 배치하여 대한 제국 정부를 직접 통제하였다.

정답해설 ② 한·일 신협약(정미 7조약) 체결 결과 통감이 추천한 일본인 차관이 각 부의 실권을 장악하였으며, 부수 각서로 대한 제국 군대가 해산되었다.
③ 연해주에서 의병 활동을 하던 안중근은 1909년 10월 만주 하얼빈역에서 한국 침략의 원흉인 이토 히로부미를 사살하였다.
④ 1909년 의병 항전의 중심이 호남 지방으로 옮겨진 뒤, 일본군은 1909년 9월부터 약 2개월 동안 이른바 '남한 대토벌 작전'이라는 무자비한 진압 작전을 벌였다.

오답피하기 ① 일제는 헤이그 특사 파견을 문제 삼아 고종을 강제로 퇴위(1907. 7. 20)시키고, 이어서 한·일 신협약(정미 7조약)을 강제로 체결하였다(1907. 7. 24).

핵심개념 | **국권 피탈 과정**

조약	체결 시기	주요 내용
한·일 의정서	1904. 2.	군사 전략상 필요한 요충지 사용
제1차 한일 협약	1904. 8.	재정(메가타)·외교(스티븐스) 고문 파견
제2차 한일 협약(을사늑약)	1905. 11.	외교권 박탈, 통감부 설치(1906. 2.)
한일 신협약(정미 7조약)	1907. 7.	차관 정치, 군대 해산(부속 각서)
기유각서	1909. 7.	사법권 및 감옥 사무권 박탈
한국 경찰 사무 위탁에 관한 각서	1910. 6.	경찰권 박탈
한일 병합 조약	1910. 8.	국권 피탈, 조선 총독부 설치

정답 ① 한정판 118p, 기본서 725p

SOLUTION　　　　　난이도 상 중 하

정답해설 ① 1907년 일제는 헤이그 특사 파견을 빌미로 고종을 강제 퇴위시키고, 한일 신협약(정미 7조약)을 체결하였다(1907. 7.). 일본은 이를 통해 한국 정부의 각 부에 일본인 차관을 두어 내정을 장악(차관 정치)하였다.

오답피하기 ② 일본은 대한 제국의 중립 선언을 무시하고 러일 전쟁 발발 약 보름 뒤에 군사 전략상 필요한 요충지 사용·일본의 동의 없이는 3국과 조약을 체결할 수 없다는 내용의 한·일 의정서를 강제로 체결하였다(1904. 2.).
③ 러일 전쟁이 일본에 유리하게 전개되자 일본은 제1차 한일 협약을 체결(1904. 8.)하여 외교와 재정 분야에 외국인 고문을 두도록 하였다. 그리하여 재정 고문으로 일본인 메가타를, 외교 고문으로 친일 미국인 스티븐스를 임명하였다.
④ 한·일 병합 조약(한국 병합 조약)은 1910년 8월 이완용과 통감 데라우치가 체결하였다. 이 조약으로 대한 제국은 일본의 식민지가 되었고, 일제는 조선 총독부를 설치하여 각종 통치 기구를 마련하고 식민 통치를 위한 체제를 갖추어 나갔다.

정답 ① 한정판 118p, 기본서 725p

03 149 [2024. 서울시 9급 2차] 회독○○○

〈보기〉의 사설이 나온 이후 일어난 사실로 가장 옳지 않은 것은?

┌─ 보기 ───────────────────────
오호라! 저 개, 돼지만도 못한 소위 우리 정부 대신이란 자들이 영달과 이득을 바라고 거짓된 위협에 겁을 먹고서 머뭇거리고, 벌벌 떨면서 달갑게 나라를 파는 도적이 되어, 4천년 강토와 5백년 종사를 남에게 바치고 2천만 목숨을 몰아 다른 사람의 노예로 만들었으니, …… 아! 원통하고 분하도다. 우리 남의 노예가 된 2천만 동포여! 살았느냐? 죽었느냐? 단군 기자 이래 4천년 국민 정신이 하룻밤 사이에 별안간 망하고 끝났도다! 아! 원통하고 원통하도다! 동포여 동포여!
─────────────────────────────

① 헤이그에서 열린 제2차 만국평화회의에 특사가 파견되었다.
② 초대 통감으로 이토 히로부미가 임명되었다.
③ 일본이 러시아와의 전쟁을 개시했다.
④ 일본이 대한제국 군대를 강제로 해산시켰다.

SOLUTION
난이도 상 **중** 하

자료분석 자료는 장지연이 작성한 '시일야방성대곡'의 일부이다. 1905년 11월 을사늑약을 체결하자, 황성신문 주필 장지연이 황성신문에 시국의 애통함을 기록한 논설이다.

정답해설 ① 고종은 1907년 을사늑약의 불법성을 국제 사회에 알리기 위해 네덜란드 헤이그에서 열리는 제2회 만국 평화 회의에 이위종, 이상설, 이준을 특사로 파견하였다.
② 을사늑약 체결의 결과 1906년 통감부가 설치되었으며 이토 히로부미가 초대 통감으로 파견되어 내정 간섭을 실시하였다.
④ 1907년 한·일 신협약의 부수 비밀 각서로 군대 해산을 결정하였다. 군대를 해산시키자 시위대 대대장 박승환이 자결하고 일부 해산 군인이 의병에 가담하였다(정미의병).

오답피하기 ③ 러·일 전쟁은 을사늑약 체결 이전인 1904년 발발했다. 러·일 전쟁은 1904년 2월부터 포츠머스 조약이 체결된 1905년 9월까지 전개되었다. 러·일 전쟁에서 승리한 일제는 고종 황제와 정부 대신들을 위협하고 강제로 을사늑약을 체결하여 외교권을 박탈하였으며, 통감부를 설치하여 내정까지 자의대로 행하였다.

핵심개념 을사늑약의 절차상의 문제

┌─────────────────────────────
국가와 국가 사이의 조약이 성립하기 위해서는 위임·조인·비준의 3단계를 거쳐야 한다. 위임은 통치권자가 협상에 나서는 전권대신에게 조약 체결 권한을 넘겨주는 것을 말하고, 조인이란 양국의 대표가 조약문에 정식으로 도장을 찍는 절차를 말한다. 비준은 이렇게 체결된 조약을 마지막으로 통치권자가 공식 승인하는 것이다. 이 세 절차 중 어느 하나라도 충족하지 못하면 정식 조약으로 인정하기 어려운데, 을사늑약은 위임·조인·비준 가운데 그 어느 하나도 제대로 진행된 것이 없다.
─────────────────────────────

정답 ③ 한정판 118p, 기본서 724p

주제 075 1910년대 무단 통치기

01 150 [2025. 서울시 9급 보훈청 추천] 회독○○○

〈보기〉의 밑줄 친 '이 사업'에 대한 설명으로 가장 옳은 것은?

┌─ 보기 ───────────────────────
이 사업은 전국 토지의 소유권을 조사하여 식민 통치에 필요한 재정(지세)을 확보하고, 아울러 방대한 토지를 점탈하려는 것이었다. 이 사업의 결과 총독부는 지세 수입이 크게 늘었고, 미신고 토지나 국·공유지를 차지하였다. 한편 조선인 농민 가운데에는 소작농으로 전락하는 경우가 많아졌다.
─────────────────────────────

① 구본신참을 기본 방향으로 삼았다.
② 재정 고문인 메가타가 주도하였다.
③ 신고주의 원칙에 따라 실시되었다.
④ 유상 매수 유상 분배의 원칙에 따라 시행되었다.

SOLUTION
난이도 상 중 **하**

자료분석 자료의 밑줄 친 '이 사업'은 토지 조사 사업이다. 토지 소유권을 조사한 것과 사업 결과 총독부의 지세 수입이 늘어난 것을 통해 이를 알 수 있다.

정답해설 ③ 토지 조사 사업에서는 신고주의를 적용하여 토지 소유권을 주장하려는 사람은 필요한 서류를 구비하여 지정된 기일 내에 신고하여야 소유권을 인정하였다. 그러나 신고 절차가 복잡하고, 신고 기간도 짧아 많은 사람들이 신고하지 못하였으며, 반일 감정으로 신고를 기피하기도 하여, 일제에게 많은 토지를 약탈당했다.

오답피하기 ① 구본신참은 대한 제국에서 실시한 광무개혁의 기본 원칙이다. 대한 제국은 갑오개혁의 급진성을 비판하면서 '옛것을 기본으로 하고 새로운 것을 참고한다.'는 구본신참을 개혁의 기본 방향으로 정하여 점진적으로 개혁을 추진하였다.
② 제1차 한일 협약 체결로 파견된 재정 고문 메가타는 화폐 정리 사업(1905~1909)을 주도하였다.
④ 농지 개혁에 관한 내용이다. 제헌 국회는 1949년 6월 경자유전의 원칙 아래 농지 개혁법을 제정하였다. 이를 바탕으로 1950년 3월, 이승만 정부는 한 가구당 3정보를 소유 상한으로 하고, 그 이상의 토지는 국가가 '유상 매수, 유상 분배'하는 방식으로 농지 개혁을 실시하였다.

핵심개념 토지 조사 사업(1910~1918)

명분	근대적 등기 제도 실시, 토지 소유권 보호
목적	식민지 지배를 위한 안정적 조세 확보
추진	• 임시 토지조사국 설치(1910) • 토지 조사령 공포(1912) → 본격화(임야 조사X)
방법	'기한부 신고제'(신고주의 적용, 토지 소유권 신고)
결과	• 사업 시 소유권 분쟁 多 • 미신고 토지, 궁방전(궁장토), 역둔토 등 국유지 및 문중 토지 약탈 → 동양 척식 주식회사와 일본인에게 헐값 불하 • 관습상 경작권 및 도지권·입회권 부정 • 화전민·해외 이주민 증가, 일본인 지주 증가 • 총독부의 재정(지세) 수입 증대

정답 ③ 한정판 120p, 기본서 735p

01 151 [2024. 국회직]   회독 ○○○

(가)와 (나) 사이에 있었던 사실로 옳은 것은?

> (가) 일제는 회사령을 공포하여 일본 자본의 과도한 조선 진출을 막는 동시에 조선인 자본가의 성장을 막고자 하였다.
> (나) 만주사변을 일으킨 일제는 전쟁 물자의 효율적 생산과 안전한 수송을 위하여 조선 공업화를 추진하기 시작하였다.

① 국채보상운동이 전개되었다.
② 학도지원병제를 실시하였다.
③ 물산장려운동이 전개되었다.
④ 대한민국 임시정부가 광복군을 결성하였다.
⑤ 중국에서 조선의용대가 결성되었다.

01 152 [2025. 국회직 9급]   회독 ○○○

〈보기 1〉의 일제 강점기 조선 총독과 그 재임 중 발생한 〈보기 2〉의 사실을 바르게 연결한 것은?

— 보기 1 —
ㄱ. 데라우치 마사타케(寺內正毅)
ㄴ. 미나미 지로(南次郞)
ㄷ. 사이토 마코토(齋藤實)

— 보기 2 —
a. 『치안유지법』이 조선에 시행되기 시작하였다.
b. 『범죄즉결례』가 조선에 시행되기 시작하였다.
c. 『임시자금조정법』이 조선에 시행되기 시작하였다.

① ㄱ - b   ② ㄱ - c
③ ㄴ - a   ④ ㄴ - b
⑤ ㄷ - c

SOLUTION   난이도 상 중 하

자료분석   (가) 회사령은 1910년에 제정되었다. 일제는 조선인의 기업 활동을 억제할 목적으로 1910년 회사령을 제정하여, 국내에서의 회사 설립을 총독의 사전 허가를 받도록 하고 허가 조건 위반 시에는 총독이 기업의 해산까지도 명할 수 있게 하였다.
(나) 만주 사변은 1931년 9월에 일어났다. 일본은 대공황으로 경제가 급격히 침체되자 대외 침략을 확대하였다. 먼저 남만주 철도 폭파 사건을 조작하여 만주를 무력으로 침공한 뒤(만주 사변, 1931), 만주국을 세워 만주를 일본의 세력권으로 편입하였다.

정답해설   ③ 1920년 조만식 등이 평양에서 조선 물산 장려회를 조직하여 물산 장려 운동을 시작하였고, 1923년 경성에서도 조선 물산 장려회가 만들어지는 등 물산 장려 운동은 전국적으로 퍼져 나갔다.

오답피하기   ① 일본에 진 빚을 갚자는 국채 보상 운동은 1907년 대구에서 시작되어 전국으로 확산되었다.
② 일제는 1943년에 학도 지원병 제도를 강행하여 학생들마저 전쟁터로 내몰았다.
④ 1940년 9월에 중국 충칭에서 대한민국 임시 정부의 한국 광복군이 창설되어 총사령관에 지청천, 참모장에 이범석이 취임하였다.
⑤ 조선 의용대는 1938년 김원봉이 중국 우한 한커우에서 조직하였다. 중국 국민당의 지원을 받아 주로 정보 수집과 포로 심문 등의 활동을 전개하였다.

정답 ③ 한정판 120p, 기본서 728p

SOLUTION   난이도 상 중 하

자료분석   ㄱ. 데라우치 마사타케는 제1대 조선 총독(1910~1919)으로 무단 통치 시기에 조선 총독을 지냈다.
ㄴ. 미나미 지로는 제7대 조선 총독(1936~1942)으로 민족 말살 통치 시기 조선 총독을 지냈다.
ㄷ. 사이토 마코토는 제5대 조선 총독(1919~1927)으로 문화 통치 시기 조선 총독을 지냈다.

정답해설   b. 무단 통치 시기 일제는 범죄즉결례(1910) 및 경찰범 처벌 규칙(1912)을 제정해 경찰 서장 및 지역 헌병 대장이 구류, 태형, 3개월 이하의 징역 등에 해당하는 범죄에 즉결 집행을 적용하도록 했다.

오답피하기   a. 치안 유지법은 사이토 마코토가 총독을 지낸 시기인 1925년에 제정되었다. 치안유지법은 일본의 국가 체제(천황제)나 사유재산 제도를 부정하는 사상을 통제하고 탄압하는 목적의 법률이다. 일제는 일본에서 만든 이 법을 조선에도 적용하여 사회주의 운동과 민족 운동을 탄압하였다.
c. 임시자금조정법은 미나미 지로가 조선 총독을 지낸 시기인 1937년에 제정되었다. 군수 산업으로 자금을 집중시키기 위한 법으로, 각종 산업을 생산력 확충, 국제 수지, 생산능력 등의 기준에 따라 3종(갑·을·병)으로 나누어 자금공급의 우선순위를 정하고 군수 공업 이외의 부문에 대해서는 자금 조달을 규제했다. 또 각 금융기관은 기업에 자금을 대부하거나 유가증권의 응모·인수 또는 모집을 할 때 총독의 허가를 받도록 규정했다.

정답 ① 한정판 120p, 기본서 740p

다음 법령이 시행되던 시기에 있었던 사실로 옳은 것은?

> 제1조 본 법에서 국가 총동원이란 전시에 국방 목적 달성을 위해 국가의 모든 힘을 가장 유효하게 발휘하도록 인적 자원과 물적 자원을 통제 운용하는 것을 가리킨다.
> 제4조 정부는 전시에 국가 총동원상 필요한 경우에는 칙령이 정하는 바에 의해 제국 신민을 징용하여 총동원 업무에 종사시킬 수 있다.

① 동아일보사에서 브나로드 운동을 전개하였다.
② 일제가 조선어 학회 회원들을 검거하고 투옥하였다.
③ 육영공원에서 양반 자제에게 서양 학문을 교육하였다.
④ 대한 자강회가 지회를 설립하고 계몽 활동을 전개하였다.

〈보기〉의 글이 등장한 이후 일제의 정책으로 가장 옳은 것은?

> ── 보기 ──
> 지금 조선에는 지원병 제도가 실시되어, 겨우 3년 만에 벌써 그 지망자 10만을 헤아리게 되었으니 …(중략)… 한 사람이라도 더 많이 지원시켜서 모두 다 군복 입혀 총 메어 저 교련하는 마당에 세워 주세요.
> ─ 『삼천리』 ─

① 조선 태형령 제정
② 제2차 조선교육령 발표
③ 여자 정신 근로령 제정
④ 회사령 폐지

SOLUTION 　난이도 상 중 **하**

자료분석 자료는 1938년 4월에 제정된 국가 총동원법의 일부이다. 일제는 중·일 전쟁(1937)을 일으키고 국가를 전시 총동원 체제로 바꾸기 위해 총력을 기울었다. 이를 법제적으로 뒷받침한 것이 바로 '국가 총동원법'이었다.

정답해설 ② 일제는 중·일 전쟁 발발 이후 민족 말살 정책을 본격화하면서 우리말로 발행되던 동아일보와 조선일보 등의 신문을 폐간하였고(1940), 『우리말 큰사전』의 편찬을 준비하고 있던 조선어 학회 회원들을 치안 유지법 위반으로 구속하였다(1942).

오답피하기 ① 동아일보는 1931년부터 학생 계몽대를 만들어 브나로드 운동을 전개하였다. 각 지방의 마을마다 야학을 만들어 한글을 가르쳤고, 미신 타파·구습 제거·근검절약 등을 강조하며 계몽 활동도 펼쳤다. 브나로드 운동은 1934년까지 전개되었다.
③ 육영 공원은 1886년 설립된 최초의 근대적 관립 교육 기관으로, 1894년 정부의 재정난으로 운영이 어렵게 되자 폐교되었다.
④ 대한 자강회는 1906년 헌정 연구회를 계승하여 창립된 단체로, 전국 각지에 지회를 두었으며, 월보를 간행하고 정기적으로 연설회를 개최하여 대중적인 계몽 운동을 전개하였다. 고종 강제 퇴위 반대 운동과 한·일 신협약 반대 투쟁을 전개하다가 1907년 일제 통감부의 보안법에 의해 강제 해체되었다.

정답 ② 한정판 120p, 기본서 742p

SOLUTION 　난이도 상 중 **하**

자료분석 자료는 1940년 잡지 『삼천리』에 실린 글이다. 지원병(1938) 제도가 실시된 지 3년이 되었다는 내용을 통해 이를 알 수 있다.

정답해설 ③ 일제는 1944년 8월에 여자 정신 근로령(여자 정신대 근무령)을 공포하여 여성을 군수 공장 등에 동원하였다. 정신대라는 이름으로 강제 징발된 이들 가운데 일부는 일본군 위안부로 끌려갔는데, 일제는 이들을 일본군의 성적 노리개로 삼는 만행을 저질렀다.

오답피하기 ① 일제는 1912년 조선 태형령을 제정하여 헌병 경찰이 우리 민족에게 매질까지 할 수 있게 하였는데, 태형령은 우리 민족에게만 차별적으로 적용되었다.
② 제2차 조선 교육령은 1922년 발표되었다. 제2차 조선 교육령에서는 제1차 조선 교육령(1911) 때 보통학교의 수업 연한을 4년으로 한 것을 6년으로 연장하였다.
④ 일제는 1920년에 회사령을 폐지(회사 설립을 허가제에서 신고제로 전환)하여 일본 자본이 자유롭게 한국에 들어올 수 있게 하였다.

핵심개념 민족 말살 통치기 일제의 인적 수탈

중일 전쟁 이후(1937~)	태평양 전쟁 이후(1941~)
· 육군 특별 지원병령(1938. 2.)	· 학도 지원병제(1943)
· 근로 보국대(1938. 6.)	· 징병제(1944. 4.)
· 국민 징용령(1939. 7.)	· 여자 정신대 근무령(1944. 8.)

정답 ③ 한정판 120p, 기본서 742p

3·1 운동과 대한민국 임시 정부

주제 078 | **1910년대 국내외 독립운동**

01 155 [2025. 국가직 9급]   회독 ○○○

다음 강령을 발표한 단체에 대한 설명으로 옳은 것은?

> 1. 부호의 의연금 및 일본인이 불법 징수하는 세금을 압수하여 무장을 준비한다.
> 6. 일본인 고관 및 한국인 반역자를 수시 수처에서 처단하는 행형부를 둔다.
> 7. 무력이 완비되는 대로 일본인 섬멸전을 단행하여 최후 목적의 달성을 기한다.

① 「조선 혁명 선언」을 활동 지침으로 삼았다.
② 일본에 국권 반환 요구서를 보내려 하였다.
③ 박상진을 총사령으로 하여 공화정체를 지향하였다.
④ 대한민국임시정부의 김구가 중심이 되어 창설하였다.

---

02 156 [2025. 국가직 9급]   회독 ○○○

밑줄 친 '이 지역'에 대한 설명으로 옳은 것은?

> 이 지역에서 권업회라는 독립운동 단체가 조직되었고, 권업회는 국외 무장 독립 단체들을 모아 대한 광복군 정부라는 독립군 조직을 만들었다.

① 동제사가 창립되었다.
② 경학사가 조직되었다.
③ 한인촌인 신한촌이 형성되었다.
④ 대조선 국민 군단이 창설되었다.

SOLUTION   난이도 상 **중** 하

자료분석 자료는 대한 광복회 강령의 일부 내용이다. 대한 광복회는 박상진 등을 중심으로 구성된 비밀 결사로 공화정 수립을 목표로 삼았다. 군대식 조직을 갖추고 독립군 양성, 무기 구입, 군자금 모집, 친일 부호 처단 등의 활동을 전개하였다.

정답해설 ③ 1915년 박상진을 총사령으로 하여 조직된 대한 광복회는 공화제 정부 수립을 목표로 활동하였다.

오답피하기 ① 신채호의 조선 혁명 선언을 활동 지침으로 삼았던 단체는 의열단이다.
② 일본에 국권 반환 요구서를 보내려 한 단체는 임병찬의 독립 의군부이다.
④ 대한민국 임시 정부의 김구가 중심이 되어 창설한 단체는 한인 애국단이다.

핵심개념 (대한) 독립 의군부(1912)

조직	전라도에서 임병찬(최익현 제자, 전라남북도 순무총장)이 고종의 밀명을 받아 의병과 유생들을 규합하여 결성
활동	• 복벽주의(전제군주제 복구, 고종 복위) 표방 • 군대식 조직을 갖춤 • 국권 반환 요구서 제출(to 일본 총리 대신 및 조선 총독), 전국적 의병 봉기 준비 but 계획 발각, 해체 → 임병찬 거문도 유배·순국(1916)

심화개념 독립 의군부의 국권 반환 요구서 제출 여부

검정교과서에는 독립 의군부가 국권 반환 요구서를 보냈다고 서술하는 교재도 있고, 일제에 국권 반환 요구서를 보내려고 계획하던 중 조직이 발각되어 해체 되었다고 서술하는 교과서도 있다. 두 표현 다 맞는 내용으로 기억해 두자.

정답 ③ 한정판 121p, 기본서 747p

SOLUTION   난이도 상 **중** 하

자료분석 자료의 밑줄 친 '이 지역'은 연해주이다. 연해주 블라디보스토크에는 국내에서 이주해 간 동포들의 집단 거주지인 신한촌이 형성되었다. 한인들은 자치 기관인 권업회(1911)를 조직하고 민족의식을 고취하는 데 힘썼다. 이후 권업회는 이상설과 이동휘를 정부통령으로 하는 대한 광복군 정부를 수립하였다(1914).

정답해설 ③ 연해주 블라디보스토크에는 국내에서 이주해 간 동포들의 집단 거주지인 신한촌이 형성되었다.

오답피하기 ① 중국 상하이에서는 신규식 등이 애국지사들을 규합하여 동제사를 조직하였다(1912).
② 신민회의 이회영, 이상룡 등은 1911년 남만주(서간도) 삼원보에 자치 기관인 경학사(이후 부민단으로 개편)를 만들고, 독립군 양성 기관인 신흥 강습소(이후 신흥 무관 학교로 개편)를 세웠다.
④ 하와이에서는 1914년에 박용만이 대조선 국민 군단을 결성하여 청장년을 대상으로 군사 훈련을 실시하였다.

핵심개념 1910년대 연해주의 독립 운동 단체

13도 의군 (1910)	유인석, 이상설, 이범윤 조직
성명회 (1910)	• 유인석, 이상설, 이범윤 조직 • 한일 합방 규탄 격문 발표
권업회 (1911)	• 이상설 등이 조직 • 권업신문 발행 • 한민학교 설립(1912)
대한 광복군 정부 (1914)	• 권업회가 주도하여 설립 • 정통령 이상설·부통령 이동휘
한인 사회당 (1918)	이동휘(사회주의 계열)
전로 한족회 중앙 총회 (1917)	대한 국민 의회(1919)로 개편

정답 ③ 한정판 121p, 기본서 750p

01   157   [2025. 지방직 9급]   회독 ○○○

다음 선언으로 시작된 운동에 대한 설명으로 옳은 것은?

> 우리는 지금 우리 조선이 독립국이고 조선인이 자주민임을 선언하노라. 이를 세계 여러 나라에 알려 인류 평등의 대의를 분명히 밝히고, 이를 후손에게 대대로 전하여 민족 자존의 정당한 권리를 영원히 누릴 수 있도록 하노라.

① 형평 운동과 같은 연도에 발생하였다.
② 신간회에서 진상 조사단을 파견하였다.
③ 이 운동 이후 일제는 이른바 '문화 통치'로 통치 방식을 바꾸었다.
④ 운동 준비 과정에서 민족주의 세력과 사회주의 세력이 연대하였다.

---

02   158   [2025. 법원직]   회독 ○○○

다음 밑줄 친 '사건'과 관련된 내용으로 가장 옳은 것은?

> 사건의 발단은 조선의 사실상 마지막 황제인 고종의 인산일을 이틀 앞둔 날에 시작되었다. 그러나 소요의 기미가 있는데, 설사 독립운동과 같은 사건이 한국에서 일어나더라도 이에 대해 일체의 보도를 하지 말라는 경찰청장의 통고문을 접수한 것은 이보다 앞선 1월 28일의 일이었다. 2월 14일에도 한국인의 독립 선언문 보도 금지 명령이 내려졌다. 2월 19일 『재팬 클로니클』지는 보도 금지된 사실과 선언문을 배포한 사람들이 비밀 재판을 받고 1년간의 징역을 선고받은 사실을 담은 기사를 크게 보도하였다.

① 신간회가 진상 조사단을 파견하였다.
② 광주에서 시작되어 전국으로 확대되었다.
③ 민족 유일당 운동을 추진하는 계기가 되었다.
④ 대한민국 임시 정부가 수립되는 계기가 되었다.

SOLUTION
난이도 상 중 **하**

자료분석 자료는 기미 독립 선언서(3·1 독립 선언서)의 일부 내용으로, 3·1 운동에 대한 설명을 찾는 문제이다. 「기미 독립 선언서」 본문은 "우리는 지금 우리 조선이 독립한 나라이고 조선 사람이 자주적인 국민이라는 것을 선언하노라."라는 문장으로 시작하고 있다. 그리고 이러한 선언의 근거로 침략주의의 쇠퇴, 정의·인도에 근거한 새로운 시대의 도래, 우리 민족의 5천 년 역사와 우수한 문화를 제시하였다.

정답해설 ③ 1919년 3·1 운동을 계기로 일제는 식민지 통치 정책을 무단 통치에서 이른바 문화 통치로 전환하였다.

오답피하기 ① 3·1 운동은 1919년에 일어났고, 형평 운동은 1923년에 일어났다. 백정 출신들은 1923년 경남 진주에서 이학찬 등을 중심으로 조선 형평사를 창립하고 평등한 대우를 요구하는 형평 운동을 전개하였다.
② 1927년에 조직된 신간회는 1929년 광주 학생 항일 운동이 일어나자 현지에 진상 조사단을 파견하였다.
④ 운동 준비 과정에서 민족주의 세력(천도교계)과 사회주의 세력(조선 공산당)이 연대한 운동은 6·10 만세 운동(1926)이다.

핵심개념   3·1 운동의 배경

국외	• 1917년 레닌의 러시아 혁명 성공 → 소련의 레닌이 민족 자결의 원칙 천명(약소국 지원) • 윌슨이 파리 강화회의에서 민족 자결 주의 주장(1919) → but 독일과 같은 패전국이 지배하던 식민지에만 적용, 미국·일본과 같은 전승국의 식민지는 대상에서 제외 • 신한 청년당의 독립 청원서 작성 및 파리 강화 회의 대표(김규식) 파견(1919. 1.) • 무오(대한) 독립 선언(1919. 2.) : 만주 길림에서 독립 운동가 39인이 전쟁(육탄혈전)을 통해 독립을 쟁취할 것을 주장 • 2·8 독립 선언(1919. 2.) : 일본 도쿄 유학생들이 조선 청년 독립단을 조직하고 발표
국내	• 일제의 무단 통치에 대한 반발 • 1919년 1월 고종 황제 서거 → 고종 황제 독살설로 민족의 분노 고조

정답 ③ 한정판 122p, 기본서 754p

SOLUTION
난이도 상 중 **하**

자료분석 고종의 인산일을 이틀 앞둔 날에 시작되었다는 내용을 통해 밑줄 친 '사건'이 3·1 운동(1919)임을 알 수 있다.

정답해설 ④ 3·1 운동의 영향으로 일제는 이른바 '문화 통치'로 통치 방식을 바꾸었고, 만세 시위에 참여한 청년·여성·농민·노동자 계층은 민족 운동의 새로운 주체로 주목받았다. 한편 독립운동을 체계적으로 조직할 지도부의 필요성이 높아지면서 민주 공화제를 바탕으로 한 대한민국 임시 정부가 수립되었다.

오답피하기 ① 신간회가 진상 조사단을 파견한 사건은 1929년에 일어난 광주 학생 항일 운동이다.
② 광주에서 시작되어 전국으로 확산된 운동은 1929년에 일어난 광주 학생 항일 운동이다.
③ 민족 유일당 운동을 추진하는 계기가 된 사건은 1926년에 일어난 6·10 만세 운동이다.

핵심개념   3·1 운동의 전개와 의의

1단계 (점화기)	• 서울 태화관 : 민족 대표 33인의 이름으로 독립 선언서 낭독 → 자진 투옥 • 탑골 공원 : 학생 + 시민들의 독립 선언식 거행
2단계 (도시 확산기)	학생들의 주도로 도시로 확산 + 상인·노동자 등이 만세 시위, 파업 등으로 가세
3단계 (농촌 확산기)	무력적 저항으로 변모(토지 조사 사업으로 피해를 본 농민들의 적극 참여) → 농민층이 가장 많이 투옥
해외 확산	만주·연해주·미국(ex 필라델피아 한인 자유 대회)·일본 등지에서도 국외 동포에 의해 시위 전개
의의	• 제1차 세계대전 승전국의 식민지에서 일어난 최초의 반 제국주의 민족 운동 • 대한민국 임시정부 수립 계기 마련 • 국외 무장 투쟁 활성화에 영향 • 일제의 통치 방식의 변화 계기(무단 통치 → 문화 통치) • 1920년대 노동·농민·학생 운동 등 다양한 사회 운동 전개의 기반이 됨 • 세계 약소 민족 독립 운동에 자극(중국 5·4 운동, 인도 간디의 비폭력 저항 운동, 베트남·이집트·필리핀 민족 운동 등)

정답 ④ 한정판 122p, 기본서 754p

03 159 [2024. 지역인재 9급]   회독 ○○○

다음 자료에 나타난 민족 운동에 대한 설명으로 옳은 것은?

> 어제 태화관에서 민족 대표의 만세 소리가 시작되자 동시에 탑골 공원에 모여 있던 수만 명의 학생들도 조선 독립 만세를 일제히 외치기 시작했다. 학생들은 너무 기뻐서 덩실덩실 춤을 추면서 바람이 몰아치고 물결이 솟구치는 듯한 기세로 시내를 누볐다. … (중략) … 만세 소리는 시간이 갈수록 커져만 가서 종로 4가에서는 그야말로 하늘과 땅이 진동할 정도였다고 한다.
>
> – 『조선독립신문』제2호 –

① 순종의 인산일에 일어났다.
② 통감부의 방해와 탄압으로 중단되었다.
③ 치안 유지법에 의해 지도부가 검거되었다.
④ 대한민국 임시 정부 수립의 계기가 되었다.

주제 **080**   임시정부의 수립과 상해 임시 정부의 활동

01 160 [2025. 서울시 9급 1차]   회독 ○○○

대한민국 임시정부의 상하이 시기 활동에 해당하지 않는 것은?

① 한인애국단의 윤봉길이 홍커우 공원 의거를 일으켰다.
② 삼균주의에 바탕한 대한민국 건국강령을 선포하였다.
③ 임시사료편찬회를 통해 『한일관계 사료집』을 편찬하였다.
④ 워싱턴에 구미위원부를 설치하여 대미 외교활동을 전개하였다.

SOLUTION   난이도 상 중 **하**

자료분석 자료는 1919년 일어난 3·1운동과 관련된 사료이다. 당시 손병희, 이승훈, 한용운 등 민족 대표 33인 중 29인은 태화관에서 독립 선언서를 낭독하고 국외에 독립을 선언하고 자진하여 체포되었다. 학생과 시민들은 탑골 공원에서 독립 선언서 낭독 등 독립 선언식을 거행하고 독립 만세를 외치며 시가로 뛰쳐나갔다.

정답해설 ④ 3·1 운동을 계기로 민족 운동가들은 독립운동을 조직적이고 체계적으로 이끌 통일된 지도부의 필요성을 제기하였다. 이에 공화주의에 입각한 대한민국 임시 정부가 수립되었고, 만주와 연해주에서는 무장 독립군의 활동이 활발해졌다.

오답피하기 ① 6·10 만세 운동에 대한 설명이다. 조선 공산당(사회주의계)은 천도교계(민족주의계) 등과 함께 순종의 인산일에 맞춰 대규모 만세 시위를 계획하였으나 일제에 의해 사전 발각되었다. 이에 많은 애국 인사들이 검거되고 인쇄된 격문을 압수당하였다. 그러나 조선 학생 과학 연구회를 비롯한 학생들은 예정대로 시위운동 계획을 추진하였다. 순종의 인산일인 6월 10일, 일본 군경의 삼엄한 감시 속에서 학생들은 격문을 살포하고 만세 시위를 전개하였다.
② 3·1운동이 일어난 1919년에는 통감부가 아닌 조선 총독부가 조선을 지배하였다.
③ 치안 유지법은 3·1 운동 이후인 1925년 제정되었다. 치안 유지법은 일제의 국가 체제(천황제)나 사유 재산 제도를 부정하는 자를 단속하기 위해 제정한 법률이다.

정답 ④ 한정판 122p, 기본서 753p

SOLUTION   난이도 상 중 **하**

자료분석 대한민국 임시 정부의 상하이 시기는 1919년에서 1932년에 해당한다. 대한민국 임시 정부는 1919년 상하이에서 수립되었다. 대한민국 임시 정부는 1932년 윤봉길 의거로 일제의 감시와 탄압이 가중되자 상하이를 떠나 이동하여 1940년 충칭에 정착하였다.

정답해설 ① 한인 애국단의 윤봉길은 1932년 일왕의 생일과 상하이 사변의 승리를 축하하는 기념식이 열리던 홍커우 공원에서 폭탄을 던져 일본 고위 관료와 군사 지휘관 다수를 살상하였다. 이후 중국 국민당 정부는 윤봉길의 의거를 높이 평가하여 한국 독립운동 세력을 적극적으로 지원하였다.
③ 상하이 시기 임시 정부는 임시 사료 편찬회를 두고 『한·일 관계 사료집』과 외교 선전물을 간행하여 일제침략의 부당성을 널리 알리고자 하였다.
④ 상하이 시기 대한민국 임시 정부는 미국 워싱턴에 구미 위원부를 설치하여 외교 활동을 벌였다. 구미 위원부는 미국의 지도층 인사들을 대상으로 한국의 독립운동을 홍보하였다. 그 결과 미국인들로 구성된 한국 친우회가 만들어지기도 하였다. 임시 대통령 이승만은 미국에 주재하면서 구미 위원부의 업무를 이끌었다.

오답피하기 ② 대한민국 임시 정부는 충칭 시기인 1941년 11월 조소앙의 삼균주의를 바탕으로 한 건국 강령을 발표하였다. 임시 정부의 건국 강령에는 보통 선거에 기초한 민주 공화국 건설, 토지와 중요 산업 국유화, 무상 교육 실시 등이 담겨 있다.

정답 ② 한정판 123p, 기본서 758p

01 161 [2025. 지방직 9급]　회독 ○○○

(가)에 대한 설명으로 옳지 않은 것은?

> 대한민국 임시 정부는 대한민국 원년에 정부가 공포한 군사 조직법에 의거하여 … (중략) … (가) 을/를 조직하고 … (중략) … 공동의 적인 일본 제국주의자들을 타도하기 위해 연합군의 일원으로 항전을 계속한다.

① 중국군과 연합하여 쌍성보 전투에서 승리했다.
② 조선 의용대가 합류하여 군사력이 한층 더 강화되었다.
③ 중국 충칭에서 국민당 정부의 지원을 받아 창설되었다.
④ 영국군의 협조 요청으로 미얀마, 인도 전선에 파견되었다.

02 162 [2024. 국회직]　회독 ○○○

다음 중 옳은 것만을 모두 고르면?

> ㄱ. 김원봉이 이끄는 조선의용대 세력은 이념의 차이로 인하여 한국광복군에 편입되지 못하였다.
> ㄴ. '한국광복군 행동 9개 준승'으로 인하여, 한국광복군은 해방 때까지 중국 군사 위원회의 지휘를 받아야만 했다.
> ㄷ. 대한민국 임시정부는 1941년 12월, 일본에 정식으로 선전 포고를 하였다.
> ㄹ. 일본의 항복 선언 직후, 대한민국 임시정부의 김구 주석을 중심으로 건국준비위원회가 결성되었다.

① ㄴ
② ㄷ
③ ㄱ, ㄴ
④ ㄴ, ㄷ
⑤ ㄷ, ㄹ

SOLUTION　난이도 상 중 하

자료분석 자료의 (가)는 대한민국 임시 정부의 한국광복군으로, 1940년에 발표된 한국광복군 선언의 내용이다. 대한민국 임시 정부의 군사 조직법에 의거해 조직했다는 내용과 연합군의 일원으로 항전한다는 내용 등을 통해 이를 알 수 있다.

정답해설 ② 대한민국 임시 정부는 1942년에는 민족주의 좌파 세력인 김원봉의 조선 민족 혁명당을 임시 정부로 받아들여 민족 전선의 통일을 이룩하였으며, 한국광복군에 김원봉이 이끈 조선 의용대의 일부를 흡수·통합하여 군사력을 강화하였다.
③ 한국광복군은 1940년 9월 중국 국민당 정부의 지원을 받아 중국 충칭에서 창설되었다.
④ 1943년에 대한민국 임시 정부는 영국군의 요청으로 인도, 미얀마 전선에 한국광복군 공작대를 파견하였다.

오답피하기 ① 지청천의 한국 독립군이 중국군과 연합하여 쌍성보 전투에서 승리하였다(1932). 지청천이 이끈 한국 독립군은 중국 호로군과 연합하여 쌍성보 전투, 대전자령 전투, 사도하자 전투, 동경성 전투 등에서 일본군을 대파하였다.

핵심개념　한국 광복군의 활동

> · 1940년 9월 충칭에서 창설
> · 대일·대독 선전 포고(1941)
> · 김원봉의 조선 의용대 흡수(1942)
> · 인도·미얀마 전선에서 영국군과 연합 작전 수행
> · 국내 진공 작전 계획(실현 X)

정답 ① 한정판 124p, 기본서 763p

SOLUTION　난이도 상 중 하

정답해설 ㄷ. 대한민국 임시 정부는 한국 광복군 창설 이듬해에 태평양 전쟁이 발발하자(1941) 하나의 독립된 전투 단위로서 일본에 선전 포고하였다(1941. 12.). 또한, 연합국의 대일 선전 포고에 대해 절대적 지지를 표명하고, 임시 정부의 정규군인 한국 광복군 역시 연합군의 일원으로서 연합국의 반침략 전선에 참가하여 일본, 독일 등 추축국에 맞서 싸우겠다는 강한 의지를 보여주었다.

오답피하기 ㄱ. 1942년에 충칭 대한민국 임시 정부는 민족주의 좌파 세력인 김원봉의 조선 민족 혁명당을 임시 정부로 받아들여 민족 전선의 통일을 이룩하였으며, 한국 광복군에 김원봉이 이끈 조선 의용대의 일부를 흡수·통합하여 군사력을 강화하였다.
ㄴ. 한국광복군은 초기에 「한국 광복군 행동 준승 9개 항」에 의해 중국 군사 위원회의 지휘와 간섭을 받았다. 그러나 한국광복군의 자주권 회복을 위하여 지속적으로 '9개 준승' 개정 교섭을 추진하였다. 이러한 노력의 결과 마침내 1944년 8월 중국 군사 위원회로부터 '9개 준승'을 취소한다는 공식 통보를 받았다. 이로써 한국 광복군은 대한민국 임시 정부의 독자적 지휘를 받는 군대로 다시 태어났고, 일제가 패망할 때까지 연합군의 일원으로서 항일 전선에서 다양한 활동을 전개할 수 있었다.
ㄹ. 1945년 8월에 결성된 조선 건국 준비 위원회는 위원장에 여운형(중도 좌파), 부위원장을 안재홍(중도 우파)으로 하는 좌우 합작으로 결성되었다.

정답 ② 한정판 124p, 기본서 762p

다음 주장을 발표한 기관의 활동으로 옳은 것은?

> 　보통선거제를 실시하여 정권을 고르게 하고, 국유제를 채용하여 이권을 고르게 하고, 공비 교육으로 학권을 고르게 하며, 국내외에 대하여 민족자결의 권리를 보장하여 민족과 민족 및 국가와 국가의 불평등을 없앨 것이며, 이를 국내에 실현하면 특권 계급이 곧 소멸하고, 소수 민족이 침략당하는 일을 모면하고, 정치와 경제와 교육의 권리가 고르게 되어 높낮이가 없어지니, 동족과 이민족에 대하여 또한 이렇게 한다.

① 한국광복군을 창설하여 국내 진공 작전을 계획하였다.
② 신채호의 「조선혁명선언」을 강령으로 활동하였다.
③ 중국 팔로군과 화북 지역에서 작전을 수행하였다.
④ 광주 학생 항일 운동을 조사하고 지원하였다.
⑤ 대전자령 전투에서 일본군을 격퇴하였다.

SOLUTION

난이도 상 **중** 하

자료분석 자료는 1941년 11월 대한민국 임시 정부가 발표한 대한민국 건국 강령의 일부이다. 대한민국 건국 강령은 조소앙의 삼균주의를 바탕으로 하였다. 삼균주의는 정치, 경제, 교육의 균등을 통해 개인과 개인의 균등 생활을 실현하고, 이를 토대로 민족과 민족, 국가와 국가의 균등 생활을 이루며, 나아가 국가 간의 호혜 평등을 통해 민주 국가 건설을 추구한다는 이념이다.

정답해설 ① 충칭 대한민국 임시 정부의 한국 광복군은 1945년 5월부터 미국 전략·정보국(OSS)과 협력하여 국내 정진군을 편성하고 특수 훈련을 받는 등 국내 진공 작전을 준비하였다. 하지만 국내 정진군을 투입하기 직전에 일본이 항복하면서 작전을 실행에 옮기지 못하였다.

오답피하기 ② 신채호가 작성한 「조선 혁명 선언」을 강령으로 삼아 의열 투쟁을 전개한 단체는 의열단이다.
③ 조선 의용군은 중국 공산당의 팔로군과 함께 항일전에 참여하였으며, 일제 패망 후에는 중국의 국공 내전에 참전하였고, 그 뒤 북한 인민군으로 편입되었다.
④ 1927년에 조직된 신간회는 1929년 광주 학생 항일 운동이 일어나자 현지에 진상 조사단을 파견하였다. 그리고 진상 보고를 위한 민중 대회를 개최하려 하였으나 계획이 사전에 발각되어 실행되지 못하였다.
⑤ 지청천이 이끈 한국 독립군은 중국 호로군과 연합하여 쌍성보 전투(1932), 사도하자 전투(1933), 동경성 전투(1933), 대전자령 전투(1933) 등에서 일본군을 대파하였다.

정답 ① 한정판 124p, 기본서 762p

핵심개념 충칭 대한민국 임시 정부

연도	월	내용
1940년	5月	한국독립당 결성
	9月	중국 국민당 정부를 따라 충칭 정착
	9月	한국 광복군 창설(총사령관 지청천, 참모장 이범석)
	10月	4차 개헌 : 주석 중심제(주석 김구)
1941년	11月	대한민국 건국강령 발표
	12月	태평양 전쟁 발발
	12月	대일 선전포고
1942년		김원봉의 조선 민족혁명당 통합 및 조선 의용대 일부 흡수
1943년		영국군과 연합 작전(인도·미얀마 전선에 한국 광복군 공작대 파견)
1944년		5차 개헌 : 주석·부주석제 채택(주석 김구, 부주석 김규식)
1945년		• 국내 진공 작전 계획 － 미국 전략 정보국(OSS)과 합작, 국내 정진군 편성 － 결과 : 일본의 패망으로 계획 실현 무산

주제 082 의열단과 한인 애국단

01 164 [2025. 서울시 9급 보훈청 추천]　회독○○○

일제 강점기에 전개된 의열 투쟁에 관한 내용으로 가장 옳지 않은 것은?

① 강우규는 일본 사이토 총독에게 폭탄을 투척하였다.
② 김원봉은 부산 경찰서에 폭탄을 투척하였다.
③ 김상옥은 종로 경찰서에 폭탄을 투척하였다.
④ 나석주는 조선 식산 은행, 동양 척식 주식회사에 폭탄을 투척하였다.

---

02 165 [2023. 지역인재 9급]　회독○○○

(가) 단체에 속한 인물의 활동으로 옳은 것은?

> ┌──(가)──┐의 이봉창은 도쿄에서 일왕이 타고 가는 마차 행렬에 폭탄을 던졌다. 이 의거는 성공을 거두지는 못하였으나 일제에 큰 충격을 주었다.

① 조명하가 타이중에서 일본 육군대장을 공격하였다.
② 안중근이 하얼빈에서 이토 히로부미를 저격하였다.
③ 장인환이 샌프란시스코에서 외교 고문 스티븐스를 저격하였다.
④ 윤봉길이 상하이 홍커우 공원에서 열린 일제의 기념식장에 폭탄을 던졌다.

SOLUTION　난이도 상 **중** 하

정답해설 ① 대한 노인단의 강우규는 서울(경성)에서 3·1운동 이후 새로 부임하던 사이토 총독에게 폭탄을 던졌다(1919).
③ 김상옥은 의열단 소속으로 1923년 종로 경찰서에 폭탄을 투척하였다.
④ 나석주는 의열단 소속으로 1926년 동양 척식 주식회사와 조선 식산 은행에 폭탄을 투척하였다.

오답피하기 ② 부산 경찰서에 폭탄을 투척한 인물은 의열단 소속의 박재혁(1920)이다. 김원봉은 의열단 조직을 주도한 인물이다.

핵심개념 의열단원들의 의거

단원	의거
박재혁	부산 경찰서 투탄(1920. 9.)
최수봉	밀양 경찰서 투탄(1920. 12.)
김익상	조선 총독부 투탄(1921) → 상하이 황포탄 의거(1922)
김상옥	종로 경찰서 투탄(1923)
김지섭	도쿄 궁성 이중교(니주바시) 투탄(1924)
나석주	동양 척식 주식회사와 조선 식산 은행 투탄(1926)

핵심개념 기타 의거

강우규 (1919. 9.)	• 대한 노인단원 • 3대 총독으로 부임하는 사이토 마코토 투탄
박열(1923)	일본에서 국왕 암살 기도
조명하 (1928)	일본 왕족(구니노미야)이 타이완(대만)에 오자 타이중시 역전에서 독검으로 찌르고 체포
남화한인청년연맹 (1930)	주중 일본 대사 아리요시 암살 미수 사건을 일으킴(1933, 백정기)
경성 부민관 의거 (1945. 7.)	대한 애국 청년단이 경성 부민관에서 열린 아세아민족분격대회에 투탄

정답 ② 한정판 125p, 기본서 769p

SOLUTION　난이도 상 **중** 하

자료분석 자료는 이봉창 의거(1932. 1.)에 대한 설명으로, (가)에 해당하는 단체는 한인 애국단이다.

정답해설 ④ 윤봉길은 한인 애국단 소속으로 일황의 생일(천장절)과 상하이 사변의 승리를 축하하는 기념식이 열리던 상하이 홍구(홍커우) 공원에 폭탄을 던졌다(1932. 4.).

오답피하기 ① 조명하는 개인 신분으로 의거 활동을 펼친 인물이다. 그는 타이완에서 일본 천왕의 장인 일본 육군 대장 구니노미야를 독 묻은 칼로 저격하였다(1928).
② 연해주에서 의병 활동을 하던 안중근은 1909년 10월 만주 하얼빈역에서 한국 침략의 원흉인 이토 히로부미를 사살하였다.
③ 장인환·전명운은 일본의 침략행위를 옹호하던 외교 고문인 스티븐스를 미국 샌프란시스코에서 사살하였다(1908. 3.).

핵심개념 한인 애국단(1931)

배경	만보산 사건(1931. 7, 만주) → 만주사변(1931. 9.)
결성	1931년 상하이에서 김구가 조직
목적	침체에 빠진 임정에 활기를 불어넣기 위함
활동	• 이봉창 의거(1932. 1.) : 일본 국왕(히로히토) 폭살 시도(실패) • 윤봉길 의거(1932. 4.) : 상하이 홍커우 공원 축하식에 투탄 • 이덕주·유진만(1932. 4.) : 총독 암살 시도 • 최흥식·유상근(1932. 5.) : 일본 고관 암살 시도
영향	• 중국 국민당 정부의 대한민국 임시 정부 지원 강화[중국 내 우리 민족의 무장 독립 활동 허용 → 한국 광복군 창설(1940, 충칭)의 바탕이 됨] • 일제의 탄압 강화로 임시 정부가 상하이를 떠나 이동

정답 ④ 한정판 125p, 기본서 771p

01　166　[2025. 서울시 9급 보훈청 추천]　회독 ○○○

〈보기〉는 무장 독립 투쟁의 과정을 시간순으로 나열한 것이다. (가)에 들어갈 사실로 가장 옳은 것은?

보기
봉오동 전투 승리 → 청산리 전투 승리 → 　(가)　 → 3부 성립

① 독립의군부 조직
② 신흥강습소 설립
③ 자유시 참변 발생
④ 한국광복군 창설

SOLUTION　난이도 상 중 하

자료분석　청산리 전투는 1920년 10월, 3부[참의부(1923) · 정의부(1924) · 신민부(1925)] 성립은 1920년대 중반의 사건이다.

정답해설　③ 자유시 참변은 1921년의 사건이다. 간도 참변 이후 독립군 부대는 러시아와 만주의 국경 지대인 밀산으로 이동해 서일을 총재로 하는 대한 독립군단을 조직하였다. 대한 독립군단은 약소민족의 민족 운동을 지원하겠다는 러시아 적군의 약속을 믿고 장기 항전을 위해 러시아로 이동하였다. 하지만 러시아가 내전으로 혼란한 가운데 뜻을 이루지 못하고 일부는 다시 만주로 돌아왔고, 일부는 러시아령 자유시로 이동하였다. 자유시로 이동한 독립군은 여러 세력의 통합 과정에서 지휘권을 둘러싼 분쟁이 일어났고, 러시아 적군에 의해 무장 해제를 당하는 가운데 수백 명의 독립군이 희생되었다(자유시 참변, 1921).

오답피하기　① 독립 의군부는 1912년 임병찬이 고종의 비밀 지령을 받아 의병과 유생들을 규합하여 결성한 단체이다.
② 신흥 강습소는 1911년 이회영 등 신민회 회원들이 무장 투쟁을 준비하기 위해 서간도 삼원보 지역에 설립하였다.
④ 한국광복군은 1940년 9월 중국 국민당 정부의 지원을 받아 중국 충칭에서 창설되었다.

핵심개념　1920년대 이후 무장 독립 전쟁

봉오동 전투 (1920. 6.)
⇩
훈춘 사건 (1920. 10.)
⇩
청산리 전투 (1920. 10.)
⇩
간도(경신) 참변 (1920. 10.)
⇩
대한 독립 군단 (1920. 12.)
⇩
자유시 참변 (1921. 7.)
⇩
3부 성립(참 · 정 · 신, 1923, 1924, 1925)
⇩
미쓰야 협정 (1925)
⇩
3부 통합 운동(민족 유일당 운동)

정답　③ 한정판 126p, 기본서 775p

02　167　[2023. 지역인재 9급]　회독 ○○○

(가)에 들어갈 군사 조직은?

일본군의 공세를 피해 만주와 러시아의 국경지대에 있는 밀산에 집결한 독립군 부대들은 서일을 총재로 하는 　(가)　을/를 결성하였다.

① 한국 광복군
② 대한 광복회
③ 독립 의군부
④ 대한 독립군단

SOLUTION　난이도 상 중 하

정답해설　④ 간도 참변 이후 독립군들은 소련 · 만주 국경 지대인 밀산부에 집결하여 서일을 총재로 하는 대한 독립 군단을 결성(1920. 12.)한 뒤 일본군의 공세를 피해 소련 영토 내로 이동하였다.

오답피하기　① 1940년 9월에 중국 충칭에서 대한민국 임시 정부의 한국 광복군이 창설되어 총사령관에 지청천, 참모장에 이범석이 취임하였다. 1943년 한국 광복군은 영국군의 요청에 따라 인도 · 미얀마 전선에 공작대를 파견하여 일본군 포로 심문, 문서 번역, 선전 활동 등을 담당하였다. 1945년에는 미국 전략 정보국(OSS)의 지원을 받아 국내 진공 작전을 계획했으나 일본의 갑작스러운 패망으로 실행에 옮기지는 못했다.
② 1915년 결성된 대한 광복회는 박상진을 총사령으로 하여 군대식 조직을 갖추었으며 공화 정부 수립을 목표로 하였다.
③ 독립 의군부는 1912년 임병찬이 고종의 비밀 지령을 받아 의병과 유생들을 규합하여 결성한 단체로 복벽주의(전제 군주제 복구)를 표방하였다.

정답　④ 한정판 126p, 기본서 774p

03 168 [2025. 법원직] 회독 ○○○

다음 (가) 부대에 대한 설명으로 가장 옳은 것은?

> 1931년 12월 (가) 의 지휘부는 길림성 자위군 총지휘관과 만나 연합 전선을 결성할 것을 합의하고, 이듬해 카오펑린 부대와 합작하여 쌍성보를 공격하였다. 연합군은 이 전투에서 많은 물자를 노획하는 성과를 거두었으나 중국인 부대 내부에서 반란이 일어나 후퇴하였다. 전열을 재정비한 연합군은 쌍성보를 다시 공격하여 일본군을 섬멸하였다.

① 지청천의 지휘 아래 활동하였다.
② 흥경성 전투에서 승리를 거두었다.
③ 동북 항일 연군 내 한인들이 결성하였다.
④ 중국 화북에서 조선 의용군으로 개편되었다.

01 169 [2024. 서울시 9급 2차] 회독 ○○○

〈보기〉의 강령을 발표한 독립운동 세력에 대한 설명으로 가장 옳지 않은 것은?

> ─ 보기 ─
> 본 당은 혁명적 수단으로써 원수이며 적인 일본의 침탈 세력을 박멸하여 5천년 독립 자주해 온 국토와 주권을 회복하고 정치, 경제, 교육의 평등에 기초를 둔 진정한 민주 공화국을 건설하여 국민 전체의 생활 평등을 확보하고 나아가 세계 인류의 평등과 행복을 촉진한다.

① 의열단을 중심으로 조선혁명당, 한국독립당 등이 참여하여 만들었다.
② 민족주의 계열과 사회주의 계열이 만든 중국 관내 최대 규모의 통일전선 정당이었다.
③ 민주공화국 수립, 토지 국유화 등을 내걸고 항일 운동을 전개하였다.
④ 김구 등 임시정부를 고수하려는 세력이 탈당하면서 통일전선 정당으로서의 성격이 약해졌다.

SOLUTION 난이도 상 중 **하**

자료분석 쌍성보 전투에서 승리했다는 내용을 통해 (가)에 해당하는 부대가 지청천이 이끈 한국 독립군임을 알 수 있다.

정답해설 ① 지청천이 이끈 한국 독립군은 중국 호로군과 연합하여 쌍성보(1932), 사도하자(1933), 동경성(1933), 대전자령(1933) 전투 등에서 일본군을 격파하였다.

오답피하기 ② 조선 혁명군에 대한 설명이다. 1930년대 초반 양세봉이 이끄는 조선 혁명군은 중국 의용군과 연합하여 영릉가 전투(1932)와 흥경성 전투(1933) 등에서 일본군을 대파하였다.
③ 동북 항일 연군의 조선인 간부들은 1936년 반일 민족 통일 전선을 실현한다는 목적 아래 조국 광복회를 조직하였다.
④ 중국 화북에서 조선 의용군으로 개편된 것은 조선 의용대 화북 지대이다.

정답 ① 한정판 127p, 기본서 778p

SOLUTION 난이도 상 중 **하**

자료분석 자료는 민족 혁명당 강령의 일부이다.

정답해설 ① 일제가 만주를 점령한 이후 만주 일대에서 무장 투쟁이 어려워지자, 독립운동가들은 중국 관내로 이동하였다. 이후 중국 관내에서는 독립운동 세력을 통합하여 일제에 대항할 필요성이 높아졌다. 그 결과 의열단을 중심으로 조선 혁명당, 한국 독립당, 미주 대한 독립단 등이 참여하여 민족 혁명당을 만들었다(1935).
② 민족 혁명당은 한국 독립당과 의열단, 만주에서 이동해 온 독립운동 세력 등 민족주의 계열과 사회주의 계열의 정당·단체들이 뭉쳐 결성한 중국 관내 최대 규모의 통일 전선 정당이었다.
③ 민족 혁명당은 민주주의 정권 수립, 토지의 국유화, 친일 세력과 일제 재산의 몰수 등을 주요 강령으로 표방하였다.

오답피하기 ④ 김구 등 임시 정부를 고수하려는 독립운동 세력은 임시 정부의 해체를 전제로 한 민족 혁명당에 참가하지 않았고, 민족 혁명당은 조직 내부의 갈등으로 조소앙, 지청천 등이 탈당하면서 통일 전선 정당으로서의 성격이 약해졌다. 중·일 전쟁이 일어나자 민족 혁명당을 계승한 조선 민족 혁명당을 중심으로 통합에 찬성하는 단체들이 모여 조선 민족 전선 연맹을 결성하였다(1937).

정답 ④ 한정판 127p, 기본서 780p

사회 · 경제적 민족 운동

01 170 [2025. 서울시 9급 1차] 회독 ○○○

〈보기〉의 격문이 발표된 민족 운동에 대한 설명으로 가장 옳은 것은?

─ 보기 ─
슬프도다. 이천삼백만 형제자매들이여, 오늘에 있어 융희 황제에 대해 궁검(弓劍)을 사시에 두고 통곡한다는 것이 과연 어떠한 감동에서 나온 것인가. 사선(死線)에 함몰된 비애로써 우리 모두 울어보자. …… 형제여! 자매여! 눈물을 그치고 절규하자! 전 세계의 피압박민족과 무산자 대중은 모두 함께 정의의 깃발을 들고 우리와 함께 보조를 맞춰 나갈 것이다.

① 일제가 문화 통치를 표방하는 계기가 되었다.
② 민족 말살 통치에 대한 불만을 배경으로 일어났다.
③ 민족 자결주의의 영향을 받아 고종의 인산일에 일어났다.
④ 민족주의계와 사회주의계가 연대하는 계기가 되었다.

SOLUTION 난이도 상 중 **하**

자료분석 자료는 1926년 6월 10일 융희제(순종)의 인산일을 기해 일어난 6·10 만세 운동 당시 배포하기 위해 작성된 격문으로, 격문의 명의를 따라서 '대한 독립당 격고문'이라 한다. 6·10 만세 운동의 기획자로 시위 며칠 전에 경찰에 체포되었던 조선 공산당의 권오설이 작성한 것으로 알려져 있다.

정답해설 ④ 6·10 만세 운동은 민족주의 계열과 사회주의 계열과의 연대의 계기를 마련하여 민족 유일당 운동이 추진되는 데 영향을 주었고, 그 결과 신간회가 창설되었다.

오답피하기 ① 3·1 운동을 계기로 강압적인 무단 통치로는 한국을 지배하기 어렵다고 판단한 일제는 우리 민족의 문화와 관습을 존중하겠다고 선전하며 문화 통치를 표방하였다.
② 6·10 만세 운동은 문화 통치(민족 분열 통치) 시기인 1920년대에 일어나 민족 말살 통치에 대한 불만과는 관련이 없다.
③ 민족 자결주의의 영향을 받은 민족 운동은 3·1 운동이다. 6·10 만세 운동은 순종(고종 X)의 인산일을 기해 일어났다.

핵심개념 6·10 만세 운동(1926)

배경	· 순종 서거, 일제의 수탈 · 식민지 교육에 대한 불만(동맹 휴학 증가)
준비	· 조선 공산당(사회주의계) + 천도교(민족주의계) → 일제에 의해 사전 발각 · 조선 학생 과학 연구회(1925, 서울) → 예정대로 시위 운동 계획 추진
전개	순종의 인산일(6월 10일)에 만세 시위 전개 → 일제가 치안 유지법을 적용하여 탄압
의의	민족주의 계열과 사회주의 계열 함께 추진 → 연대 계기 마련 (민족 유일당 운동의 계기가 됨, 1927년 신간회 결성에 영향)

정답 ④ 한정판 125p, 기본서 766p

01 171 [2025. 서울시 9급 보훈청 추천] 회독 ○○○

〈보기〉의 노선이 결실을 맺어 창립된 단체로 가장 옳은 것은?

─ 보기 ─
민족주의적 세력에 대하여는 그 부르주아 민주주의적 성질을 명백히 인식하는 동시에 또 과정적 · 동맹자적 성질도 충분히 승인하여, 그것이 타락하는 형태로 출현되지 아니하는 것에 한하여 적극적으로 제휴한다.

① 의열단
② 한인애국단
③ 조선공산당
④ 신간회

SOLUTION 난이도 상 중 **하**

자료분석 〈보기〉는 정우회 선언(1926)의 내용이다. 1926년 11월 사회주의 사상 단체인 정우회는 민족주의 세력과 협동 전선을 주장하는 정우회 선언을 발표하였는데 이는 1927년 신간회 창립의 중요한 계기가 되었다.

정답해설 ④ 비타협적 민족주의자들과 사회주의자들은 1927년 신간회를 창립하고 회장에는 이상재, 부회장에는 홍명희를 선출하였다. 신간회는 독립운동의 이념과 방법의 차이를 넘어 민족 협동 전선을 결성하였다는 점에서 커다란 의미를 지닌다.

오답피하기 ① 의열단은 1919년 11월 신흥 무관 학교 출신인 김원봉, 윤세주 등이 만주 지린성에서 조직한 단체로, 일제의 식민 통치 기관을 파괴하고 침략 원흉을 응징하는 의열 투쟁을 전개하였다.
② 한인 애국단은 김구가 임시 정부의 침체를 적극적인 의열 투쟁을 통해 극복하고자 1931년 상하이에서 조직한 단체이다.
③ 조선 공산당은 1925년 결성된 사회주의 단체이다. 이 단체는 여러 차례 일본의 탄압을 받으면서 국내외 사회주의 운동을 이끌었다.

핵심개념 신간회의 활동(1927~1931)

· 한국인 본위의 교육 실시, 착취 기관 철폐(동양 척식 주식회사 폐지) 주장
· 일본인의 조선 이민 반대
· 농민 운동 지원, 노동 운동 지원(원산 노동자 총파업 지원)
· 청년 · 여성 · 형평 운동 등과도 연계하여 활동
· 광주 학생 항일 운동 지원[진상 조사단 파견, 민중 대회 계획(개최×)]
· 갑산 화전민 학살 사건(1929)에 대한 진상 규명 운동

정답 ④ 한정판 129p, 기본서 788p

밑줄 친 '단체'가 발표하였던 내용으로 옳은 것은?

일제와의 타협을 거부한 언론계, 불교계, 천도교계, 기독교계 등의 민족주의 진영과 일제의 탄압으로 활동이 위축되었던 사회주의 진영은 연합하여 1927년에 이 <u>단체</u>를 창립하고 이상재를 회장으로 선출하였다. 지회 중심의 활동이 활발하였던 이 <u>단체</u>는 전국 순회강연과 연설회를 개최하였으며, 노동·농민 운동 등 각종 사회 운동을 지원하고 수재민 구호 활동을 전개하였다.

① 우리의 철천지 원수는 자본 제국주의 일본이다!
② 공평은 사회의 근본이고 애정은 인류의 근본 강령이다.
③ 우리의 이 거사는 정의, 인도, 생존, 존영을 위하는 민족적 요구이다.
④ 우리는 정치·경제적 각성과 민족의 단결을 추구하며 기회주의를 배격한다.
⑤ 심오한 지식과 학문을 습득하기 위해서는 고등 교육 기관인 대학을 설립해야 한다.

(가) 단체가 창립된 시기는?

정우회 선언 발표 이후 비타협적 민족주의자들과 사회주의자들은 [(가)] 을/를 창립하고 회장에는 이상재, 부회장에는 홍명희를 선출하였다. [(가)] 은/는 각 지방을 순회하면서 강연회를 열었는데, 조선인에 대한 착취 기관 철폐, 타협적 정치 운동 배격 등을 주장하였다. [(가)] 은/는 민족 협동 전선을 결성하였다는 점에서 역사적 의의가 있다.

㉠	㉡	㉢	㉣	
안중근 의거	3·1 운동	6·10 만세 운동	광주 학생 항일 운동	중·일 전쟁 발발

① ㉠
② ㉡
③ ㉢
④ ㉣

SOLUTION 난이도 상 **중** 하

자료분석 자료의 밑줄 친 '단체'는 신간회이다. 신간회는 1927년 비타협적 민족주의 세력과 사회주의 세력 간의 협동체로 창립되었으며, 농민 운동 지원, 노동 운동 지원(원산 노동자 총파업 지원), 수재민 구호 활동, 재만 동포 옹호 운동 등을 전개하였다.

정답해설 ④ 신간회는 '우리는 정치적, 경제적 각성을 촉진한다.', '우리는 단결을 공고히 한다.', '우리는 기회주의를 일체 배격(부인)한다.'는 내용의 강령을 발표하였다.

오답피하기 ① '우리의 철천지 원수는 자본 제국주의 일본이다!'는 신간회 결성 이전 일어난 6·10 만세 운동(1926) 당시의 구호이다.
② '공평은 사회의 근본이고 애정은 인류의 근본 강령이다.'는 조선 형평사의 설립 취지문 내용이다. 1923년 백정 출신들은 경남 진주에서 이학찬 등을 중심으로 조선 형평사를 창립하고 평등한 대우를 요구하는 형평 운동을 전개하였다.
③ '우리의 이 거사는 정의, 인도, 생존, 존영을 위하는 민족적 요구이다.'는 기미(3·1) 독립 선언서의 공약 삼장 내용이다. 3·1 운동은 신분·직업·종교의 구별 없이 모든 계층이 참여한 대규모의 독립 운동으로, 우리 민족의 독립운동을 한 차원 높이는 중요한 분기점이 되었다.
⑤ '심오한 지식과 학문을 습득하기 위해서는 고등 교육 기관인 대학을 설립해야 한다.'는 민립 대학 설립 기성회 발기 취지서(1923)의 내용이다. 민립 대학 설립 기성회는 우리 민족의 힘으로 대학을 설립하려는 민립 대학 설립 운동을 주도하였다.

정답 ④ 한정판 129p, 기본서 788p

SOLUTION 난이도 상 중 **하**

자료분석 연표의 안중근 의거는 1909년, 3·1운동은 1919년, 6·10 만세 운동은 1926년, 광주 학생 항일 운동은 1929년, 중·일 전쟁 발발은 1937년의 사건이다.

정답해설 ③ 자료의 (가)에 해당하는 단체는 신간회이다. 신간회는 1927년 비타협적 민족주의 세력과 사회주의 세력 간의 협동체로 창립되었다. 서울에 본부를 설치하고 전국 각지에 조직을 확산시켜 140여 개의 지회를 구성하였다. 만주와 일본에도 지회를 조직하였으며, 2만~4만의 회원을 확보해 일제 강점기 최대 규모의 민족 운동 단체로 성장하였다.

핵심개념 신간회의 창립 배경과 과정

배경	국외	• 제1차 국공 합작(1924~1927) • 한국 독립 유일당 북경 촉성회(1926, 안창호)
	국내	• 자치론 대두(이광수, 최린) → 민족주의계 분열(타협적 민족주의 vs 비타협적 민족주의) • 6·10 만세 운동(1926) : 민족주의계와 사회주의계의 연대 계기 마련
창립 과정		조선 민흥회(1926. 7.) 결성 → 정우회 선언(1926. 11.) → 신간회 창립(1927. 2.)

정답 ③ 한정판 129p, 기본서 788p

〈보기〉에서 일제강점기 민족해방운동에 대한 설명으로 옳은 것을 모두 고른 것은?

─ 보기 ─
ㄱ. 민족 유일당 운동의 결과 「조선의 농민 및 노동자의 임무에 관한 테제」가 발표되었다.
ㄴ. 고종의 밀칙을 받아 대한독립의군부가 조직되었다.
ㄷ. 신채호는 「조선혁명선언」에서 민중직접혁명론을 주장했다.
ㄹ. 「대한민국건국강령」은 안창호의 삼균주의를 이론적 틀로 삼았다.

① ㄱ, ㄴ
② ㄱ, ㄹ
③ ㄴ, ㄷ
④ ㄷ, ㄹ

일제강점기 '문화 통치'에 기대를 걸면서 조선 의회의 설립을 추진하는 등 자치 운동을 주도한 인물로 가장 옳지 않은 것은?

① 이광수
② 안재홍
③ 최린
④ 김성수

SOLUTION 난이도 상 중 하

정답해설 ㄴ. 독립의군부(대한독립의군부)는 1912년 임병찬이 고종의 밀명을 받아 의병과 유생들을 규합하여 결성하였다. 독립의군부는 일본 정부의 내각 총리대신과 조선 총독부 관리들에게 국권 반환을 요구하는 서신을 보내는 한편, 의병전쟁을 계획하였다.
ㄷ. 『조선 혁명 선언』은 신채호가 의열단 선언문으로 작성한 것으로, 외교론·자치론·문화 운동론·준비론(실력 양성론) 등을 비판하며 민중의 직접 혁명을 통한 독립 쟁취(민중 직접 혁명론)를 주장하였다.

오답피하기 ㄱ. 1928년 코민테른은 12월 테제(조선의 농민 및 노동자의 임무에 관한 테제)에서 부르주아 민족주의 세력과의 통일 전선 운동 방침을 폐기하고 노동자·농민 하층 대중과의 통일 전선 방침으로 선회하였다. 이에 따라 사회주의자들은 민족주의자와 결별하고 노동자·농민 중심의 계급 혁명에 전념하였다.
ㄹ. 대한민국 건국 강령은 조소앙(안창호 X)의 삼균주의를 이론적 틀로 삼았다. 조소앙의 '삼균주의'는 정치, 경제, 교육의 균등을 통해 개인과 개인의 균등생활을 실현하고 이를 토대로 민족과 민족, 국가와 국가의 균등생활을 이루며, 나아가 세계 일가를 추구한다는 이론체계이다. 여기서 경제적 균등은 토지 국유와 대생산 기관 국유제의 실시로 실현된다고 보았다.

정답 ③ 한정판 129p, 기본서 790p

SOLUTION 난이도 상 중 하

정답해설 ①, ③, ④ 1920년대 실력 양성 운동이 큰 성과를 거두지 못하는 가운데 한편에서는 일부 민족주의 계열의 지식인, 지주, 자본가들이 일제의 식민 지배를 인정하고 정치적 실력을 키워야 한다고 주장하였다. 이광수, 최린, 김성수 등은 일제의 이른바 '문화 통치'에 기대를 걸면서 조선 총독부 아래에 자치 정부나 자치 의회를 만들게 해 달라는 자치 운동을 전개하였다. 이에 대해 비타협적 민족주의자와 사회주의자들은 크게 비판하였다. 또한 일제가 3·1 운동 이후 일부 한국인들의 정치적 권리를 인정하려는 태도를 보이자, 일본 의회에 한국인 대표를 참여시키려는 참정권 운동도 일어났다. 이와 같이 일제와 타협하여 한국인의 정치적 권리를 얻으려는 움직임은 1930년대 초까지 이어졌다. 하지만 이 운동은 아무런 성과도 없이 민족주의 세력의 분열을 초래하였고, 일제의 민족 분열 정책에 이용당하였다.

오답피하기 ② 이상재, 안재홍 등 비타협적 민족주의자들은 자치론자를 비판하며 민족 운동의 강화를 위해 사회주의 세력과 연대를 모색하였다. 이러한 움직임은 신간회 결성으로 이어졌다.

정답 ② 한정판 129p, 기본서 788p

민족 문화 수호 운동

주제 087 · 일제 강점기 한국사 연구

01 176 [2023. 지역인재 9급] 회독 ○○○

다음과 같이 주장한 인물에 대한 설명으로 옳은 것은?

> 옛사람이 말하기를 나라는 멸망할 수 있으나 그 역사는 결코 없어질 수 없다고 했으니, 이는 나라가 형체라면 역사는 정신이기 때문이다. 이제 우리나라의 형체는 없어져 버렸지만, 정신은 살아남아야 할 것이다.

① 진단학회를 조직하고 「진단학보」를 발행하였다.
② 「유교구신론」을 통해 유교의 개혁을 주장하였다.
③ 「여유당전서」를 펴내고 조선학 운동을 전개하였다.
④ 의열단의 기본 정신을 제시한 「조선혁명선언」을 작성하였다.

SOLUTION
난이도 상 중 **하**

자료분석 자료는 박은식이 저술한 『한국통사』의 일부이다. 박은식은 형체인 나라를 빼앗겼지만 정신인 역사를 지키면 언젠가 나라가 부활할 것이라고 주장하였다.

정답해설 ② 박은식은 민족주의 사학자로, 『유교 구신론』에서 실천적인 새로운 유교 정신을 강조하였다.

오답피하기 ① 이병도, 손진태 등이 1934년 진단학회를 조직하고 『진단학보』를 발행하였다.
③ 조선학 운동은 1934년 정인보, 안재홍, 문일평 등이 다산 서거 99주년을 기념하며 『여유당전서』를 간행하면서 시작되었다.
④ 「조선 혁명 선언」은 신채호가 의열단 선언문으로 작성한 것으로, 외교론·자치론·문화 운동론·준비론(실력 양성론) 등을 비판하며 민중의 직접 혁명을 통한 독립 쟁취(민중 직접 혁명론)를 주장하였다.

핵심개념 박은식(1859~1925)

1898년	독립 협회 가입, 황성신문 주필
1904년	대한매일신보 주필
1907년	신민회 가입
1909년	대동교 창시, 유교 구신론 주장
1910년	조선 광문회 조직(최남선과 함께)
1911년	동창학교 교사
1912년	상하이 동제사 조직(신규식과 함께)
1915년	한국통사 편찬, 대동보국단 조직
1919년	(대한국민)노인동맹단 조직
1920년	한국독립운동지혈사 간행
1925년	대한민국 임시정부 2대 대통령
저서	• 대동고대사론, 동명성왕실기, 천개소문전(연개소문) • 안중근전, 이준전 등 저술

정답 ② 한정판 131p, 기본서 808p

주제 088 · 일제 강점기 사회 · 문화

01 177 [2024. 서울시 9급 보훈청 추천] 회독 ○○○

일제강점기 종교계의 활동으로 가장 옳지 않은 것은?

① 천주교는 『개벽』, 『신여성』 등의 잡지를 발행하였다.
② 불교에서는 사찰령 폐지 운동을 전개하였다.
③ 대종교는 중광단을 조직하여 항일무장투쟁을 전개하였다.
④ 일부 개신교계에서는 신사 참배 거부 운동을 벌이기도 하였다.

SOLUTION
난이도 상 **중** 하

정답해설 ② 일제 강점기 한용운은 조선 불교 유신회를 조직(1921)하여 일본의 사찰령·승려법에 대항하였다. 사찰령은 1911년 일제가 한국 불교를 억압하기 위해 제정한 법령이다. 사찰을 병합·이전·폐지할 때는 조선 총독의 허가를 받아야 하는 등의 법령을 포함하고 있었다.
③ 대종교는 민족주의 성격이 강한 종교로, 일제의 감시와 탄압이 강화되자 만주로 본부를 이동하고 그곳에 중광단과 북로 군정서군을 결성하여 무장 항일 투쟁에 참여하였다.
④ 일제는 3·1 운동에서 기독교도들의 활동이 두드러지자 기독교도들에 대한 탄압을 한층 강화하였다. 기독교계는 일제강점기 말 신사참배 거부 운동을 벌여 일제로부터 심한 탄압을 받았다.

오답피하기 ① 천도교는 제2의 3·1운동을 계획(1922)하였으며 『개벽』과 『어린이』, 『신여성』을 간행하여 신문화 운동을 전개하며 민중 계몽에 기여하였다. 천주교는 개화기 이후 사회사업을 지속적으로 확대하고 잡지 『경향』을 발행하는 등 민중 계몽에 힘썼으며, 만주에서 의민단을 조직하여 무장 항일 투쟁(청산리 전투 참가)을 전개하기도 하였다.

핵심개념 종교계의 활동

개신교	일제 말기 신사 참배 거부 운동
천주교	잡지 〈경향〉 발행, 의민단 조직(만주, 1919)
불교	• 조선 불교 유신회(1921, 한용운) 조직 • 일제의 사찰령(1911)에 저항
천도교	• 3·1 운동 주도, 제2의 3·1 운동 계획 • 〈개벽〉, 〈어린이〉, 〈신여성〉 등 잡지 간행, '어린이날' 제정
대종교	중광단, 북로 군정서
원불교	• 1916년 박중빈 창시 • 개간 사업, 저축 운동 전개, 남녀 평등, 허례허식 폐지, 금주·단연 등 새 생활 운동 전개

정답 ① 한정판 132p, 기본서 813p

PART 8

현대 사회의 발전

광복과 대한민국의 수립

주제 089	모스크바 3국 외상 회의와 제1차 미·소 공동 위원회 개최

01 178 [2024. 지역인재 9급]   회독 ○○○

다음 자료가 발표된 배경으로 옳은 것은?

> 5개년 운운이라도 신탁 통치란 것은 최악의 국제 과오로서 우리 삼천만 대중이 도저히 승인할 수 없는 바이다. 5개월 미만의 반신불수적인 미국과 소련의 분할 점령 치하에서도 허다한 정치적·사회적 현상이 만들어지고 있는데, 5개년의 신탁 통치란 것은 조선 민족의 분열과 사회적 붕괴를 조장 촉성하여 헤아릴 수 없는 깊은 바닷속으로 몰아넣는 것과 같다.
>
> – 『동아일보』 1945년 12월 29일 –

① 좌우 합작 7원칙이 발표되었다.
② 모스크바 3국 외상 회의가 개최되었다.
③ 제1차 미·소 공동위원회가 무기한 휴회되었다.
④ 유엔 소총회에서 남한만의 단독 총선거가 결의되었다.

SOLUTION   난이도 상 중 하

자료분석 자료는 신탁 통치에 대한 비판 내용이다.

정답해설 ② 1945년 12월 한국의 전후 처리 문제를 해결하고자 모스크바에서 미국, 영국, 소련 3국의 외무 장관이 회의를 개최하였다(모스크바 3국 외상 회의). 이 회의에서 임시 민주 정부의 수립과 이를 위한 미소 공동 위원회의 설치, 최대 5년간 신탁 통치의 실시 등의 결정이 채택되었다. 신탁 통치 결정 소식이 국내에 전해지자 이를 둘러싼 좌익과 우익의 대립이 격화되었다.

오답피하기 ① 제1차 미·소 공동 위원회가 결렬되고 단독 정부 수립 운동이 일어나자 김규식(중도 우)과 여운형(중도 좌)을 중심으로 한 중도 세력은, 미국에 우호적인 정부를 세우려는 미군정의 지원을 받아 좌우 합작 위원회를 결성(1946. 7.)하였다. 1946년 10월 좌우 합작 위원회는 좌익과 우익의 제안을 절충해 '좌우 합작 7원칙'을 발표했다.
③ 1946년 미국과 소련은 모스크바 3국 외상 회의의 결정 사항을 이행하기 위해 제1차 미소 공동 위원회를 개최하였다. 그러나 미국과 소련은 미소 공동 위원회와 민주주의 임시 정부 수립에 관한 협의에 참여할 단체의 범위를 놓고 대립하였다. 소련은 모스크바 3국 외상 회의의 결정을 반대하는 세력은 참여시킬 수 없다고 주장하였다. 반면, 미국은 모스크바 3국 외상 회의의 결정 사항인 신탁 통치안에 반대하더라도 참여를 원하는 모든 단체가 협의 대상이어야 한다고 주장하였다. 결국 미국과 소련의 의견 대립으로 결론에 이르지 못하였고, 제1차 미소 공동 위원회는 결렬되어 무기한 휴회에 들어갔다.
④ 1947년 11월 유엔 총회는 인구 비례에 의한 남북한 총선거를 결정했으나 소련이 유엔 한국 임시 위원단의 입북을 거부하자 1948년 2월에 열린 유엔 소총회에서 남한만의 단독 선거가 결정되었다. 이에 1948년 5월 10일 유엔 한국 임시 위원단의 감시하에 남한만의 단독 선거가 실시되었다(5·10 총선거).

정답 ② 한정판 134p, 기본서 831p

주제 090	해방 전후 인물

01 179 [2025. 지방직 9급]   회독 ○○○

밑줄 친 '내'에 대한 설명으로 옳은 것만을 모두 고르면?

> 내가 원하는 우리 민족의 사업은 결코 세계를 무력으로 정복하거나 경제력으로 지배하려는 것이 아니다. 오직 사랑의 문화, 평화의 문화로 우리 스스로 잘 살고 인류 전체가 의좋게 즐겁게 살도록 하는 일을 하자는 것이다. 어느 민족도 일찍이 그러한 일을 한 이가 없었으니 그것은 공상이라고 하지 말라.

┌ 보기 ┐
ㄱ. 대한민국 임시정부 주석을 지냈다.
ㄴ. 상하이에서 한인 애국단을 조직하였다.
ㄷ. 조선 의용대를 창설하여 항일 무장 투쟁을 전개하였다.
ㄹ. 조선 혁명군을 지휘하여 영릉가 전투를 승리로 이끌었다.
└───┘

① ㄱ, ㄴ   ② ㄱ, ㄷ   ③ ㄴ, ㄹ   ④ ㄷ, ㄹ

SOLUTION   난이도 상 중 하

자료분석 밑줄 친 '내'에 해당하는 인물은 백범 김구이다. 자료는 백범일지에 수록된 내용으로 김구가 원하는 나라에 대한 내용이 담겨 있다.

정답해설 ㄱ. 대한민국 임시 정부는 집행력을 강화하기 위하여 주석 중심제로 헌법을 개정(제4차 개헌, 1940. 10.)하고 주석(김구) 중심의 단일 지도 체제를 마련하였다.
ㄴ. 김구는 침체에 빠진 임시 정부에 활기를 불어넣기 위해 1931년 상하이에서 한인 애국단을 조직하였다.

오답피하기 ㄷ. 1938년 조선 의용대를 창설하여 항일 무장 투쟁을 전개한 인물은 김원봉이다.
ㄹ. 조선 혁명군을 지휘하여 영릉가 전투(1932)를 승리로 이끈 인물은 양세봉이다.

정답 ① 한정판 154p, 기본서 772p

〈보기〉의 글을 쓴 사람에 대한 설명으로 가장 옳지 않은 것은?

─ 보기 ─

왜적이 항복한다 하였다. 이것은 내게 기쁜 소식이라기보다는 하늘이 무너지는 듯한 일이었다. 천신만고 끝에 수년 동안 애를 써서 참전할 준비를 한 것이 다 허사이다. 시안과 푸양에서 훈련을 받은 우리 청년들을 미국 잠수함에 태워 본국에 들여보내 국내의 중요한 곳을 파괴하거나 점령한 뒤에 미국 비행기로 무기를 운반할 계획까지도 미국 육군성과 다 약속이 되었던 것을 한번 해 보지도 못하고 왜적이 항복했으니……

– 『백범일지』 –

① 대한민국 임시 정부의 대통령이었으나 탄핵을 당하였다.
② 한인 애국단을 조직하였다.
③ 신탁 통치 반대 운동을 펼쳤다.
④ 통일정부 수립을 위하여 남북 정치 요인 회담을 제의하였다.

SOLUTION   난이도 상 중 하

자료분석 자료는 김구가 쓴 글로, 국내 진공 작전이 무산된 것에 대한 안타까움이 담겨 있다. 한국광복군은 미군과 연합하여 국내 진공 작전을 시행하기로 계획하였다. 이를 위해 미국 전략 정보국(OSS)과의 협조하에 국내 정진군을 편성하고 이들에게 특수 훈련을 시켰다. 그러나 일본군이 원자 폭탄 투하로 연합군에 항복하면서 실행에 옮기지는 못했다.

정답해설 ② 김구는 대한민국 임시 정부의 침체를 극복하고, 독립운동에 활력을 불어넣고자 1931년 상하이에서 한인 애국단을 조직하였다.
③ 김구를 비롯한 대한민국 임시 정부의 핵심 인사들은 신탁 통치 반대 국민 총동원 위원회를 결성(1945. 12.)하여 반탁 운동을 전개하였다.
④ 분단의 가능성이 높아지자, 1948년 2월 김구, 김규식은 통일 정부를 수립하기 위해 김일성 등 북한 지도부에 남북 정치 요인 회담을 제의하였다. 그리고 그해 4월 김구와 김규식은 38도선을 넘어 평양에서 북한 지도부와 남북 협상을 가졌다.

오답피하기 ① 이승만에 대한 설명이다. 국민 대표 회의 이후 임시 정부는 이승만을 탄핵(1925)하고, 박은식을 2대 대통령으로 선출하였다(1925. 3.).

핵심개념 백범 김구(1876~1949)

1894년		팔봉접주가 되어 동학군 선봉장으로 해주성 공략
1908년		신민회 가입
1919년		대한민국 임시정부 초대 경무 국장
1926년		대한민국 임시정부 국무령 취임
1931년		한인애국단 조직
1935년		한국 국민당 조직
1940년	9월	충칭에서 한국 광복군 창설
	10월	충칭 대한민국 임시 정부 주석
1945년	11월	개인 자격으로 입국
	12월	신탁 통치 반대 국민 총동원 위원회 결성
1948년	2월	'삼천만 동포에게 읍고함' 발표(남한 단독 선거 반대)
	4월	남북 협상 참가
1949년 6월		육군 소위 안두희에게 암살

정답 ① 한정판 154p, 기본서 835p

다음 활동을 한 인물은?

• 조선 건국 준비 위원회를 조직하고 그 위원장을 역임하였다.
• 남북의 통일된 정부를 수립하기 위한 좌우 합작 운동을 전개하던 중 암살당하였다.

① 조소앙
② 여운형
③ 이상재
④ 조봉암

SOLUTION   난이도 상 중 하

정답해설 ② 일본이 패망하기 직전 조선 총독부로부터 치안권을 이양받은 여운형은 광복 직후 안재홍 등과 함께 조선 건국 동맹을 기반으로 하여 조선 건국 준비 위원회를 조직하였다. 또한 이승만이 통일 정부 수립이 어렵다면 남한만이라도 정부를 수립해야 한다는 '정읍 발언'을 발표하자 분단을 우려해 김규식과 1946년 7월에 좌우 합작 위원회를 발족하였다.

오답피하기 ① 조소앙은 정치·경제·교육의 균등(삼균)을 위해 보통선거제(정치), 국유제(경제), 의무교육 실시(교육) 등을 주장하였다.
③ 이상재는 신간회 설립 당시 회장을 역임했으며 신간회 설립 전에는 조선 민립 대학 설립 기성회를 조직해 민립 대학 설립 운동을 주도하기도 했다.
④ 1958년 1월 이승만 정부는 북한의 주장과 유사한 평화 통일 방안을 주장하였다는 혐의로 진보당의 조봉암 등을 체포하였고, 조봉암은 이듬해 사형에 처해졌다(1959).

핵심개념 몽양 여운형(1886~1947)

1907년	국채 보상 단연 동맹 지회 설립
1918년	신한 청년당 결성(상하이)
1919년	대한민국 임시정부 외무부 차장 취임
1920년	고려공산당 가입
1923년	국민대표 회의 참석(임시 정부 개조 주장)
1933년	조선중앙일보 사장 취임 → 손기정 일장기 말소 사건(1936)으로 신문이 폐간되어 사장직 퇴임
1944년	조선 건국 동맹 결성
1945년	조선 건국 준비 위원회 결성, 조선 인민 공화국 선포
1946년	미군정의 지원으로 좌우 합작 위원회 조직
1947년	서울 혜화동에서 한지근에 의해 피살

정답 ② 한정판 134p, 기본서 828p

다음과 같이 주장한 인물은?

- 소수의 독립군으로 강대한 일본군을 물리치는 것은 역부족이다. 독립을 위해서는 일본과의 군사적 대결보다는 외교 활동을 통해 일본에 압력을 가할 수 있는 강대국에 도움을 호소해야 한다.
- 이제 우리는 무기휴회된 공위가 재개될 기색도 보이지 않으며 통일정부를 고대하나 여의치 않으니 우리는 남방만이라도 임시 정부 혹은 위원회 같은 것을 조직하여 38도선 이북에서 소련을 철퇴하도록 세계 공론에 호소하여야 될 것이니 여러분도 결심하여야 될 것이다.

① 김구
② 이승만
③ 안창호
④ 김규식

〈보기〉의 발표 이후에 일어난 일로 가장 옳은 것은?

┌─ 보기 ─────────────────────────

좌우 합작 위원회 합작 원칙

본 위원회의 목적을 달성하기 위하여 기본 원칙을 아래와 같이 의논하여 정함

1) 조선의 민주 독립을 보장한 삼상 회의 결정에 의하여 남북을 통한 좌우 합작으로 민주주의 임시 정부를 수립할 것
2) 미소 공동 위원회 속개를 요청하는 공동 성명을 발표할 것

└──────────────────────────────

① 이승만의 정읍 발언
② 제1차 미소 공동 위원회 개최
③ 김구의 「삼천만 동포에게 읍고함」 발표
④ 조선 건국 준비 위원회의 조선 인민 공화국 선포

SOLUTION　　난이도 상 중 **하**

자료분석　자료는 이승만과 관련된 내용이다.

정답해설　② 이승만은 독립 문제에 대한 국제 여론 조성에 노력하였다. 워싱턴 회의, 국제 연맹, 극동 인민 대표 회의 등에 독립 지원을 호소하였다. 광복 후에는 제1차 미소 공동 위원회가 결렬되자(1946. 5.) 통일 정부 수립이 어렵다면 남한만이라도 정부를 수립해야 한다는 '정읍 발언'을 발표(1946. 6.)하면서 큰 반향을 불러일으켰다.

오답피하기　① 김구는 김규식과 함께 남북 분단을 저지하기 위하여 북한에 남북 협상을 제의(1948. 2.)하였고, 이를 북한이 수용하면서 1948년 4월 남북 협상이 이루어지게 되었다.
③ 안창호는 신민회, 대한민국 임시 정부 등에서 활동했으며 1913년 미국 샌프란시스코에서 흥사단을 조직하기도 했다.
④ 김규식은 파리 강화 회의에 대표로 파견되었으며 광복 후에는 여운형과 함께 좌우 합작 위원회를 조직하였다(1946. 7.).

핵심개념　우남 이승만(1875~1965)

1898년	독립협회의 만민 공동회 참여, 제국신문 주필
1919년 2월	국제연맹 위임통치 청원서 제출(to 윌슨)
1919년 9월	대한민국 임시 정부 초대 대통령
1925년	임시정부 대통령에서 탄핵됨
1945년 10월	귀국 후 독립촉성중앙협의회 조직(회장으로 추대됨)
1946년 6월	정읍 발언(남한 단독 정부 수립 주장)
1948년	• 5·10 총선거에서 국회의원 당선 • 5월 31일 제헌 국회 의장으로 선출됨 • 7월에 제헌 국회에서 대한민국 초대 대통령으로 선출됨

정답　② 한정판 154p, 기본서 832p

SOLUTION　　난이도 상 중 **하**

자료분석　자료는 1946년 10월 발표된 좌우 합작 7원칙의 일부이다. 좌우 합작 위원회는 좌우 양측의 이견을 조율하여 좌우 합작 7원칙을 발표하였다. 7원칙의 주요 내용은 미·소 공동 위원회를 재개하여 남북을 망라한 임시 정부를 세우고, 유상 매상과 무상 분배 방식으로 토지 개혁을 실시할 것 등이었다.

정답해설　③ 김구는 1948년 2월 「삼천만 동포에게 읍고함」을 발표하였다. 김구는 이를 통해 남한 단독 정부 수립에 반대하였다.

오답피하기　① 1946년 6월 이승만은 전라도 정읍에서 행한 연설에서 남한 단독 정부 수립을 주장하였다(정읍 발언).
② 1946년 3월 제1차 미소 공동 위원회가 서울에서 개최되었다. 그러나 미국과 소련은 미소 공동 위원회와 민주주의 임시 정부 수립에 관한 협의에 참여할 단체의 범위를 놓고 대립하였다. 소련은 모스크바 3국 외상 회의의 결정을 반대하는 세력은 참여시킬 수 없다고 주장하였다. 반면, 미국은 모스크바 3국 외상 회의의 결정 사항인 신탁 통치안에 반대하더라도 참여를 원하는 모든 단체가 협의의 대상이어야 한다고 주장하였다. 결국 미국과 소련의 의견 대립으로 결론에 이르지 못하였고, 제1차 미소 공동 위원회는 결렬되어 무기한 휴회에 들어갔다.
④ 조선 건국 준비 위원회는 미군과의 협상에서 유리한 입장을 차지하기 위해 1945년 9월 6일 조선 인민 공화국 수립을 선포하였다.

정답　③ 한정판 134p, 기본서 833p

〈보기〉의 사건을 시간순으로 나열할 때 두 번째에 해당하는 사건은?

─ 보기 ─
ㄱ. 모스크바에 3국의 외상이 모여 한반도 문제를 논의
ㄴ. 마국과 소련이 공동 위원회를 두 차례에 걸쳐서 개최
ㄷ. 통일 정부 수립을 목표로 남북의 지도자들이 평양에서 회담
ㄹ. 국제연합(UN) 총회에서 남북한 총선거 결의안 채택

① ㄱ   ② ㄴ
③ ㄷ   ④ ㄹ

주제 092   **5·10 총선거와 대한민국 정부 수립**

다음 밑줄 친 '이 선거'에 대한 설명으로 가장 옳은 것은?

이 우표는 1948년에 실시된 선거를 기념하여 만들어진 것입니다. 이 선거는 우리 역사상 최초로 실시된 보통 선거라는 의미가 있습니다.

① 임기 4년의 국회의원을 선출하였다.
② 김구, 김규식은 선거 불참을 선언하였다.
③ 이 선거로 이승만이 대통령에 선출되었다.
④ 18세 이상 모든 국민에게 투표권이 부여되었다.

SOLUTION   난이도 상 중 하

자료분석 〈보기〉의 사건들은 ㄱ → ㄴ → ㄹ → ㄷ 순으로 일어나 두 번째에 해당하는 사건은 ㄴ이다.

정답해설 ㄱ. 1945년 12월 한국의 전후 처리 문제를 해결하고자 모스크바에서 미국, 영국, 소련 3국의 외무 장관이 회의를 개최하였다(모스크바 3국 외상 회의). 이 회의에서 임시 민주 정부의 수립과 이를 위한 미소 공동 위원회의 설치, 최대 5년간 신탁 통치 실시 등의 결정이 채택되었다.
ㄴ. 1946년 3월 미국과 소련은 모스크바 3국 외상 회의의 결정 사항을 이행하기 위해 제1차 미소 공동 위원회를 개최하였다. 그러나 미국과 소련은 미소 공동 위원회와 민주주의 임시 정부 수립에 관한 협의에 참여할 단체의 범위를 놓고 대립하였다. 소련은 모스크바 3국 외상 회의의 결정을 반대하는 세력은 참여시킬 수 없다고 주장하였다. 반면, 미국은 모스크바 3국 외상 회의의 결정 사항인 신탁 통치안에 반대하더라도 참여를 원하는 모든 단체가 협의의 대상이어야 한다고 주장하였다. 결국 미국과 소련의 의견 대립으로 결론에 이르지 못하였고, 제1차 미소 공동 위원회는 결렬되어 무기한 휴회에 들어갔다. 1947년 5월에 제2차 미소 공동 위원회가 재개되었으나 다시 결렬되고 말았다.
ㄹ. 1947년 11월 유엔 총회에서는 유엔 한국 임시 위원단을 설치하고, 유엔 감시 아래 인구 비례에 의한 남북한 총선거를 통해 통일 정부를 수립할 것을 결정하였다.
ㄷ. 분단의 가능성이 높아지자 김구, 김규식은 통일 정부를 수립하기 위해 김일성 등 북한 지도부에 남북 정치 요인 회담을 제의하였다. 그 결과 1948년 4월 김구와 김규식은 38도선을 넘어 평양에서 북한 지도부와 남북 협상을 가졌다.

정답 ② 한정판 135p, 기본서 836p

SOLUTION   난이도 상 중 하

자료분석 1948년에 우리 역사상 최초로 실시된 보통 선거라는 사실을 통해 밑줄 친 '이 선거'가 5·10 총선거라는 것을 알 수 있다.

정답해설 ② 김구와 김규식 등 남북 협상파와 일부 좌익 세력은 선거에 참여하지 않았다.

오답피하기 ① 5·10 총선거 결과 임기 2년의 제헌 국회 의원이 선출되었다.
③ 5·10 총선거는 임기 2년의 제헌 국회 의원을 선출하기 위한 선거이고, 제헌 국회에서 이승만을 대통령에 선출하였다.
④ 5·10 총선거에는 21세 이상 모든 국민이 보통·평등·비밀·직접 선거의 원칙에 따라 참여하여, 95.5%라는 높은 투표율을 보였다.

핵심개념 5·10 총선거(1948. 5. 10)

대상	(만) 21세 이상 모든 국민에게 투표권 부여(피선거권은 만 25세 이상)
결과	• 제헌 국회 의원 선출(임기 2년) : 무소속이 가장 多 • 제헌 국회 개원(5월 31일), 의장 이승만, 부의장 신익희
의의	• 우리나라 최초의 민주 선거(보통·평등·비밀·직접)
한계	• 남북 협상파(김구와 김규식, 조소앙 등), 공산주의자 불참 • 총 200개 의석 중 제주도 2개 구는 제외 → 198명의 제헌 국회 의원 선출

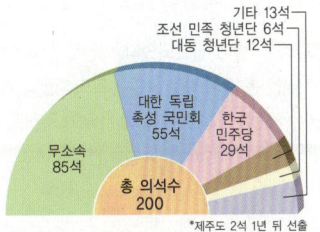

▲ 제헌 국회 정당별 의석 분포

정답 ② 한정판 135p, 기본서 837p

01   186   [2025. 국가직 9급]   회독 ○○○

밑줄 친 '이 헌법' 공포 이후에 있었던 사실로 옳은 것은?

> 제헌 국회는 "유구한 역사와 전통에 빛나는 우리들 대한국민은 기미 삼일운동으로 대한민국을 건립하여 세계에 선포한 위대한 독립정신을 계승하여 이제 민주독립국가를 재건함에 있어서"라고 명시한 이 헌법을 공포하였다.

① 미군정청이 설치되었다.
② 5 · 10 총선거가 실시되었다.
③ 반민족 행위 처벌법이 공포되었다.
④ 한국의 독립을 언급한 카이로 회담이 개최되었다.

---

02   187   [2024. 서울시 9급 2차]   회독 ○○○

〈보기〉의 자료가 공포된 이후에 일어난 일로 가장 옳지 않은 것은?

> ── 보기 ──
> 유구한 역사와 전통에 빛나는 대한 국민은 기미 3 · 1운동으로 대한민국을 건립하여 세계에 선포한 위대한 독립 정신을 계승하여 이제 민주 독립 국가를 재건함에 있어서 정의, 인도와 동포애로써 민족의 단결을 공고히 하며 모든 사회적 폐습을 타파하고 민주주의 제제도를 수립하여 정치, 경제, 사회, 문화의 모든 영역에 있어서 각인의 기회를 균등히 하고 능력을 최고도로 발휘케 하며 각인의 책임과 의무를 완수케 하여……

① 제주 4 · 3 사건이 발생했다.
② 친일청산을 위해 '반민특위'가 설치되었다.
③ 북한에 조선민주주의인민공화국이 수립되었다.
④ '유상매수, 유상분배'의 원칙에 따라 농지개혁이 실시되었다.

SOLUTION   난이도 상 중 **하**

자료분석   자료는 1948년 7월에 제정된 제헌 헌법이다. 제헌 국회에서 공포하였다는 사실을 통해 알 수 있다.

정답해설   ③ 제헌 국회는 1948년 9월 일제 강점기의 반민족 행위자 처벌 및 재산 몰수 등의 조항이 담긴 반민족 행위 처벌법을 제정하였다.

오답피하기   ① 미군정청은 해방 직후인 1945년 9월에 설치되었다.
② 5 · 10 총선거는 1948년 5월에 실시되었다. 이 선거는 직접 · 평등 · 비밀 · 보통의 원칙에 따라 21세 이상의 모든 국민에게 투표권이 부여된 우리나라 최초의 보통선거였다.
④ 카이로 회담은 1943년 11월에 개최되었다. 이집트 카이로에 모인 미국 · 영국 · 중국 3개국 정상은 회담을 통해 카이로 선언에 합의하였다. 선언문에는 '한국인의 노예 상태에 유의하여, 적당한 시기에 한국에 자유와 독립을 회복시킨다.'라는 내용이 포함되었다. 이 선언은 우리나라의 독립을 연합국이 최초로 보장하였다는 점에서 의미를 지닌다.

정답   ③ 한정판 136p, 기본서 838p

SOLUTION   난이도 상 **중** 하

자료분석   자료는 1948년 7월 17일 제정된 제헌 헌법의 전문 내용이다.

정답해설   ② 제헌 국회는 국민의 여망에 따라 1948년 9월 반민족 행위 처벌법을 제정하고, 10월에 반민족 행위 특별 조사 위원회(반민 특위)와 특별 재판부를 설치하였다.
③ 북한은 1948년 9월 9일 김일성을 수상으로 하는 조선민주주의인민공화국 정권을 수립하였다.
④ 1949년 6월 농지 개혁법이 공포되고, 1950년 3월에는 일부 개정되어 시행에 들어갔다. 농지 개혁은 경자유전(耕者有田)의 원칙에 따라 유상 매수, 유상 분배의 자본주의적 방법으로 시행되었다.

오답피하기   ① 제주 4 · 3 사건은 남한의 단독 정부 수립 반대와 미군 철수 등을 외치며 공산주의자와 제주도의 일부 주민들이 무장 봉기한 사건으로 제헌헌법 제정 이전인 1948년 4월 3일에 일어났다.

정답   ① 한정판 136p, 기본서 837p

03 188 [2024. 서울시 9급 보훈청 추천]　　　회독 ○○○

〈보기〉에 관련된 정책에 대한 설명으로 가장 옳은 것은?

┌─ 보기 ─────────────────────────────
제5조 정부는 다음에 의하여 농지를 취득한다.
　　1. 다음의 농지는 정부에 귀속한다.
　　　(가) 법령 및 조약에 의하여 몰수 또는 국유로 된 농지
　　　(나) 소유권의 명의가 분명하지 않은 농지
　　2. 다음 농지는 적당한 보상으로 정부가 매수한다.
　　　(가) 농가 아닌 자의 농지
　　　(나) 자경하지 않는 자의 농지
└───────────────────────────────────

① 토지 소유 상한선을 5정보로 하였다.
② 신한공사를 통해 농지를 관리하였다.
③ 6·25 전쟁으로 한동안 중단되었다.
④ 농지와 과수원, 임야가 대상이 되었다.

SOLUTION　　　난이도 상 **중** 하

자료분석 자료는 대한민국 정부 수립 후 이승만 정부 때 제헌 국회에서 제정한 농지 개혁법(1949. 6.)의 일부 내용이다.

정답해설 ③ 농지 개혁법은 1950년 3월 일부 개정되어 시행에 들어갔으나 6·25 전쟁의 발발로 인해 한동안 중단되었다. 관계 서류가 소실되거나 분실되는 등의 어려움에도 불구하고 9·28 서울 수복과 더불어 다시 착수되었다.

오답피하기 ① 농지 개혁은 3정보(5정보 ×)를 초과하는 토지는 정부가 사들인 다음, 이를 농민에게 대가를 받고 분배하는 '유상 매입(유상 매수), 유상 분배'의 방식으로 추진되었다.
② 신한공사는 미군정 시기 일제의 귀속 재산을 소유·관리한 회사로, 농지 개혁 실시 전인 1948년 3월에 해체되었다.
④ 농지 개혁은 임야가 제외된 농경지에 국한된 개혁이었다.

핵심개념 농지 개혁

법 제정 및 시행	1949년 6월 제정 → 1950년 3월 일부 개정 및 시행
배경	• 농민의 다수가 소작농, 북한의 토지 개혁 실시(1946) • 미군정의 농지 유상 분배 : 1948년 3월 신한공사 해체 → 중앙토지행정처로 개칭 → 귀속 농지 매각
원칙	경자유전, 유상 매입(유상 매수)·유상 분배
방법	• 3정보를 상한으로 하여 그 이상 지주가 소유한 농지는 국가가 유상 매입 → 지주에게 지가 증권 발급 • 국가에서 매수한 농지는 영세 농민에게 3정보를 한도로 유상 분배 → 1년 평균 생산량의 1.5배를 생산물로 5년간 분할(균등) 상환(매년 평균 생산량의 30%씩 5년 동안 현물로 상환)
결과	• 자작농(자영농) 증가, 전근대적 지주제 소멸, 소작제 폐지 • 근대 농업 경제 발전의 발판 마련 • 6·25 전쟁 전에 시행되어 남한의 공산화 저지에 기여
한계	• 농지를 제외한 토지는 개혁 대상에서 제외 • 농지 개혁 실시 지연 → 지주들의 개혁 이전 토지 처분 → 농지 개혁 대상 토지 감소 • 지가 증권을 현금으로 바꾸기 어려워 중소 지주층이 산업 자본가로 전환되지 못하고 몰락

정답 ③ 한정판 136p, 기본서 840p

주제 094 북한 정권의 수립과 6·25 전쟁 및 대남도발

01 189 [2025. 지방직 9급]　　　회독 ○○○

다음 조약이 체결되고 난 이후에 일어난 일은?

┌───────────────────────────────────
제2조 당사국 중 어느 한 나라의 정치적 독립 또는 안전이 외부로부터의 무력 공격에 의하여 위협을 받고 있다고 어느 당사국이든지 인정할 때에는 언제든지 당사국은 서로 협의한다.
제4조 상호적 합의에 의하여 미합중국의 육군, 해군, 공군을 대한민국의 영토 내와 그 부근에 배치하는 권리를 대한민국은 이를 허가하고 미합중국은 이를 수락한다.
└───────────────────────────────────

① 판문점에서 정전협정이 체결되었다.
② 베트남에 한국군 전투 부대가 파견되었다.
③ 이승만 대통령이 반공 포로를 석방하였다.
④ 유엔군 총사령관 맥아더가 인천 상륙 작전을 감행하였다.

SOLUTION　　　난이도 상 중 **하**

자료분석 자료는 1953년 10월에 체결된 한·미 상호 방위 조약의 일부 내용이다. 한·미 상호 방위 조약은 한국과 미국 사이에 체결된 양국의 공동 방위 조약으로, 제3국의 영토 침범 시 공동 대처, 주한 미군의 주둔 등을 주요 내용으로 한다.

정답해설 ② 한국군의 베트남 파병은 1964년 의료단과 태권도 교관의 파견으로 시작되었다. 1965년부터는 전투 부대의 파병이 이루어져 1973년까지 32만여 명의 병력이 파병되었다.

오답피하기 ① 판문점에서 정전 협정이 체결된 것은 1953년 7월의 일이다. 현 전선(접전 지역)을 군사 분계선(휴전선)으로 하기로 하고, 미국의 포로 송환 방침(자유 송환)에 공산군 측이 대체로 동의함으로써 마침내 1953년 7월 27일 판문점에서 정전 협정이 체결되었다.
③ 이승만의 반공 포로 석방은 1953년 6월의 일이다. 휴전 회담이 거의 타결되어 갈 무렵 이승만 대통령이 반공 포로들을 전격적으로 석방하여 휴전 회담이 위기에 처하기도 하였다.
④ 맥아더의 인천 상륙 작전은 1950년 9월의 일이다. 인천 상륙 작전 이후 국군과 유엔군은 서울을 되찾고 38선을 넘어 압록강으로 진격하였다.

정답 ② 한정판 137p, 기본서 846p

Chapter 02 민주주의의 시련과 발전

주제 095   4·19 혁명과 장면 내각의 성립(1960)

01 190 [2025. 법원직]　회독 ○○○

다음 (가)의 공포일과 (나)의 발표일 사이에 있었던 사실로 가장 옳지 않은 것은?

> (가) 제31조　입법권은 국회가 행한다. 국회는 민의원과 참의원으로 구성한다.
> 　　　제55조　대통령과 부통령의 임기는 4년으로 한다. 단, 재선에 의하여 1차 중임 할 수 있다. 대통령이 궐위된 때에는 부통령이 대통령이 되고 잔임 기간 중 재임한다.
> 　　　부칙　　이 헌법 공포 당시의 대통령에 대하여는 제55조 제1항의 단서의 제한을 적용하지 아니한다.
> (나) 1. 반공을 국시의 제1의로 삼을 것
> 　　　4. 국가 자주 경제 재건에 총력을 기울일 것
> 　　　6. 과업이 성취되면 정권을 이양하고 본연의 임무에 복귀할 준비를 갖출 것

① 진보당 사건이 일어났다.
② 국민 교육 헌장을 제정하였다.
③ 윤보선이 대통령에 당선되었다.
④ 내각 책임제로 헌법이 개정되었다.

SOLUTION 　난이도 상 중 하

자료분석　(가) 이승만 정부 시기 이루어진 사사오입 개헌(제2차 개헌, 1954)의 내용이다. 초대 대통령(이 헌법 공포 당시의 대통령)에 한해서는 중임 제한 규정을 적용하지 않는다는 내용을 통해 알 수 있다.
(나) 5·16 군사 정변(1961) 때 발표한 혁명 공약의 일부 내용이다.

정답해설　① 이승만 정부는 1958년 북한의 주장과 유사한 평화 통일 방안을 주장하였다는 혐의로 진보당의 조봉암 등을 체포하였고, 조봉암은 이듬해 사형에 처해졌다(진보당 사건).
③, ④ 1960년 4·19 혁명으로 이승만 대통령이 하야하고, 허정 과도 정부하에서 국회는 민주당의 주도로 내각 책임제와 양원제 국회를 골자로 하는 3차 개헌을 실시하였다(1960. 6). 그리고 새 헌법에 따라 민의원과 참의원을 선출하기 위한 7월 총선에서 민주당이 압승하였다. 새로 구성된 국회는 1960년 8월, 민의원과 참의원의 합동 회의에서 윤보선(민주당 구파)을 상징적 지위의 대통령으로 선출(간선제)했고 이어서 민의원에서 실권을 행사하는 국무총리에 장면(민주당 신파)을 인준하였다.

오답피하기　② 국민 교육 헌장은 박정희 정부(3공화국) 때인 1968년에 제정되었다.

정답 ② 한정판 138p, 기본서 850p

---

02 191 [2025. 서울시 9급 1차]　회독 ○○○

〈보기〉의 사건을 시간순으로 바르게 나열한 것은?

> ─ 보기 ─
> ㄱ. 사사오입 개헌
> ㄴ. 진보당 사건 발생
> ㄷ. 발췌 개헌
> ㄹ. 3·15 부정선거

① ㄱ - ㄴ - ㄷ - ㄹ
② ㄱ - ㄷ - ㄴ - ㄹ
③ ㄷ - ㄱ - ㄴ - ㄹ
④ ㄷ - ㄴ - ㄱ - ㄹ

SOLUTION 　난이도 상 중 하

정답해설　ㄷ. 발췌 개헌은 6·25 전쟁 중인 1952년 임시 수도 부산에서 개정된 1차 개헌으로, 대통령 직선제 개헌안을 골자로 하고 내각 책임제 개헌안을 약간 가미하여 절충한 것이다.
ㄱ. 사사오입 개헌(2차 개헌)은 1954년 이루어졌다. 이승만 대통령과 여당인 자유당은 영구 집권을 위해 개헌 당시 대통령이던 이승만에 한하여 중임 제한을 철폐한다는 요지의 개헌을 강행하였다. 개헌안은 한 표가 모자라서 부결되었지만, 이튿날 자유당은 억지 논리로 개헌안이 통과되었다고 선포하였다(사사오입 개헌, 1954).
ㄴ. 진보당 사건은 1958년 일어났다. 1956년 제3대 대통령 선거는 자유당, 민주당, 진보당(추진 준비 위원회) 삼파전으로 치러졌다. 유세 도중 민주당 신익희 후보가 사망하였지만, 진보적인 정책을 내세운 조봉암이 돌풍을 일으켜 이승만은 대통령에 힘겹게 당선되었으며, 부통령에는 야당인 민주당 장면 후보가 당선되었다. 위기감을 느낀 이승만 정부는 1958년 진보당을 해체하고, 이듬해 조봉암을 처형하였다.
ㄹ. 이승만 정부는 1960년 3월 15일에 열린 정·부통령 선거를 앞두고 대대적인 부정 선거를 계획하였다. 선거 직전에 야당 대통령 후보 조병옥이 사망하여 이승만의 대통령 당선은 확실시되었다. 문제는 85세의 고령이었던 이승만의 건강에 이상이 생겼을 경우 대통령직을 승계하도록 되어 있는 부통령직이었다. 이승만 정부는 부통령에 자유당의 이기붕을 당선시키기 위해 3~9인조 투표, 4할 사전 투표 등 각종 부정을 자행하였다(3·15 부정 선거). 이 사건은 4·19 혁명의 배경이 되었다.

정답 ③ 한정판 138p, 기본서 850p

〈보기 1〉과 〈보기 2〉 사이에 일어난 사건으로 가장 옳은 것은?

─ 보기 1 ─

이번 4·19 참사는 우리 학생운동 사상 최대의 비극이요, 이 나라의 정치적 위기를 극복하기 위한 중대 사태이다. 이에 대한 철저한 반성과 규정이 없이는 이 민족의 불행한 운명을 도저히 만회할 길이 없다. 우리 전국 대학교 교수들은 이 비상 시국에 대처하여 양심의 호소로서 다음과 같이 우리의 소신을 전한다.

─ 보기 2 ─

친애하는 애국동포 여러분!

은인자중하던 군부는 드디어 금조 미명을 기해서 일제히 행동을 개시하여 국가의 행정, 입법, 사법의 3권을 완전히 장악하고 이어 군사혁명위원회를 조직하였습니다. 군부가 궐기한 것은 부패하고 무능한 현 정권과 기성 정치인들에게 이 이상 더 국가와 민족의 운명을 맡겨둘 수 없다고 단정하고 백척간두에서 방황하는 조국의 위기를 극복하기 위한 것입니다.

① 한일협정 체결에 반대하여 '민족적 민주주의 장례식 및 성토대회'가 개최되었다.

② 명동성당에서 열린 3·1절 기념 미사에서 각계 대표들이 긴급조치 철폐 등을 요구한 '민주구국선언'을 발표했다.

③ 남북학생회담을 판문점에서 개최할 것을 민족통일전국학생연맹이 제의했다.

④ 민주헌법쟁취 국민운동본부가 '고문살인 은폐 규탄 및 호헌철폐 국민대회'를 전국 22개 지역에서 동시다발적으로 개최했다.

SOLUTION

난이도 상 중 하

자료분석 (가) 4·19 혁명(1960) 당시 대학 교수단의 시국 선언문 내용이다. 대학 교수단은 4월 25일 시국 선언 및 이승만 대통령의 하야를 요구하는 시위를 벌였고 결국 이승만은 하야 성명을 발표하였다(4. 26.).

(나) 자료는 5·16 군사 정변(1961) 당시 발표된 혁명 공약의 내용이다. 1961년 5월 박정희를 비롯한 일부 군인 세력은 장면 내각의 무능력, 사회의 무질서와 혼란 등을 내세우며 정변을 일으켰다. 박정희 중심의 군부 세력은 정권을 장악한 뒤 군사 혁명 위원회를 조직하였다. 군부는 헌정을 중단시키고 삼권을 장악한 뒤 반공을 국시로 천명하고 경제 재건과 사회 안정을 이룰 것을 내용으로 하는 혁명 공약을 제시하였다.

정답해설 ③ 장면 정부 시기 학생과 진보적 사회 운동 세력은 통일 운동을 추진하는 조직을 결성하고 자주, 민주, 평화의 원칙 아래 남북 협상을 시도하였다. 민족통일전국학생연맹은 1961년 5월 초 남북 학생 회담을 판문점에서 개최할 것을 제의하기도 하였다.

오답피하기 ① 1964년 일어난 6·3 시위에 대한 내용이다. 국민들은 식민 지배에 대한 사죄와 적절한 배상이 없는 굴욕적인 대일 외교에 반대하여 '굴욕적인 한·일 회담 반대', '민족적 민주주의의 장례식' 등을 외치며 한·일 협정 반대 시위를 전개하였다.

② 1976년 재야인사와 종교계 인사들이 모여 명동 성당에서 3·1 민주 구국 선언을 발표하였다.

④ 1987년 일어난 6월 민주 항쟁과 관련된 내용이다. 전두환 정부는 개헌에 대한 정치권의 합의가 이루어지지 않았다는 것을 구실로 헌법을 그대로 유지한 채 선거인단 간선제로 선거를 치르겠다는 호헌 발표를 하였다(4·13 호헌 조치). 이에 국민들은 '민주헌법쟁취 국민운동본부(1987. 5.)'를 구성하여 호헌 조치에 맞섰다. 민주헌법쟁취 국민운동본부는 6월 10일 '고문살인 은폐규탄 및 호헌철폐 국민대회'를 열기로 결정하고 준비에 들어갔다. 서울 등 22개 지역에서 동시다발로 개최될 예정이었다. 그 와중에 6월 9일 국민대회 참가 결의대회에서 연세대학교 학생 이한열이 최루탄에 맞아 쓰러지는 사건이 발생하였고, 6월 항쟁의 또 다른 도화선이 되었다.

정답 ③ 한정판 139p, 기본서 855p

01 193 [2024. 서울시 9급 보훈청 추천]　　회독 ○○○

〈보기〉의 사건을 시간 순으로 바르게 나열한 것은?

보기
ㄱ. 반민족행위특별조사위원회가 구성되어 친일 행위를 조사했다.
ㄴ. 통일주체국민회의의 대의원이 대통령을 뽑도록 규정하였다.
ㄷ. 조봉암이 진보당 사건으로 사형에 처해졌다.
ㄹ. 부마 민주 항쟁이 일어나자 공수부대가 투입되었다.

① ㄱ – ㄴ – ㄷ – ㄹ
② ㄱ – ㄷ – ㄴ – ㄹ
③ ㄷ – ㄱ – ㄴ – ㄹ
④ ㄷ – ㄱ – ㄹ – ㄴ

SOLUTION　　난이도 상 중 하

정답해설 ㄱ. 제헌 국회는 1948년 9월 반민족 행위 처벌법을 제정하고, 10월에 반민족 행위 특별 조사 위원회(반민 특위)와 특별 재판부를 설치하였다 반민 특위는 1949년부터 일제 강점기의 반민족 행위자를 조사하고 관련자를 기소하였다. 친일 경찰 출신인 노덕술과 이광수, 박흥식, 김연수, 최남선, 최린 등이 반민 특위에 체포되었다. 그러나 반민족 행위 처벌법이 개정되어 친일파 처벌 기한이 1950년 6월까지에서 1949년 8월까지로 줄어들었고, 반민족 행위의 범위도 크게 축소되어 반민 특위의 활동은 유명무실하게 되었다.
ㄷ. 1958년 이승만 정부는 북한의 주장과 유사한 평화 통일 방안을 주장하였다는 혐의로 진보당의 조봉암 등을 체포하였고, 조봉암은 1959년 사형에 처해졌다.
ㄴ. 1972년 제정된 유신 헌법 제39조에는 '대통령은 통일 주체 국민 회의에서 토론 없이 무기명 투표로 선거한다.'라고 규정하였다. 이 헌법 규정에 따라 실시된 제8대 대통령 선거(1972. 12.)에서 투표 결과 찬성 2,357표, 반대는 한 표도 없이 무효 2표로 박정희가 제8대 대통령에 당선되었다.
ㄹ. 1979년 박정희 정부는 신민당사에서 농성 중인 YH 무역의 여성 노동자들을 강제 진압하였고, 이에 항의하는 신민당 총재 김영삼을 의원직에서 제명하였다. 이를 계기로 1979년 10월 부산과 마산에서는 유신 철폐와 독재 반대를 외치는 시위가 격렬하게 전개되었다(부마 민주 항쟁).

정답 ② 한정판 140p, 기본서 861p

---

01 194 [2025. 법원직]　　회독 ○○○

다음 헌법이 적용된 시기에 있었던 사실로 가장 옳은 것은?

제39조 ① 대통령은 대통령선거인단에서 무기명 투표로 선거한다.
제40조 ① 대통령선거인단은 국민의 보통·평등·직접·비밀 선거에 의하여 선출된 대통령 선거인으로 구성한다.

① 10월 유신이 단행되었다.
② 베트남 파병이 이루어졌다.
③ 지방자치제가 전면 실시되었다.
④ 언론사에 보도지침이 하달되었다.

SOLUTION　　난이도 상 중 하

자료분석 대통령은 대통령 선거인단에서 무기명 투표로 선거(대통령 선거인단 간선)한다는 내용으로 보아 1980년의 제8차 개헌임을 알 수 있다. 1980년 8월 최규하 대통령이 사임하자, 통일 주체 국민 회의에서 전두환이 제11대 대통령으로 선출되었다. 10월에는 제8차 개헌을 하였는데 이 헌법의 골자는 대통령 선거인단이 간접 선거로 대통령을 선출하고, 대통령의 임기는 7년 단임으로 한 것이었다. 제8차 개헌은 제9차 개헌이 이루어진 1987년 10월까지 적용되었다.

정답해설 ④ 전두환 정부는 이른바 '보도 지침'을 내려 언론의 보도 방향을 통제하고, 민주화 운동을 비롯한 각종 사회 운동을 탄압하는 강압 정치를 펼쳤다.

오답피하기 ① 10월 유신이 단행된 것은 1972년의 일이다.
② 박정희 정부는 미국의 요청을 받아들여 베트남 전쟁에 국군을 파병하였다. 그 규모는 1964년부터 1973년까지 32만여 명에 달하였다.
③ 지방 자치제가 전면 실시된 것은 1995년 김영삼 정부 때의 일이다.

핵심개념 **전두환 정부(제5공화국, 1981~1988)**

강권 정치	· 언론 통제, 민주화 운동 및 노동 운동 탄압 · 녹화사업 실시(군대에 온 학생들 사상 교육)
유화 정책	· 야간 통행금지 해제 · 중·고생의 두발과 교복 자율화 · 학생회 부활, 해외여행 자유화 · 학도 호국단 폐지 · 프로 야구 및 프로 축구 출범 · 컬러 tv 방송 보급
경제	· 3저 호황(1986~) : 저유가, 저달러, 저금리 → 국제 무역 수지 흑자 달성

정답 ④ 한정판 141p, 기본서 866p

다음 두 민주화 운동의 공통점으로 가장 옳은 것은?

> • 3·15 부정 선거와 김주열 사망으로 인해 이승만 정부에 대한 항의 시위가 전국적으로 확산되었다.
> • 전두환 정부의 독재에 반대하고 호헌 철폐를 요구하는 전국적 시위의 결과 6·29 선언이 발표되었다.

① 비상 계엄이 선포되었다.
② 유신 체제에 저항하였다.
③ 헌법 개정으로 이어졌다.
④ 대통령이 하야하는 결과를 가져왔다.

(가), (나)의 헌법 개정과 관련된 설명으로 옳은 것만을 〈보기〉에서 모두 고르면?

구분	개헌 연도	주요 내용
(가)	1962	대통령 직선제 시행, 헌법 개정 시 국회 의결을 거쳐 국민투표 실시, 헌법재판소 폐지
(나)	1987	직선제를 통한 5년 단임 대통령제 시행, 비상 조치권 및 국회해산권 폐지, 헌법재판소 부활

보기
ㄱ. (가)는 '발췌 개헌'이라고도 한다.
ㄴ. (가)에서는 국회를 단원제로 하였다.
ㄷ. (나)는 6월 민주 항쟁을 계기로 개정하였다.
ㄹ. (나) 개헌은 국가 재건 최고 회의에서 주도하였다.

① ㄱ, ㄴ
② ㄱ, ㄷ
③ ㄴ, ㄷ
④ ㄴ, ㄹ
⑤ ㄷ, ㄹ

SOLUTION 난이도 상 중 **하**

자료분석 첫 번째 자료는 3·15 부정 선거와 김주열 사망으로 인해 확산되었다는 내용을 통해 1960년에 일어난 4·19 혁명이라는 것을 알 수 있고, 두 번째 자료는 전두환 정부의 독재에 반대하고 호헌 철폐를 요구했다는 점, 시위의 결과 6·29 선언이 발표되었다는 내용을 통해 1987년에 일어난 6월 민주 항쟁임을 알 수 있다.

정답해설 ③ 4·19 혁명의 결과 이승만 대통령이 하야하고, 허정 과도 정부하에서 국회는 민주당의 주도로 내각 책임제와 양원제 국회를 골자로 하는 3차 개헌을 실시하였다(1960. 6.). 또한 전두환 정부 때의 6월 민주 항쟁의 결과 국회에서는 5년 단임의 대통령 직선제 헌법을 의결하였고, 이 개정 헌법(9차 개헌)은 국민 투표로 확정되었다(1987. 10.).

오답피하기 ① 비상 계엄은 4·19 혁명 때에는 선포되었으나 6월 민주 항쟁 때에는 선포되지 않았다.
② 유신 체제에 저항한 대표적 민주화 운동은 1979년에 발생한 부마 민주 항쟁이다.
④ 4·19 혁명의 결과 이승만 대통령이 하야하였으나, 6월 민주 항쟁의 결과 전두환 대통령이 하야한 것은 아니다.

핵심개념 6월 민주 항쟁(1987)

배경	• 부천 경찰서 성고문 사건(1986. 6.) • 서울대생 박종철 고문 치사 사건(1987. 1.) • 정부의 4·13 호헌 조치(1987. 4.)
전개	• 민주 헌법 쟁취 국민운동 본부 결성(1987. 5.) • "호헌 철폐·독재 타도·민주헌법쟁취" 구호를 내세우고 시위 전개 ※ 6월 민주 항쟁 당시 계엄 선포 X • 시위 중 경찰 최루탄에 맞아 연세대생 이한열 중상(사망) • 민주 헌법 쟁취 범국민 대회(6·10 국민 대회) 개최
결과	• 여당(민주 정의당) 대통령 후보 노태우의 6·29 선언(1987. 6) : 대통령 직선제 개헌 수용 선언 • 9차 개헌(1987. 10) : 5년 단임의 대통령 직선제

정답 ③ 한정판 141p, 기본서 868p

SOLUTION 난이도 **상** 중 하

자료분석 자료의 (가)는 1962년 실시한 5차 개헌, (나)는 1987년 실시한 9차 개헌에 해당한다.

정답해설 ㄴ. 1962년 실시한 5차 개헌은 대통령 중심제 및 단원제 국회, 대통령 직선제, 헌법 개정에 대한 국민 투표제 조항 삽입 등이 주요 내용이었다.
ㄷ. 1987년 일어난 6월 민주 항쟁의 결과 대통령 직선제 개헌 등을 주요 내용으로 하는 6·29 선언이 발표되고 이어서 9차 개헌(5년 단임 대통령 직선제)이 이루어졌다.

오답피하기 ㄱ. 발췌 개헌은 1952년에 이루어졌다. 6·25 전쟁 중에도 이승만 정부는 집권 연장에 나섰다. 이승만은 1950년에 구성된 제2대 국회에 정부에 비판적인 인사가 많아 국회의 간접 선거로는 재선이 어렵다고 판단하여 대통령 직선제 개헌을 추진하였다. 정부는 부산 정치 파동을 일으켜 야당 인사를 탄압하고 공포 분위기를 조성하였다. 이러한 가운데 정부의 대통령 직선제 개헌안을 중심으로 하고 국회가 제출한 내각 책임제 개헌안의 일부 조항을 절충한 개헌안이 가결되었다(발췌 개헌, 1952. 7.).
ㄹ. 1962년 5차 개헌에 대한 내용이다. 1962년 7월 설치한 헌법심의위원회에서 헌법 개정안을 작성하였고, 1962년 11월 국가 재건 최고 회의에서 의결된 후 12월 17일 국민 투표로 확정되었다. 국가 재건 최고 회의는 1963년 해산해 1987년 있었던 9차 개헌과는 관련이 없다.

정답 ③ 한정판 141p, 기본서 868p

〈보기〉의 사건을 시간 순으로 바르게 나열한 것은?

─ 보기 ─
ㄱ. 5·18 민주화 운동   ㄴ. 12·12 군사 반란
ㄷ. 부마 민주 항쟁   ㄹ. 4·13 호헌 조치

① ㄷ - ㄱ - ㄴ - ㄹ   ② ㄷ - ㄴ - ㄱ - ㄹ
③ ㄹ - ㄴ - ㄷ - ㄱ   ④ ㄹ - ㄷ - ㄴ - ㄱ

SOLUTION   난이도 상 중 **하**

정답해설 ㄷ. 부·마 민주 항쟁은 유신 정부(4공화국) 시기인 1979년 10월에 일어났다. YH 무역 사건, 김영삼 총재 국회 제명 등으로 그동안 쌓여 왔던 유신 체제에 대한 국민들의 불만이 폭발하였다. 부산과 마산 등에서는 유신 체제에 반대하는 학생과 시민의 대규모 시위가 발생하였고, 박정희 정부는 부마 항쟁을 진압하기 위하여 부산에는 계엄령을 마산에는 위수령을 발동하였다.

ㄴ. 12·12 군사 반란은 1979년 12월에 일어났다. 전두환 보안사령관 등 유신 체제를 유지하고자 하는 신군부 세력은 12월 12일 병력을 동원하여 군권과 정치적 실권을 장악하였다.

ㄱ. 5·18 민주화 운동은 1980년 5월 18일에 일어났다. 당시 광주 시민들은 신군부 세력이 실행한 5·17 비상계엄 전국 확대 조치로 인해 발생한 헌정 파괴, 민주화 역행 조치에 항거하였고 신군부는 공수 부대를 투입해 이를 무력 진압했다.

ㄹ. 1987년 4월 13일, 전두환 대통령은 당시 헌법에 규정된 대통령 간선제를 고수하겠다는 4·13 호헌 조치를 발표하였다. 이후 야당과 종교계, 학생 운동 조직 등은 민주 헌법 쟁취 국민운동 본부를 결성하여 직선제 개헌과 전두환 정권 퇴진 운동을 전개하였다. 그러던 중 대학생 이한열이 시위 도중 경찰이 쏜 최루탄에 맞아 쓰러지는 사건이 일어났다. 이를 계기로 민주화에 대한 요구는 더욱 커졌고 수십만 명의 시민들은 6월 10일 전국 주요 도시에 모여 호헌 철폐와 독재 타도를 외치며 시위를 전개하였다(6월 민주 항쟁).

정답 ② 한정판 141p, 기본서 867p

| 주제 098 | 남한의 통일 정책 |

01 198 [2025. 법원직]   회독 ○○○

다음 연설문을 발표한 정부의 통일 노력으로 가장 옳은 것은?

> 오늘은 이 땅에서 처음으로 민주적 정권교체가 실현되는 자랑스러운 날입니다. 또한 민주주의와 경제를 동시에 발전시키려는 정부가 마침내 탄생하는 역사적인 날이기도 합니다. …… 민주주의와 시장경제가 조화를 이루면서 함께 발전하게 되면 정경 유착이나 관치금융, 그리고 부정부패는 일어날 수 없습니다.

① 개성 공업 지구가 조성되었다.
② 7·4 남북 공동 성명을 합의하였다.
③ 6·15 남북 공동 선언이 채택되었다.
④ 남북한이 동시에 유엔에 가입하였다.

SOLUTION   난이도 상 **중** 하

자료분석 오늘은 이 땅에서 처음으로 민주적 정권 교체가 실현되는 자랑스러운 날이라는 내용을 통해 **김대중 정부**라는 사실을 알 수 있다. 제15대 대통령 선거에서는 야당의 김대중 후보가 대통령에 당선되어 **헌정 사상 최초로 여야 간 평화적 정권 교체**가 이루어졌다.

정답해설 ③ 김대중 정부는 남북 간의 평화 정착을 위한 **햇볕 정책을 추진**하였다. 그리하여 **2000년 6월**에는 김대중 대통령의 평양 방문으로 **남북 정상회담**이 이루어져 **6·15 남북 공동 선언**이 발표되었다.

오답피하기 ① 개성 공업 지구가 조성된 것은 **노무현 정부** 때의 일이다.
② **박정희 정부** 때에는 **1972년** 자주·평화·민족 대단결의 통일 원칙을 담은 7·4 남북 공동 성명이 발표되었다.
④ 남북한이 동시에 유엔에 가입한 시기는 **1991년 노태우 정부** 때의 일이다.

핵심개념 **김대중 정부의 통일 정책**

소떼 방북 (1998)	정주영 현대 그룹 명예 회장 소떼 방북(1998. 6월 / 10월)
금강산 관광 시작 (1998. 11)	해로 관광(금강호)
베를린 선언 (2000. 3)	• 김대중 대통령의 독일 국빈 방문 중 베를린 자유대학에서 행한 한반도 평화 정착 및 남북 통일을 위한 제안(특사교환) • 남북 정상 회담의 배경이 된 선언
6·15 남북 공동 선언 (2000. 6)	• 최초 남북 정상 회담을 통해 발표 • 남측의 연합제 안과 북측의 낮은 단계의 연방제 안의 공통성 인정 • 통일 문제의 자주적 해결 • 1국가 2체제 통일 방안 협의 • 이산가족 문제의 조속한 해결, 경제 협력
6·15 남북 공동 선언의 영향	• 이산가족 방문단 서울·평양 동시 상봉 • 이산가족 서신 교환 • 이산가족 면회소 설치 추진, 비전향 장기수 북송 • 경의선·동해선 복구 사업 및 개성 공단 조성 사업 추진 • 금강산 육로 관광

정답 ③ 한정판 145p, 기본서 881p

---

02 199 [2024. 서울시 9급 2차]   회독 ○○○

〈보기〉의 사건을 시간 순으로 나열할 때 세 번째에 해당하는 사건은?

> ─ 보기 ─
> ㄱ. 남북 기본 합의서 채택
> ㄴ. 6·15 남북 공동 선언
> ㄷ. 남북 동시 유엔 가입
> ㄹ. 남북조절위원회 설치

① ㄱ
② ㄴ
③ ㄷ
④ ㄹ

SOLUTION   난이도 상 **중** 하

정답해설 〈보기〉의 사건들은 **ㄹ – ㄷ – ㄱ – ㄴ** 순으로 일어나 **세 번째 사건**은 **ㄱ의 남북 기본 합의서 채택**이 해당한다.

ㄹ. **남북 조절 위원회**는 7·4 남북 공동 성명의 합의사항들을 추진하기 위해 설치된 협의 기구로 **1972년 11월**에 설치되었다.
ㄷ. **남북한 유엔 동시 가입**은 노태우 정부 시기인 **1991년 9월**에 이루어졌다.
ㄱ. **남북 기본 합의서**는 **1991년 12월** 노태우 정부 때 제5차 남북 고위급 회담에서 채택되었다. 이 합의서에서는 **남북 관계를 나라와 나라 사이의 관계가 아닌 통일을 지향하는 과정에서 잠정적으로 형성되는 특수 관계**로 규정하고 있다.
ㄴ. 남측의 연합제 안과 북측의 낮은 단계의 연방제 안의 공통성을 인정하는 **6·15 남북 공동 선언**은 2000년 김대중 정부 때 남북 정상 회담을 통해 발표되었다.

핵심개념 **노태우 정부의 통일 정책**

7·7 선언 (1988)	• 민족자존과 통일 번영을 위한 대통령 특별 선언 • 남북 관계를 선의의 동반자 관계로 인식
한민족 공동체 통일 방안 (1989)	• 원칙 : 자주·평화·민주 • 내용 : 과도적 통일 체제로 '남북 연합' 구성 → 남북 평의회를 통해 헌법 제정 → 총선거 실시 → 통일 민주 공화국 구성
남북 고위급 회담 시작 (1990)	남북 간의 긴장 완화와 관계 개선을 위한 총리급 회담.
남북한 유엔 동시 가입 (1991. 9.)	남북 유엔 동시 가입
남북 기본 합의서 채택 (1991. 12.)	• 남북한 화해와 불가침·교류 협력에 관한 합의서 • 최초의 공식 합의서
한반도 비핵화 공동 선언 채택(1992)	• 핵무기의 시험·제조·생산·접수·보유·저장·배치·사용 금지 • 핵에너지를 오직 평화적 목적에만 이용, 핵 재처리 시설과 우라늄 농축 시설 보유 금지 • 남북 핵통제 공동위원회가 규정하는 절차와 방법으로 사찰 실시

정답 ① 한정판 144p, 기본서 878p

주제 099 1980년대 이후의 경제 모습 및 교육 정책의 변화

01 200 [2025. 법원직] 회독 ○○○

다음 자료가 발표된 정부의 시기에 있었던 사실로 가장 옳은 것은?

> 최근 한국 경제는 대기업 연쇄 부도에 따른 대외 신인도 하락으로 국제 금융 시장에서 단기 자금 만기 연장의 어려움 등 외화 차입의 곤란으로 일시적인 유동성 부족 사태에 직면하게 되었습니다. …… 정부는 금융 시장의 안정이 확고히 정착되게 하기 위해 …… 국제 통화 기금 자금 지원을 요청하기로 하였습니다.

① 전태일 분신 사건이 일어났다.
② 다문화 가족 지원법이 제정되었다.
③ 경제 협력 개발 기구에 가입하였다.
④ 국민 기초 생활 보장법을 제정하였다.

02 201 [2025. 국회직 9급] 회독 ○○○

다음 헌법이 적용되었던 시기의 사실로 옳은 것은?

> 제39조 대통령은 통일 주체 국민 회의에서 토론 없이 무기명 투표로 선거한다.
> 제40조 통일 주체 국민 회의는 국회의원 정수의 3분의 1에 해당하는 수의 국회의원을 선거한다.

① 국민교육헌장이 제정되어 대통령령으로 반포되었다.
② 미 해군 정찰기 EC-121기가 동해상에서 격추되었다.
③ 미국의 닉슨 대통령이 괌에서 아시아 외교정책을 발표하였다.
④ 남파 공작원 31명이 청와대 앞까지 침투하여 총격전이 벌어졌다.
⑤ 고구마 수매 문제를 둘러싸고 함평 고구마 사건이 일어났다.

SOLUTION 난이도 상 중 하

자료분석 국제 통화 기금(IMF) 자금 지원을 요청하기로 하였다는 내용으로 보아 **김영삼 정부(1993~1998)** 시기임을 알 수 있다. 1997년 동남아시아에서 시작된 외환 및 금융 불안이 한국 경제에도 영향을 미쳐 외국 투자자들이 대출을 대거 회수하였고, 이에 외환 보유고가 고갈되면서 기업들의 연쇄 부도로 이어졌다. 결국 김영삼 정부는 **1997년 말 국제 통화 기금(IMF)에 구제 금융을 요청**하여 긴급 자금을 지원받았다.

정답해설 ③ 김영삼 정부 시기인 **1996년**에는 서방 선진 국가들이 중심이 된 **경제 협력 개발 기구(OECD)에 가입**하였다.

오답피하기 ① **전태일 분신** 사건은 박정희 정부 때인 **1970년** 일어났다. 서울 청계천 평화 시장에서 재단사로 일하던 전태일은 "근로 기준법을 지켜라", "우리는 기계가 아니다." 등의 구호를 외치며 분신하여 암울한 **노동 현실을 고발**하였다.
② 다문화 가족 지원법은 **2008년**에 제정되었다. 이 법안은 다문화 가족 구성원이 안정적인 가족생활을 영위하고 사회 구성원으로서의 역할과 책임을 다할 수 있도록 함으로써, 이들의 삶의 질 향상과 사회통합에 이바지함을 목적으로 하는 법안이다.
④ 국민 기초 생활 보장법은 김대중 정부 때인 **1999년** 제정되었다. 이를 통해 국가와 지방 자치 단체에서 빈곤층과 노인, 장애인의 생계비와 주거비, 의료비, 교육비 등을 보조하였다.

정답 ③ 한정판 146p, 기본서 891p

SOLUTION 난이도 상 중 하

자료분석 자료는 **유신 헌법(1972)**의 내용이다. 통일 주체 국민 회의에서 대통령을 선거한다는 내용을 통해 알 수 있다. 유신 헌법이 시행된 기간은 **1972년 12월부터 8차 개헌이 이루어진 1980년 10월까지**이다.

정답해설 ⑤ **1976년** 농협이 고구마 수매 약속을 지키지 않아 큰 피해를 입은 전라남도 함평의 농민들이 피해 보상 투쟁을 벌여 3년 만에 피해 보상을 받아 냈다(함평 고구마 사건).

오답피하기 ① 국민 교육 헌장은 **1968년**에 제정되었다. 박정희 정부는 국민 교육 헌장을 선포하여 민중 중흥이 시대적 사명이라는 민족주의적, 국가주의적 교육 이정표를 제시하였다.
② **1969년** 미 해군 정찰기 EC-121기가 북한에 의해 격추되어 승무원 전원이 사망하였다. 당시 미국이 이에 대한 보복 조치를 고려하면서 한반도의 군사적 긴장감이 높아졌었다.
③ 미국의 닉슨 대통령은 **1969년** 괌에서 아시아의 방위는 기본적으로 아시아인이 담당해야 한다는 내용을 담은 닉슨 독트린을 발표하였다. 이는 아시아에서 미국의 개입을 축소하는 방향을 담고 있었다.
④ **1968년 1월 21일** 북한 민족보위성(현 인민무력부) 정찰국 소속인 124군부대 무장공비 31명(김신조 등)이 청와대를 기습하기 위해 서울에 침투하였다(1·21 청와대 습격 사건).

정답 ⑤ 한정판 147p, 기본서 894p

주제100 지역사

01 202 [2025. 국가직 9급] 회독 ○○○

밑줄 친 '이곳'에 대한 설명으로 옳은 것은?

> • 이곳의 고인돌 유적은 유네스코 세계문화유산에 등재되었다.
> • 고려 정부는 이곳으로 천도하여 몽골의 침략에 대항하였다.

① 장보고가 청해진을 설치하였다.
② 정묘호란으로 인조가 피신하였다.
③ 원나라가 탐라총관부를 두었다.
④ 영국군이 러시아를 견제한다는 구실로 주둔하였다.

SOLUTION 난이도 상 중 하

자료분석 고인돌 유적이 위치해 있고, 고려 정부가 몽골 침략에 대비해 천도한 지역은 **강화도**이다. 최우는 몽골의 지나친 간섭과 조공 요구에 반발하여 장기 항전을 위해 1232년 강화도로 천도하였다.

정답해설 ② **인조**는 1627년에 일어난 **정묘호란 때는 강화도로 피난**하였고, **병자호란(1636) 때는** 소현세자와 함께 **남한산성**으로 들어가 항전하였다.

오답피하기 ① 청해진은 828년(흥덕왕 3) 장보고가 지금의 **전라남도 완도**에 설치한 해군기지이다.
③ 원은 삼별초의 항쟁을 진압한 뒤 **제주도**에 탐라총관부를 설치(1273)하고 일본 원정을 위해 목마장을 경영하였다.
④ 영국군이 러시아를 견제한다는 구실로 주둔한 곳은 **거문도**이다. 1885년 영국은 **조 · 러 비밀 협약이 풍문으로** 들려오자, **러시아의 남하에 대비한다는 구실로** 거문도를 해밀턴 항이라 명명하고 약 2년 동안 불법으로 점령하였다(1885~1887).

정답 ② 한정판 149p, 기본서 910p

02 203 [2025. 국가직 9급] 회독 ○○○

밑줄 친 '이 지역'에 있는 문화유산은?

> 백제는 5세기 고구려의 공격으로 한강 유역을 상실하면서 수도가 함락되어 이 지역으로 도읍을 옮겼다.

① 몽촌토성
② 무령왕릉
③ 미륵사지 석탑
④ 용현리 마애여래삼존상

SOLUTION 난이도 상 중 하

자료분석 자료의 밑줄 친 '이 지역'은 **공주(웅진)**이다. 백제는 5세기 고구려 **장수왕의 공격**으로 개로왕이 전사하고 한강 유역을 상실하면서 수도가 함락되어 **문주왕 때 웅진(공주)으로 도읍을 옮겼다**(475).

정답해설 ② **무령왕릉**은 1971년 **공주 송산리 고분군**의 배수로 공사 중에 우연히 발견되었다. **중국 남조의 영향**을 받아 연꽃 등 우아하고 화려한 백제 특유의 무늬를 새긴 **벽돌로 무덤 내부를 쌓았다**.

오답피하기 ① 몽촌토성은 **서울특별시** 송파구 방이동에 위치한 백제의 왕성(王城)이다.
③ 백제의 익산 미륵사지 석탑은 **익산**에 위치해 있다. 익산 미륵사지 석탑은 **목탑 양식을 계승한 현존 최고(最古)의 석탑**이며, 목탑에서 석탑으로 넘어가는 과도기 **양식으로** 추정된다.
④ 백제의 서산 용현리 마애여래 삼존상(서산 마애 삼존불)은 **충남 서산**에 자리 잡고 있다.

핵심개념 백제 역사 유적지구

공주	• 공산성 • 송산리 고분군
부여	• 관북리 유적 • 부소산성 • 정림사지 • 능산리 고분군 • 나성
익산	• 왕궁리 유적 • 미륵사지

정답 ② 한정판 149p, 기본서 911p

(가) 지역에서 있었던 사실로 옳은 것은?

- 고구려 장수왕은 국내성에서 (가) 으로/로 천도하였다.
- 고려 태조 왕건은 (가) 을/를 서경으로 칭하고 북진 정책의 기지로 삼았다.
- 신민회는 인재 양성을 위해 정주에 오산학교, (가) 에 대성학교를 설립하였다.

① 강화도 조약으로 개항되었다.
② 동학 농민군이 관군과 화약을 체결하였다.
③ 조만식 등의 주도로 물산 장려 운동이 시작되었다.
④ 백정에 대한 차별을 철폐하기 위해 조선 형평사가 창립되었다.

(가) 지역에서 있었던 사실로 옳은 것은?

- 고구려가 쳐들어와서 한성을 포위하였다. 개로왕이 성을 굳게 지키면서 문주를 신라에 보내 구원을 요청하였다. … (중략) … 고구려군은 물러갔으나 성이 파괴되고 개로왕이 죽으니 문주가 왕위에 올랐다. 10월에 문주왕이 도읍을 (가) 으로/로 옮겼다.
- (가) 의 명학소민 망이와 망소이 등이 무리를 불러 모아 스스로 산행병마사라 칭하며 (가) 을/를 공격하여 함락시켰다.

① 김헌창이 반란을 일으켰다.
② 일본의 침략에 맞서 싸우던 신립이 패전하였다.
③ 조만식의 주도로 물산 장려 운동이 시작되었다.
④ 백정들에 대한 차별 철폐를 위한 조선형평사가 창립되었다.

SOLUTION   난이도 상 **중** 하

자료분석   자료의 (가)에 해당하는 지역은 평양이다. 고구려 장수왕은 427년에 도읍을 국내성에서 평양으로 옮기고, 적극적인 남하 정책을 추진하였다. 고려 태조는 평양을 서경으로 삼아 북진 정책의 전진 기지로 삼았다. 신민회는 인재 양성을 위해 정주에 오산 학교, 평양에 대성 학교를 설립하였다.

정답해설   ③ 1920년 조만식 등이 평양에서 조선 물산 장려회를 조직하여 물산 장려 운동을 시작하였고, 1923년 경성에서도 조선 물산 장려회가 만들어지는 등 물산 장려 운동은 전국적으로 퍼져 나갔다.

오답피하기   ① 1876년 강화도 조약이 체결되어 부산(1876), 원산(1880), 인천(1883)이 개항되었다.
② 외세의 개입을 우려한 동학 농민군은 정부와 전주 화약을 체결하고 스스로 해산하였다.
④ 1923년에 백정 출신들은 경남 진주에서 이학찬 등을 중심으로 조선 형평사를 창립하고 평등한 대우를 요구하는 형평 운동을 전개하였다.

핵심개념   평양(서경)의 역사

선사 시대	· 구석기 평양 만달리 동굴 : 인골 화석 발견 · 신석기 평양 남경 유적 : 탄화된 좁쌀 발견
삼국 시대	· 근초고왕의 평양성 공격 · 장수왕의 평양 천도 및 안학궁 건립(427) · 당의 안동도호부 설치(668)
고려 시대	· 서경 유수 조위총의 난(1174, 정중부 집권기) · 최광수의 난(1217, 최충헌 집권기) · 원의 동녕부 설치(1270)
조선 시대	· 조·명 연합군의 평양성 탈환(1593년, 임진왜란 때) · 조선 후기 유상의 근거지
근대	· 제너럴셔먼호 사건(1866) · 안창호의 대성 학교 설립(1908)
일제 강점기	· 물산장려운동 시작 · 강주룡의 을밀대 농성(1931)
현대	· 김구, 김규식의 남북 협상(1948) · 제1·2차 남북 정상 회담 개최(2000, 2007)

정답 ③ 한정판 149p, 기본서 910p

SOLUTION   난이도 상 **중** 하

자료분석   자료의 (가)에 해당하는 지역은 공주이다. 문주왕은 475년에 아버지 개로왕이 고구려 장수왕의 공격으로 한성을 함락당하고 전사하자, 웅진(공주)으로 도읍을 옮겼다. 망이·망소이의 난은 1176년 공주 명학소에서 일어났다.

정답해설   ① 822년(헌덕왕 14) 3월에 신라 웅주(지금의 공주) 도독 김헌창은 아버지 김주원이 왕위를 계승하지 못한 데 불만을 품고 국호를 '장안', 연호를 '경운'이라 하고 반란을 일으켰다.

오답피하기   ② 신립은 임진왜란 초기 충주 탄금대 전투에서 패전하였다(1592. 4.).
③ 1920년 평양에서 조만식 등의 주도로 물산 장려 운동이 시작되었고, 각 지역의 호응 속에 전국으로 확산되었다. 이 운동은 '내 살림 내 것으로', '조선 사람 조선 것' 등의 구호를 앞세우며 민족 산업의 보호와 육성을 위해 토산품 애용, 근검저축, 금주·단연 등을 주장하였다.
④ 조선 형평사는 1923년 경남 진주에서 이학찬 주도로 처음 조직되었다.

핵심개념   공주의 역사

선사	공주 석장리 유적(남한 최초로 발굴된 구석기 유적)
삼국 시대	· 백제의 웅진 천도(475, 문주왕) · 송산리 고분군(무령왕릉 등), 공산성 → 백제 역사 유적 지구
통일신라	웅천주 도독 김헌창의 난(822, 헌덕왕)
고려	공주 명학소 망이·망소이의 난(1176)
조선	이괄의 난(1624) 때 인조 피난
근대	동학 농민군의 우금치 전투(1894)

정답 ① 한정판 149p, 기본서 911p

01 206 ［2025. 지방직 9급］　　　　　　　회독 ○○○

유네스코 세계문화유산으로 등재된 것만을 모두 고르면?

ㄱ. 경복궁　　　　　　　　ㄴ. 남한산성 ㄷ. 석촌동 고분군　　　　　ㄹ. 가야 고분군

① ㄱ, ㄷ　　　　　　　　② ㄱ, ㄹ
③ ㄴ, ㄷ　　　　　　　　④ ㄴ, ㄹ

SOLUTION

난이도 상 **중** 하

정답해설 ㄴ. **남한산성**은 인조가 병자호란 때 청나라의 공격으로 피난한 곳으로 2014년 유네스코 총회에서 세계 문화유산으로 등재되었다.

ㄹ. **가야 고분군**은 2023년 9월 유네스코 세계 문화유산으로 지정되었다. 가야 고분군은 경남 **김해 대성동** 고분군, 경북 **고령 지산동** 고분군, 전북 남원 유곡리와 두락리 고분군, 경남 함안 말이산 고분군, 경남 창녕 교동과 송현동 고분군, 경남 고성 송학동 고분군, 경남 합천 옥전 고분군으로 이루어진 **7개의 고분군**이다.

오답피하기 ㄱ. 경복궁은 조선 전기에 정궁으로 이용된 궁궐이다.

ㄷ. 백제는 한강 유역에 있던 초기 한성 시기에 계단식 돌무지무덤을 만들었으며, 현재 서울 석촌동에 일부가 남아 있다. 이것은 백제 건국의 주도 세력이 고구려와 같은 계통이라는 건국 이야기의 내용을 뒷받침한다.

핵심개념 유네스코 세계 문화 유산 및 자연 유산

해인사 장경판전	15세기 건축물(고려의 팔만대장경 보관)
종묘	조선 왕조 역대 왕과 왕비의 신주를 모신 사당
석굴암과 불국사	경덕왕 때 김대성이 창건 시작, 혜공왕 때 완공
창덕궁	조선 태종 때 지어진 궁궐, 임진왜란 때 법궁(정궁)인 경복궁이 소실되자 조선 후기 법궁으로 기능
수원 화성	• 정조 때 건설(정약용 설계, 채제공 감독) • 정약용이 만든 거중기가 축조시 사용됨
고창·화순·강화의 고인돌 유적	수백 기 이상의 고인돌 집중 분포
경주 역사 유적지구 (5개 지구)	• 남산지구 : 나정, 포석정, 배리 석불 입상 • 월성지구 : 첨성대, 계림, 임해전지(안압지) • 대릉원지구 : 천마총, 황남대총, 미추왕릉 • 황룡사지구(황룡사지, 분황사 석탑), 산성지구(명활산성 등)
조선 왕릉	44기 중 40기 등재
한국의 역사마을 : 하회와 양동	• 안동 하회마을 • 경주 양동마을
남한산성	병자호란 때 인조가 피난한 곳
백제 역사 유적지구	• 공주시, 부여군, 익산시 3개 지역에 분포된 8개 유적지
한국의 산사(7곳)	경남 양산 통도사, 경북 안동 봉정사, 충북 보은 법주사, 충남 공주 마곡사, 전남 순천 선암사, 전남 해남 대흥사, 경북 영주 부석사
한국의 서원(9곳)	소수서원(경북 영주), 도산서원(경북 안동), 병산서원(경북 안동), 옥산서원(경북 경주), 도동서원(대구 달성), 남계서원(경남 함양), 필암서원(전남 장성), 무성서원(전북 정읍), 돈암서원(충남 논산) → 2019년 등재
가야 고분군	김해 대성동 고분군, 고령 지산동 고분군을 포함한 총 7개 고분군
울산 반구천 암각화	울주 대곡리 반구대 암각화와 울주 천전리 명문과 암각화를 포함한 반구천 일원 3km 구간
세계 자연 유산	제주 화산섬과 용암 동굴, 한국의 갯벌

정답 ④ 한정판 148p, 기본서 904p

핵심개념 유네스코 세계 기록 유산

조선왕조실록	태조~철종까지 역사를 연월일 순서에 따라 편년체로 기록
훈민정음(해례본)	간송 미술관(간송 전형필이 세운 미술관) 보관
승정원일기	조선시대 국왕의 비서 기관인 승정원에서 왕명의 출납, 각종 행정 사무와 의례 등에 관해 기록한 일기
직지심체요절	백운화상 저술, 우왕 때 청주 흥덕사에서 금속활자로 인쇄
조선왕조의궤	왕실이나 국가 중요 행사시 훗날 참고토록 그림과 글로 남긴 문서
고려대장경판 및 제경판	팔만대장경(해인사 대장경판)과 5987판의 제경판
일성록	• 1760년(영조)~1910년까지 국왕의 동정과 국정을 기록한 일기 • 정조가 세손 시절부터 쓴 일기(존현각 일기)에서 유래 • 1783년(정조)부터 국가 공식 기록으로 전환~1910년까지 기록
동의보감	광해군 때 허준이 편찬
기타	• 5·18 광주 민주화운동 기록물 • 새마을운동 기록물 • 난중일기(이순신이 임진왜란 때 진중에서 쓴 일기) • 한국의 유교책판 • KBS 특별 생방송 '이산가족을 찾습니다' 기록물 • 국채보상운동 기록물 • 조선통신사에 관한 기록 • 조선 왕실 어보와 어책 • 동학 농민 혁명 기록물 • 4·19 혁명 기록물 • 제주 4·3 기록물 • 산림 녹화 기록물

MEMO